sous la direction
de Robert Muchembled
professeur à l'université Paris-XIII-Villetaneuse

L'Espagne classique 1474-1814

Raphaël Carrasco

HACHETTE

Document de couverture : Del Mazo et Velasquez, *Vue de Saragosse*.
Musée du Prado — Archives Oronoz/Artephot.

ISBN 2-01-016676-0

Introduction

Le présent livre a pour thème l'Espagne moderne dans son ensemble. La période s'étend, en fonction des bornes chronologiques que l'on choisit, sur trois siècles (1516-1808) ou sur trois siècles et demi (1474-1814) selon qu'on accepte d'y inclure ou non le règne des Rois Catholiques au début et la guerre d'Indépendance à la fin (voir la chronologie placée à la fin de l'ouvrage). Nous avons opté pour l'intervalle le plus long. En amont, notre choix se justifiait tout naturellement, comme nous allons voir. Il n'en allait pas de même en aval, dans la mesure où l'on peut considérer que l'abdication de Charles IV et de Ferdinand VII à Bayonne en 1808 et l'intervention napoléonienne closent le XVIIIe siècle politique. Néanmoins, nous avons jugé nécessaire de conclure sur la désastreuse guerre d'Indépendance et sur le retour de Ferdinand VII qui consommaient l'échec des groupes réformateurs directement inspirés par l'esprit des Lumières.

Le règne des Rois Catholiques ouvre incontestablement l'Époque moderne par une série de ruptures qui l'éloignent à jamais du monde médiéval : l'imposition de l'unité religieuse, la construction d'un État national et la mise en place d'une politique impérialiste. D'autres facteurs, moins spectaculaires sans doute, mais à l'importance considérable, contribuèrent puissamment à en faire une période décisive pour l'avenir. Au nombre de ceux-ci, il convient de citer avant tout l'établissement d'une paix intérieure durable. Le XVe siècle s'était en effet caractérisé par une faiblesse chronique du pouvoir royal. Le prestige de l'institution monarchique avait été sérieusement entamé par les agissements violents d'une noblesse insoumise. Juan II de Castille (1405-1454, roi de 1407 à 1454) et son fils Enrique IV (1425-1474, roi de 1454 à 1474), furent les otages de quelques grands personnages que la fortune et le crédit auprès des souverains avaient placés à la tête de puissantes factions capables de mettre le pays à feu et à sang au gré de leurs luttes intestines afin de s'assurer la faveur royale. Les choix politiques essentiels des Rois Catholiques furent dictés par une volonté farouche, jamais démentie, d'assurer la pacification intérieure et de rétablir l'autorité et le prestige de la royauté. C'est ce que nous exposons de manière détaillée dans notre premier chapitre.

Les trois siècles qui séparent l'accession du futur Charles Quint au trône d'Espagne (1516) et le retour d'exil de Ferdinand VII (1814), correspondent à autant de cycles bien définis que l'historiographie ibérique a de longue date caractérisés. Le XVIe siècle fut celui de l'hégémonie espagnole, époque d'expansion aux incontestables et brillantes réussites. Le XVIIe siècle, en revanche, vit sombrer le pays dans une crise multiple et durable aux effets dévastateurs. Il a été appelé « siècle de la décadence », mot aux connotations par trop morales que nous préférons, pour notre part, remplacer par le terme plus physique de « déclin ». Le XVIIIe siècle enfin, marqué par l'installation des Bourbons à la tête de la monarchie espagnole, fut celui du redressement économique et des réformes, des grands espoirs déçus aussi.

Il sera surtout question dans le présent ouvrage de l'époque des Habsbourg (XVIe -XVIIe siècles) et elle sera vue presque exclusivement à travers la couronne de Castille. Il faut nous expliquer sur ces deux points. L'exclusivité castillane est aisée à comprendre : c'est la Castille qui pilote durant ces deux siècles le navire hispanique. La couronne d'Aragon (Barcelone, Valence et Saragosse), au brillant passé médiéval, traversait alors des moments peu féconds que l'extraordinaire réussite catalane du XVIIIe siècle rachèterait au centuple.

La période habsbourgeoise méritait sans conteste la longue station que nous lui avons consacrée. C'est l'âge de tous les Siècles d'Or : le Siècle d'Or économique (des années 1530 aux années 1590), le Siècle d'Or politique de « la prépondérance espagnole » (Henri Hauser), du traité de Cateau-Cambrésis (1559) à celui des Pyrénées (1659), le Siècle d'Or, enfin, des lettres et des arts (des années 1580 aux années 1660), auquel les créations d'un Cervantes et d'un Velázquez ont donné un éclat universel.

Notre livre empruntera une voie moyenne entre l'exposé événementiel et l'exposé thématique, ou plutôt fera alterner les deux recours. Question de méthode, mais aussi de plaisir. L'exposition événementielle, non seulement donne de la vivacité et une grande « lisibilité » au discours, mais constitue également le socle sur lequel repose l'analyse, « car il n'est pas d'histoire, selon les propres mots de Pierre Goubert, ni même peut-être de "sciences humaines", sans cette indispensable trame, têtue, astreignante, en fin de compte mère de toutes les modesties et de toutes les solidités ». Nous ferons donc intervenir le récit à côté de chapitres décrivant de façon plus statique les structures économiques et sociales. La forme même du livre imposait certains sacrifices. Le chapitre sur « Le Siècle d'Or des lettres et des arts » laissera peut-être certains lecteurs perplexes. Pourquoi avoir omis le platéresque et l'art colonial ? Pourquoi ne pas avoir choisi Lope de Vega et la *comedia*, Góngora, le roman picaresque, Le Gréco ou Zurbarán ? Et Ribera ? Et Murillo ? Le lecteur voudra bien nous en excuser, mais ceci n'est pas un manuel de littérature ni d'histoire de l'art.

1

Les fondations : la monarchie hispanique d'Isabelle de Castille et de Ferdinand d'Aragon

L'action des Rois Catholiques a été très diversement perçue. Sa connaissance s'est souvent trouvée obscurcie par les jugements passionnés, favorables ou négatifs, que des générations successives d'historiens ont émis au fil de controverses dont l'enjeu était idéologique plutôt que scientifique. Les plus récentes mises au point des historiens (nous pensons en particulier aux travaux de Joseph Pérez) ont proposé un bilan du règne enfin équilibré permettant de mieux saisir son importance et ses paradoxes. Il représente avant tout la fin des crises hispaniques du XVe siècle et la solution aux luttes pour l'équilibre péninsulaire. Époque décisive qui par bien des aspects garde encore les yeux tournés vers le passé, mais qui par d'autres bâtit le plus brillant avenir péninsulaire, ce règne, prestigieux entre tous, constitue le point de départ indispensable pour quiconque veut comprendre aussi bien la grandeur de l'Espagne que sa décadence. Quoi qu'on puisse penser, il y a incontestablement dans l'histoire de la péninsule ibérique, selon l'expression d'Antonio Domínguez Ortiz, un avant et un après les Rois Catholiques.

Le « Mythe » des Rois Catholiques

Dès le XVIe siècle, Isabelle, reine de Castille (1474) et Ferdinand son époux, roi d'Aragon (1479), furent considérés comme les architectes magnifiques de l'hégémonie espagnole. Les sujets péninsulaires de Charles Quint et de Philippe II avaient en effet une conscience extrêmement aiguë d'appartenir à une grande puissance mondiale, la plus imposante qu'il y eût en terres chrétiennes. L'exaltation de l'image des artisans de la grandeur nationale atteindrait son paroxysme au XVIIe siècle au bénéfice de l'amère introspection occasionnée par le douloureux spectacle de la dépopulation, de la crise économique et de la défaite militaire en Europe. Le panégyrique s'ordonnait selon trois idées fondamentales : l'avènement de l'ordre, l'extension de la foi et l'empire colonial. En voici les termes essentiels, que l'historiographie officielle espagnole a d'ailleurs pris soin de perpétuer à travers les siècles.

— Avec les Rois Catholiques la paix civile et la légitimité constitutionnelle avaient succédé à l'anarchie et au désordre. La discipline régnait enfin, tant dans les actes que dans les paroles et au fond des âmes. Le moteur et le garant de la discipline, c'était l'État législateur. En demandant au docteur Díaz de Montalvo de constituer son fameux recueil des lois (les *Ordenanzas Reales de Castilla*), les nouveaux rois plaçaient leur action dans le prolongement de celle d'Alphonse X le Sage (1221-1284), le premier grand monarque ordonnateur.

— Avec les Rois Catholiques la vraie religion chrétienne s'était considérablement propagée. Grenade avait enfin été sauvée, les Mudéjares* péninsulaires enfin convertis, les Indes évangélisées. L'ancien commentaire selon lequel Dieu avait voulu que le Nouveau Monde échût aux Espagnols afin que ces derniers pussent toujours en découdre avec les infidèles est demeuré célèbre car il dit le sentiment profond des hommes du temps.

— Les Rois Catholiques, en appuyant le projet de Christophe Colomb, avaient donné à l'Espagne l'empire des Indes occidentales. La langue, la culture et les coutumes castillanes prenaient une extension universelle. Le pays, à peine sorti des tribulations médiévales, se voyait investi d'une mission civilisatrice à la hauteur des ambitions que sa nouvelle richesse allait lui permettre légitimement de concevoir.

Mais la légende est une chose et les œuvres en sont une autre. Nous allons voir cependant que la fortune historique des Rois Catholiques est fondée sur une action à la portée considérable.

L'UNITÉ ESPAGNOLE

Les Rois Catholiques sont symbole d'unité à plusieurs titres. Ils ont créé l'union de la Castille et de l'Aragon, rétabli dans son intégralité territoriale l'Espagne chrétienne enfin reconquise, imposé l'unité religieuse, considérée comme le fondement indispensable de l'unité nationale. Bilan remarquable, mais qu'il convient de nuancer. Particulièrement dans le domaine politique. Au XVe siècle, la péninsule ibérique était, du côté chrétien, divisée en quatre États parfaitement indépendants : le royaume de Castille, celui du Portugal, celui de Navarre et la couronne d'Aragon. Cette dernière était une confédération composée de l'Aragon proprement dit, du royaume de Valence, de la principauté de Catalogne et des territoires insulaires (Baléares, Sardaigne et Sicile). Du côté musulman, il ne subsistait que le royaume de Grenade, peu étendu (28 000 km^2) mais relativement peuplé (400 000 habitants). Le mariage d'Isabelle de Castille et de Ferdinand d'Aragon allait créer les conditions d'une irréversible communauté de destin entre les deux États les plus vastes et les plus riches. Mais le chemin de l'unité serait encore long à parcourir.

L'union des couronnes de Castille et d'Aragon

❑ ***Les difficiles années de la prise du pouvoir (1468-1479).*** Le problème successoral se posait en Castille où le roi Henri IV était l'otage d'une noblesse frondeuse, déchirée par d'incessantes luttes de clans et qui entendait garder le pouvoir. Ce style de violence nobiliaire résultait d'un siècle de faiblesse de l'institution monarchique. Les choix politiques essentiels d'Isabelle la Catholique, tout dans sa façon d'exercer le pouvoir indiquent l'amère — et fructueuse — leçon qu'elle avait tirée du spectacle de l'anarchie du temps de son frère.

Le roi Henri avait une fille, Jeanne, mais l'on faisait courir le bruit qu'il était impuissant et en surnommant cette malheureuse « la *Beltraneja* », les adversaires de son accession au trône la désignaient clairement comme bâtarde en laissant entendre que la reine avait eu un penchant pour le gaillard don Beltrán de la Cueva. Mais le roi avait aussi un frère et une sœur, celui-là, Alphonse, plus âgé que celle-ci, Isabelle, dont la fraction des potentats hostile au clan de « la *Beltraneja* » avait fait son prétendant à la couronne. Or Alphonse mourut en 1468. Ses partisans se tournèrent alors vers Isabelle qui accepta, alléguant la bâtardise de sa nièce. Le roi Henri s'inclina et par le pacte des Toros de Guisando (18 septembre 1468) reconnut les droits d'Isabelle, déshéritant sa fille Jeanne.

Dès lors le problème était de marier la future reine Isabelle. Deux choix fondamentaux s'offraient à la Castille (nous résumons beaucoup une histoire très compliquée) : l'alliance avec l'Aragon ou celle avec le Portugal. De ce choix dépendait la création du futur centre de gravité, du futur bloc hégémonique de la péninsule. L'union de deux de ses trois grands États ne pouvait qu'apparaître comme une menace pour celui qui en serait exclu. A l'époque le Portugal se trouvait déjà tout engagé dans une politique d'expansion atlantique et africaine qui allait dans un proche avenir se révéler extrêmement féconde. L'Aragon, quant à lui, même s'il n'était plus ce qu'il avait été, demeurait la première puissance méditerranéenne et son poids économique (grâce à Valence notamment) restait considérable.

Henri IV avait opté pour le Portugal et projetait un double mariage, celui d'Isabelle avec le roi du Portugal, Alphonse V « l'Africain », et celui de sa fille Jeanne avec le fils de ce dernier, le prince Jean. Mais Isabelle suivit l'avis de ses partisans et choisit Ferdinand d'Aragon (alors prince de Sicile, son père Jean II régnant encore sur l'Aragon). Elle l'épousa contre l'avis du roi Henri, à Valladolid et dans une semi-clandestinité, le 19 octobre 1469. Ce mariage fut une grande victoire diplomatique pour l'Aragon qui avait besoin de l'appui de la Castille contre la France. C'est ce qui explique l'engagement de Louis XI en 1475, aux côtés du Portugal, contre Isabelle et Ferdinand.

Henri IV, qui était revenu sur le pacte des Toros de Guisando et avait à nouveau reconnu sa fille Jeanne comme héritière légitime, s'éteignit à Madrid dans la nuit du 11 au 12 décembre 1474. Le 13, Isabelle se faisait proclamer reine de Castille à Ségovie. Mise devant le fait accompli, une partie de la noblesse revendiqua les droits de Jeanne « la *Beltraneja* » et se souleva contre Isabelle avec l'appui du Portugal qui redoutait la future puissance du nouveau bloc péninsulaire. Il s'ensuivit une guerre de succession (les troupes portugaises envahirent la Castille au printemps 1475) doublée d'une guerre civile. C'est Isabelle et Ferdinand qui eurent l'avantage, car ils étaient soutenus par la plupart des villes et des grandes familles qui fournirent les troupes. La bataille décisive de Toro (1er mars 1476), difficilement gagnée, freina l'avancée des troupes étrangères et fit sombrer les espoirs du parti rebelle intérieur, puis la victoire d'Albuera (1479) mit fin à la guerre avec le Portugal. La paix fut signée la même année (traité d'Alcaçovas).

C'est en 1479 également que mourut Jean II d'Aragon et que, Ferdinand lui succédant, les deux couronnes se trouvèrent enfin réunies. Le travail constructif allait pouvoir commencer. Une double et énergique action des souverains, législative (commencée au lendemain de la victoire de Toro, aux Cortès* de Madrigal, et parachevée à celles de Tolède en 1480) mais aussi répressive, mit un terme à l'indiscipline nobiliaire. Le moment était venu de lancer tout ce beau monde rassemblé au prix de tant d'efforts dans une entreprise unitaire, une grande entreprise nationale : l'heure de la conquête de Grenade était arrivée.

❑ ***Les limites de l'unification.*** L'Espagne ne deviendrait une, politiquement parlant, qu'au XVIIIe siècle, lorsque le nouveau roi venu de France abolirait les *fueros** (voir chap. 7). L'union de la Castille et de l'Aragon réalisée par les Rois Catholiques fut une union personnelle et morale plutôt que la fusion de deux États en un seul débouchant sur la constitution d'une nouvelle nation. En réalité, de nombreux facteurs militaient contre l'avènement d'une véritable union nationale. Nous en distinguerons trois sortes.

— *Des États encore très indépendants.* La Castille et l'Aragon restèrent séparés par une barrière douanière. Les territoires de la couronne d'Aragon conservèrent leur langue, leur système monétaire, leurs cours de justice, leur droit privé et public, leurs Députations* et leurs Cortès respectives. Celles-ci étaient l'émanation des Députations, assemblées de gouvernement permanentes (*Diputació* en Catalogne, *Generalitat* à Valence et *Diputación* en Aragon), obéissaient à une organisation totalement différente de celle de leurs consœurs castillanes et surtout jouissaient d'une grande indépendance vis-à-vis des vice-rois (représentants du souverain) en matière de législation et d'impôts. Naturellement, la confédération aragonaise ne fournit jamais directement aucun subside à la Castille, aucune aide financière ou militaire. L'empire était castillan et son poids retomba en totalité sur la Castille.

— *Des souverains qui n'ont pas les mêmes droits.* Mais il y a plus. Isabelle n'acquit jamais aucun droit sur l'Aragon (où, du reste, les femmes étaient exclues du trône, contrairement à l'usage castillan) et Ferdinand qui essaya de devenir roi de Castille, faisant valoir qu'il était l'héritier mâle le plus direct des Trastamare, ne fut qu'un roi consort. Déjà le contrat de mariage, daté du 7 mars 1469, malgré de larges prérogatives accordées à l'époux, précisait que c'était à Isabelle, reine de Castille, qu'appartiendrait le pouvoir suprême. La proclamation de Ségovie (13 décembre 1474) désignait Isabelle comme « reine et propriétaire » du royaume. Enfin, en raison des pressions exercées par les Aragonais et par Ferdinand lui-même, un accord de gouvernement fut conclu le 15 janvier 1475 (*concordia* de Segovie) qui rétablit une part d'égalité entre les deux souverains mais dans lequel la prééminence d'Isabelle en terres castillanes demeurait clairement affirmée.

— *Une Castille en plein essor*. L'association des deux couronnes ne mettait pas en présence deux partenaires égaux. C'est la Castille qui dominait dans cette union particulière. Elle était beaucoup plus étendue, bien plus peuplée (350 000 km^2 et près de 5 millions d'habitants pour la Castille contre 105 000 km^2 et 1,2 millions d'habitants pour l'Aragon au début du XVIe siècle) et elle se trouvait portée par une formidable dynamique d'expansion. L'Aragon, qui avait connu de grandes heures médiévales grâce à l'essor de la Catalogne, avait quant à lui commencé une longue régression dont il ne sortirait, grâce à cette même Catalogne, que deux siècles plus tard. Les Indes seraient les Indes de Castille et l'Aragon resterait à l'écart des grands axes économiques du XVIe siècle. Un tel déséquilibre ne pouvait que se répercuter sur l'évolution politique : la Castille tendrait à exercer son hégémonie en accentuant la pression centralisatrice sur une couronne d'Aragon farouchement opposée à toute castillanisation de ses institutions. Déjà l'union dynastique fondée par Isabelle et Ferdinand faisait que celui-ci serait le dernier roi d'Aragon indépendant. Désormais il n'y aurait plus qu'un seul monarque, et qui résiderait en Castille où seraient concentrés tous les organismes du pouvoir central, placés, dans l'immense majorité des cas, entre les mains des Castillans.

La fin de la Reconquête

La première œuvre d'Isabelle et de Ferdinand fut l'achèvement de l'unité territoriale dans la péninsule même, par la conquête de Grenade.

❑ ***Maures et chrétiens avant les Rois Catholiques.*** Le tournant décisif de la Reconquête avait été pris en 1212, lorsque l'armée almohade fut écrasée par les chrétiens aux Navas de Tolosa. Le XIIIe siècle vit ainsi la fin de la reconquête aragonaise (îles Baléares et royaume de Valence) et l'occupation par les Castillans du royaume de Murcie, de Jaén, de la vallée du Gudalquivir et de l'Andalousie orientale, terminée en 1262 par la prise de Niebla. Il ne restait plus à cette date entre les mains des musulmans que le royaume de Grenade. Celui-ci fut légèrement entamé trente ans plus tard, lorsque les chrétiens conquirent Tarifa en 1292.

Mais tout s'arrêta là et Grenade la belle attendrait exactement deux siècles pour changer de maître. Il est vrai qu'elle paya comptant sa liberté et que les rois chrétiens en tirèrent de très importantes sommes d'or sous forme de tributs annuels (les *parias*). Il est vrai aussi que les Castillans se trouvaient dans l'incapacité d'entreprendre une offensive d'envergure dans le Sud. Au XIVe siècle, une série de graves crises politiques (crise monarchique qui aboutirait au changement violent de dynastie en 1369 et crise d'autorité provoquée par les nombreuses régences), ajoutée à la contraction économique et à la grande peste, fit disparaître de façon durable tout esprit de reconquête.

La vie de la frontière s'écoula au rythme des razzias périodiques effectuées de part et d'autre dans le seul but de ramener un butin de guerre (troupeaux la plupart du temps), sans que cela remît le moins du monde en question les bonnes relations commerciales qu'entretenaient les Grenadins avec les chrétiens, tant castillans qu'aragonais ou italiens. Les seuls faits d'armes de quelque considération eurent lieu durant la première moitié du XIVe siècle (victoire castillane d'El Salado en 1340) mais ne supposèrent aucune avancée significative des chrétiens.

Les choses allaient changer à la fin du siècle avec les nouveaux souverains Trastamare qui s'employèrent à raviver un esprit de croisade contre l'Infidèle que l'air du temps, héroïque et chevaleresque, aussi bien que l'urgence politique (séduire les clientèles nobiliaires au profit de la nouvelle dynastie) rendaient fort opportun. C'est Henri III de Castille qui, à la fin de sa vie (1406), donna la première impulsion au nouveau mouvement de reconquête. A sa mort le flambeau fut repris par l'infant don Fernando, co-régent du royaume, qui obtint des Cortès d'importants moyens lui permettant de prendre Antequera en 1410. Cette victoire n'eut pas l'importance que lui accordèrent les chroniqueurs à la solde de l'infant, mais elle avait révélé la faiblesse du royaume nasride. Cependant elle ne fut pas exploitée militairement car don Fernando ne concevait pas la guerre de reconquête autrement que comme des actions d'éclat, dont on tirait gloire et crédit, destinées à occuper la noblesse et qui obligeaient le pouvoir musulman à concerter des trêves fort lucratives. Telle était la tradition et c'est ce qui eut lieu et ce qui aurait lieu plus tard sous Jean II (campagne de don Alvaro de Luna de 1431-1439, la plus courtisane et chevaleresque de toutes) ainsi que sous Henri IV (campagne de 1455-1461).

En réalité la situation intérieure n'était pas brillante dans les royaumes chrétiens où la noblesse insoumise s'affrontait en de constantes guerres de clans qui mettaient les pays à feu et à sang. En Aragon, c'était les Luna contre les Gurrea et à Valence les Centelles contre les Soler. Mais c'est en Castille, où la noblesse était infiniment plus puissante que dans le royaume voisin, que les luttes nobiliaires prirent le tour le plus catastrophique car les rois, faibles et discrédités, se laissèrent entraîner par leurs favoris dans les affrontements factieux, mettant en péril les fondements mêmes de l'État. C'est à cette triste conjoncture que Grenade dut de rester encore indépendante, car le royaume nasride, mortellement frappé de la même maladie, avait sombré dans une décomposition définitive.

❑ ***La guerre de Grenade et les capitulations (1482-1492).*** Avec les Rois Catholiques tout changea de signe. Le dernier épisode de la Reconquête ne serait pas uniquement une croisade contre les ennemis de la foi, il représenterait aussi le complément nécessaire de l'unité espagnole.

Les conditions de l'assaut définitif étaient réunies. Grenade, où l'or s'était fait rare, n'offrait plus d'intérêt économique, les Portugais ayant commencé à négocier directement avec l'Afrique noire, captant le métal jaune soudanais. L'anarchie avait cessé en Castille, mais le pays avait besoin, pour panser ses plaies, d'un grand objectif national rassembleur, d'autant plus mobilisateur qu'il ne pouvait qu'exciter l'appât de gain de la noblesse. La paix avait été signée avec le Portugal. Et Ferdinand, désormais roi, pouvait disposer des recours de l'Aragon.

La dernière trêve concertée entre Maures et chrétiens prenait fin en 1481. Aussitôt, le sultan Abul-Hasan s'empara par surprise de la ville frontalière de Zahara, au cours d'une de ces opérations de prestige traditionnelles destinées à conforter son pouvoir à Grenade. Les chrétiens répliquèrent par la prise d'Alhama (1482) qu'ils décidèrent de défendre et qui, de fait, résista aux tentatives des Grenadins pour la reprendre. C'était le début de la guerre finale, guerre où la diplomatie joua aussi un grand rôle. En effet, le pouvoir nasride traversait une phase critique et la guerre civile entre Abul-Hasan et son fils Abu'Abd Allah Muhammad (le Boabdil des chroniques et des légendes) faisait rage, situation dont Ferdinand tira le meilleur parti.

Les opérations militaires se déroulèrent selon trois phases : entre 1482 et 1487, les Rois Catholiques se rendirent maîtres de la partie occidentale du royaume de Grenade, la chute de Malaga au printemps 1487 constituant le tournant décisif de la guerre ; en 1488 et 1489, c'est le secteur oriental du royaume qui fut conquis. Il ne restait plus aux musulmans au début de l'année 1490 que la ville de Grenade et ses alentours et la zone montagneuse des Alpujarras, au sud de la capitale. Le siège de cette dernière commença en avril 1491. Le 25 novembre de la même année, Boabdil, qui avait entamé des négociations secrètes avec les Rois Catholiques en vue de la reddition de la ville, signa les capitulations. Le 2 janvier 1492, il remit les clefs de la ville au grand commandeur de León, don Gutierre de Cárdenas. Le comte de Tendilla pénétra dans la ville à la tête de ses troupes. Boabdil et sa suite abandonnèrent Grenade à l'aube et en cachette afin de se rendre dans la seigneurie des Alpujarras que les clauses secrètes des capitulations lui accordaient (il passerait plus tard au Maroc), rendant hommage aux Rois Catholiques à l'extérieur des murs. Isabelle et Ferdinand firent leur entrée solennelle dans la capitale le 6 janvier. Celle-ci fut placée sous le contrôle militaire du comte de Tendilla (un Mendoza) qui fut nommé capitaine général du royaume de Grenade.

La guerre avait été longue — onze ans —, souvent difficile et incertaine, particulièrement au début, riche en épisodes cruels que les chroniques castillanes de l'époque, tout occupées à exalter la magnanimité des souverains et la grandeur de l'esprit chrétien, ont oublié de rendre avec les couleurs les plus vraies. Nous citerons seulement le terrible siège de Baza (1489) qui dura six mois et la conquête de Málaga (1487), acculée à une reddition sans conditions, au terme de laquelle 15 000 prisonniers furent vendus comme esclaves et 700 autres gracieusement offerts à des notables, tant civils qu'ecclésiastiques.

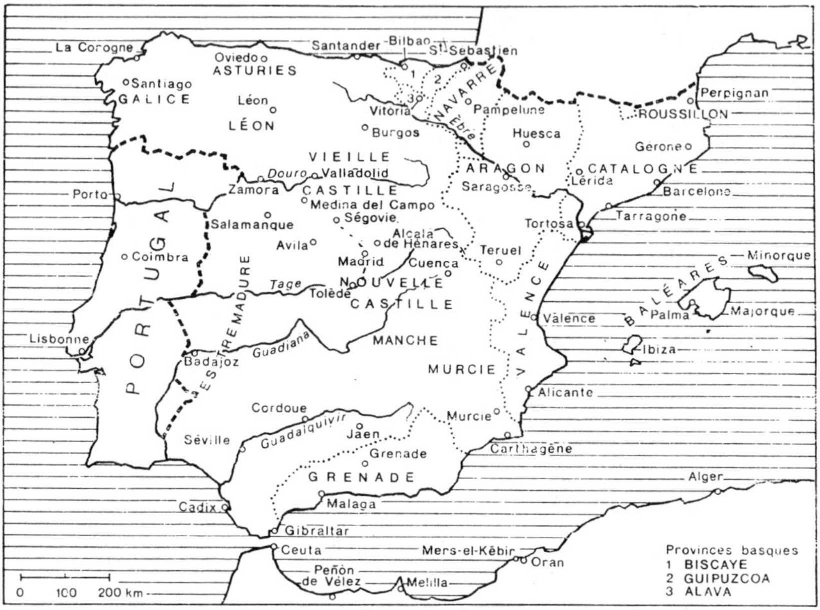

La péninsule ibérique en 1493. Source : Henri Lapeyre, *Les Monarchies européennes du* XVIe *siècle,* « Nouvelle Clio », P.U.F., 1967.

Fait extrêmement rare dans le contexte de l'époque, le royaume de Grenade fut annexé par la Castille sans autre forme de procès, sans qu'il lui fût octroyé de statut particulier (il en irait autrement pour la Navarre en 1512). Les droits des populations soumises, tant dans le temporel que dans le spirituel, se trouvaient consignés dans les pactes de reddition ou capitulations qui étaient signés au fur et à mesure que les villes tombaient. Ces documents garantissaient en général, de façon fort libérale, la reconnaissance de la liberté individuelle, la conservation des structures sociales et de l'organisation juridique autant que religieuse des vaincus. Comme l'ont fait remarquer Antonio Domínguez Ortiz et Bernard Vincent, la guerre se prolongeant, les capitulations devinrent plus généreuses. Ainsi, celles signées après 1487 permettaient aux musulmans de garder tous leurs biens, et celles de 1491, les dernières, allèrent même jusqu'à concéder automatiquement la liberté aux captifs et permirent aux Grenadins de garder leurs chevaux et leurs armes, à l'exception de celles à feu. Enfin, tous ces documents stipulaient que les musulmans qui désiraient émigrer en terre d'Islam pourraient emporter leurs biens, y compris l'or et les bijoux, que l'État veillerait en outre à organiser des convois maritimes ou terrestres garantissant la sûreté des transports. Très nombreux furent ceux qui choisirent le départ, il n'y a aucun doute à ce sujet, mais nous n'en connaissons pas le chiffre.

❑ ***Après la conquête.*** La guerre finie, le climat allait changer. Très tôt l'on confisqua toutes les armes aux Mudéjares. Ceux qui étaient établis dans la fertile *vega** de Grenade (la plaine arrosée par le Genil) se virent retirer le droit d'acheter des terres. En 1495, puis en 1499, de nouveaux impôts décidés par la couronne furent exigés des seuls Mudéjares. Le désenchantement fit place au malaise et à la tension. Car les colons chrétiens nouvellement installés (ils furent quelque 40 000 à venir, pour moitié d'Andalousie) étaient aussi déçus par la rareté des terres à occuper et par leur piètre qualité, s'en prenant aux occupants légitimes du sol en qui ils voyaient toujours des ennemis de leur religion.

Il faut en effet songer également à l'aspect religieux. La conversion des musulmans avait été placée sous les auspices du titulaire du nouveau diocèse, le sage hiéronymite Hernando de Talavera, confesseur de la reine Isabelle et partisan de la douce persuasion en matière d'évangélisation. Malgré sa popularité et des résultats incontestables, son œuvre de longue haleine irrita les plus impatients. En octobre 1499, le franciscain Cisneros (1436-1517), archevêque de Tolède et nouveau confesseur de la reine, arrivait à Grenade en compagnie des souverains et, désavouant les méthodes d'Hernando de Talavera, obtint de pouvoir rester dans la ville pour y diriger une campagne de conversions plus effective. Ses procédés (captation des élites, pots-de-vin, intimidation et violence) entraînèrent le soulèvement des Mudéjares du quartier de l'Albaicín, le 18 décembre 1499. Le tumulte fut rapidement étouffé en ville, mais la révolte se propagea dans les zones montagneuses du royaume : dans les Alpujarras dès janvier 1500, puis dans les sierras d'Almería, jusqu'au début de l'été 1501, enfin dans la région de Ronda, où le roi Ferdinand en personne dut intervenir à la tête des troupes. Les Mudéjares, terrifiés, mais aussi réalistes, se convertirent massivement au christianisme. Ces graves événements eurent pour conséquence immédiate le triomphe des partisans de la manière forte : le 12 février 1502 les Rois Catholiques signaient un décret obligeant tous les Mudéjares de la couronne de Castille à choisir entre la conversion et l'exil. L'immense majorité opta pour la première solution. L'Espagne maure avait vécu. La tragédie morisque commençait.

LA RÉORGANISATION DES ROYAUMES

Jusqu'à l'arrivée des Bourbons sur le trône d'Espagne au XVIIIe siècle, le pays fut gouverné selon le style et les institutions créés par les Rois Catholiques. Nous aurons l'occasion, au cours d'un chapitre postérieur, d'en décrire les composantes et le fonctionnement. Il convient à présent de dégager les principes qui inspirèrent la politique d'Isabelle et de Ferdinand et qui continueraient de déterminer celle de leurs successeurs. Ceux-ci obéissent à trois grandes orientations : le respect de la tradition, l'autoritarisme monarchique et l'association avec une Église nationale nouvellement façonnée.

Les principes directeurs

❑ ***Conserver et prolonger la tradition.*** C'est un aspect essentiel. Les Rois Catholiques fondèrent le renouveau de la monarchie sur le respect et l'amélioration de ce qui existait tout en l'infléchissant dans le sens d'un renforcement de l'autorité des monarques. Nous venons de voir que l'union des couronnes se fit sans qu'on touchât aux constitutions ni aux privilèges traditionnels des pays de *fueros*, que les Cortès furent maintenues. De même, la plupart des réformes jadis saluées comme grandement innovatrices, n'étaient que la systématisation ou l'adaptation d'institutions ou d'idées préexistantes : l'intervention des *corregidores** dans l'administration locale, généralisée en 1480, datait en réalité de 1348 ; la Santa Hermandad avait plusieurs précédents locaux ; l'idée d'introduire en Espagne une nouvelle Inquisition docile et nationalisée remontait au temps d'Henri IV de Castille ; la réorganisation de l'État autour du Conseil de Castille avait été projetée dès 1406. Enfin, nous allons y revenir, l'attitude des souverains envers la noblesse et l'Église démontre, dans son ambiguïté, le même poids de la tradition.

❑ ***Consolider l'État et affirmer le prestige de l'institution monarchique.*** Les Rois Catholiques ne ménagèrent aucun effort dans cette voie. La tâche accomplie fut considérable et les résultats, d'une solidité remarquable. Il y avait d'abord la noblesse, à la puissance redoutable et habituée à jouer un rôle politique de premier plan. Nous partageons l'avis de Joseph Pérez pour qui la stratégie des souverains fut uniquement politique et non sociale. Leur but était d'éloigner les grands potentats des centres de décision tout en leur laissant leur prééminence économique et sociale et en les utilisant dans des fonctions de représentation (diplomatie, par exemple) et, bien entendu, militaires. Un ensemble de décisions, ponctuelles pour certaines et pour d'autres, à visée plus fondamentale, met bien en lumière un tel processus.

Il y eut pour commencer une série de mesures d'assainissement de la situation et d'intimidation, sanctionnées par les Cortès de Tolède de 1480, suivant lesquelles l'État reprenait un ensemble de rentes, de terres et d'impôts qui avaient été cédés à la haute noblesse sous forme de grâces et dons royaux à partir de 1464. La date est importante à un double titre. Elle marque le début de la dernière période de troubles intérieurs et par conséquent la mesure des Rois Catholiques signifie d'abord une mise au pas politique de la noblesse insoumise qui affirme de manière éclatante l'autorité du souverain. Mais d'autre part, cette mesure, ainsi que l'a souligné Joseph Pérez, était loin de porter un coup fatal à la puissance et au prestige de la noblesse. En effet, ceux-ci ne dataient pas de 1464, mais de la fin du XIVe siècle, époque à laquelle les nouveaux rois Trastamare (surtout Henri II) durent s'attirer les bonnes grâces des clientèles nobiliaires moyennant d'importantes concessions patrimoniales et fiscales. Les décisions de 1480 marquent donc un profond changement de style dans l'exercice du pouvoir, mais la noblesse en sort tout juste un peu brimée, certes amoindrie, en aucun cas défaite.

Du reste les Rois Catholiques firent la fortune patrimoniale de leurs collaborateurs les plus fidèles et n'hésitèrent pas à octroyer de nouvelles seigneuries dans le royaume de Grenade au fur et à mesure que la reconquête avançait, au moment même où ils réduisaient impitoyablement les possessions de leurs anciens adversaires. Le cas d'Andrés de Cabrera, un des artisans de la prise du pouvoir d'Isabelle, est exemplaire de la première attitude : il obtint le titre de marquis de Moya, très riche contrée située à la frontière entre l'Aragon, le royaume de Valence et la Castille, devenant de la sorte une des forces politiques essentielles de la région de Cuenca. A l'inverse, les Pacheco (marquisat de Villena), adversaires des Rois Catholiques, perdirent d'immenses seigneuries dans la Manche. Le plus souvent les rois combinèrent largesse économique et fermeté politique. Ainsi, le duc de Medina Sidonia fut-il récompensé de son aide en recevant le droit de percevoir les droits des douanes de Sanlúcar, mais il dut renoncer au gouvernement de Séville ainsi qu'à ses prétentions sur Gibraltar. De même, le marquis de Cadix, rebelle un temps, obtint le pardon des monarques contre l'incorporation de la ville à la juridiction royale mais il reçut en récompense le duché d'Arcos de la Frontera. Nous citerons un dernier exemple de cette ambivalence caractéristique du règne des Rois Catholiques : alors que les lois de Cordoue sur les preuves de noblesse (1492) avaient pour objectif de délimiter clairement les frontières du corps, celles de Toro sur la constitution des majorats* (1505) permettaient aux riches roturiers d'y accéder et de façon plus générale offraient à la noblesse un moyen légal redoutable de perpétuer son implantation patrimoniale.

Mais d'autres mesures révèlent une volonté inflexible de jeter les bases durables d'un pouvoir royal fort. En voici l'essentiel :

— Le roi rattache à la couronne les grandes-maîtrises des ordres de chevalerie castillans, celle de Saint-Jacques en 1493, à la mort du grand-maître don Alonso de Cárdenas, celle de Calatrava en 1482, à la mort du grand-maître don Garci López de Padilla et celle d'Alcántara en 1494, le grand-maître don Juan de Zúñiga ayant été contraint de démissionner (l'ordre valencien de Montesa ne serait incorporé qu'à la fin du XVIe siècle par Philippe II). En effet, la puissance trop étendue des grands-maîtres, issus des plus importantes familles, était une menace pour le pouvoir royal. La sanction légale définitive de cet état de fait n'interviendrait qu'en 1523 (bulle d'Adrien VI).

— La noblesse perd tout pouvoir de décision au Conseil de Castille ou Conseil royal (les nobles n'y auront plus qu'une voix consultative), désormais dominé par des « fonctionnaires » fidèles aux souverains auxquels ils doivent tout.

— Les rois s'appuient pour gouverner sur de nouvelles couches sociales d'extraction modeste, les *letrados** (juristes, fils de la « bourgeoisie » ayant fait des études universitaires), les *caballeros** (couche moyenne de la noblesse), les moines. L'arrivée des *letrados* sur la scène politique date du décret de 1493 rendant nécessaire la possession d'un titre universitaire pour devenir membre du Conseil de Castille et des hautes cours de justice (*Chancillerías**, *Audiencias**).

— La généralisation du réseau de *corregidores* devait permettre de contrer de manière décisive l'influence locale des clientèles.

— Enfin, le pouvoir des villes allait être considérablement réduit, le rôle des Cortès se voyant relégué au second plan. Les Rois Catholiques, dans leur construction d'une monarchie personnelle et autoritaire, ne pouvaient laisser la représentation territoriale prendre assez de force pour être en mesure de contrebalancer les décisions royales.

L'Église et l'État

❑ ***Pouvoir compter sur l'Église.*** Pour les Rois Catholiques, l'essor de l'État était inséparable de celui de l'Église dont la richesse et l'influence devaient obligatoirement être prises en compte. Mais il ne pouvait y avoir de collaboration fructueuse sans une prise en main de la discipline ecclésiastique. Ceci supposait une double action : affirmer son autorité sur l'Église nationale et élever le niveau moral et intellectuel du clergé. Voyons successivement ces deux aspects.

Isabelle et Ferdinand entendaient soumettre le haut clergé, apparenté à la grande noblesse et souffrant des mêmes travers politiques qu'elle. Car les évêques étaient aussi des seigneurs temporels à la juridiction fort étendue, possédaient des forteresses, levaient des impôts et des milices. Outre l'affirmation du pouvoir royal, il y allait aussi de la possibilité d'utiliser l'appui financier de l'Église, à la richesse considérable. Pour cela il fallait que la couronne pût intervenir de manière efficace dans les provisions* épiscopales, autrement dit qu'elle obtînt le droit de *patronato** ou de présentation.

A l'époque qui nous intéresse présentement, il y avait dans les royaumes d'Espagne 48 sièges épiscopaux : 31 pour la couronne de Castille, 16 pour celle d'Aragon, Elne y compris, et un seul pour la Navarre. Les Rois Catholiques arrivèrent à faire nommer leurs candidats par étapes, en négociant chaque provision. En 1482-1485 ils parvinrent à ce que les évêques de Castille et d'Aragon fussent nommés sur présentation royale, le pape se réservant la provision des bénéfices. En 1501 ils obtinrent le *patronato* royal universel sur le royaume de Grenade, les îles Canaries et les Indes (toutes les fondations, la provision de toutes les charges et la perception des dîmes). Nous n'allons pas retracer ici la suite de l'histoire des négociations, longues et difficiles, menées entre les rois espagnols et le Saint-Siège à propos des provisions et qui aboutiraient à la bulle d'Adrien VI du 6 septembre 1523 accordant au souverain le droit de présentation pour la Castille et l'Aragon (celle-ci serait encore remise en question par deux fois, jusqu'à sa confirmation définitive par Paul III le 7 juillet 1536).

Les prélats des Rois Catholiques devaient répondre à des caractéristiques précises que des textes du début du règne (de 1475 et de 1478 en particulier) définissent clairement. En premier lieu, les évêques devaient être originaires de la péninsule, nationalisation visant à supprimer les désordres et le laisser-aller qu'entraînait le fréquent absentéisme des étrangers, à en finir avec les transferts de fonds hors de la péninsule et à s'assurer le légitimisme des titulaires, seigneurs de vassaux et de places fortes. Cette exigence, relevant de la sûreté de l'État, fut particulièrement observée dans les évêchés frontaliers et du littoral. En second lieu, les évêques devaient être d'une moralité irréprochable. A l'arrivée au pouvoir d'Isabelle et de Ferdinand, il était notoire que les titulaires de certains diocèses parmi les plus prestigieux (Tolède, Saint-Jacques de Compostelle, Séville, Saragosse) avaient des enfants auxquels ils assuraient de hautes positions dans le monde grâce aux rentes ecclésiastiques. La reine Isabelle fut très stricte sur ce point de la vie exemplaire des promus, car elle entendait en faire les moteurs d'une profonde réforme du clergé. Les choses changeraient quelque peu par la suite, du moins jusqu'à l'application des décrets du Concile de Trente. La troisième qualité requise, politique, avait trait à l'extraction sociale et résultait de l'expérience de la guerre civile. Les évêques ne seraient plus les cadets ou les alliés des grandes familles féodales, ils seraient issus des couches moyennes, et même inférieures, de la société. Charles Quint remettrait en question ce principe dès son arrivée sur le sol espagnol, en faisant nommer à Tolède Guillaume de Croy, âgé de vingt ans et déjà évêque de Cambrai, neveu du principal conseiller du roi, le seigneur de Chièvres, et membre de la plus haute noblesse flamande.

Voici le tableau des provisions de l'époque des Rois Catholiques, clairement illustratif de leur politique :

> Nombre de provisions, transferts exclus : 132
> Évêques appartenant à la haute noblesse : 32
> Évêques de petite noblesse ou issus des couches moyennes : 74
> Évêques d'humble extraction : 6
> Évêques cardinaux romains ou des domaines italiens : 20

Enfin, les évêques devaient être des *letrados*, c'est-à-dire des personnes formées à l'Université et éloignées des armes. Isabelle marqua une nette préférence pour les ecclésiastiques issus du collège de San Bartolomé, de Salamanque. Après que Cisneros aurait fondé l'université d'Alcalá, celle-ci fournirait à son tour son contingent de prélats. L'exigence de science théologique et de culture est étroitement liée à celle de vertu exposée plus haut et exprime la volonté des rois d'élever le niveau du clergé, qui laissait beaucoup à désirer. Cette tâche réformatrice fut confiée au cardinal Ximénez de Cisneros. La réforme de Cisneros.Elle fut menée dans trois directions : pastorale, conventuelle et universitaire. Fort ambitieuse et précoce, elle n'enregistra pas que des succès. La première tâche, la plus délicate compte tenu du moment et de la réalité castillane, avait pour but de réformer les habitudes du clergé paroissial. Cisneros avait été promu à la mitre de Tolède en février 1495. Il se mit à l'œuvre dans son diocèse, convoquant un premier synode à Alcalá en 1497 et un second l'année suivante à Talavera de la Reina. De nouvelles constitutions furent promulguées, à l'esprit hautement pastoral, organisant une série de visites, dictant une importante suite de pratiques. Les textes insistent sur la nécessité d'en finir avec le concubinat des prêtres, sur l'obligation de résidence, d'expliquer les Évangiles chaque dimanche aux fidèles, d'enseigner la doctrine aux enfants. A lire ces vertueuses dispositions, l'on prend conscience de tout le retard qu'il fallait combler. Mais Cisneros ne réussit pas à vaincre la résistance des milieux cléricaux et la réforme du clergé des campagnes ne fut que très superficielle.

Cisneros parvint à des résultats autrement plus significatifs dans son action auprès des ordres monastiques. Il commença par celui auquel il appartenait. Franciscain ascétique et membre de la branche observante, il se fit le défenseur du retour rigoureux à la pureté de la règle, entrant par là en conflit avec les conventuels, plus enclins à la composition. Il fut d'abord chargé par Alexandre VI, le 5 juillet 1495, de visiter et de réformer les religieux de son diocèse, puis nommé successivement visiteur des franciscains espagnols (26 décembre 1496) et visiteur et réformateur des ordres mendiants d'Espagne (1er septembre 1499). L'installation des franciscains observants dans les maisons des conventuels donna lieu à de fortes résistances de la part de l'aristocratie. Les maisons nobles étaient en effet à l'origine de la plupart des fondations et entendaient pouvoir continuer à en disposer afin d'y installer leurs cadets.

❑ ***L'université d'Alcalá de Henares.*** Il s'agit de la pierre angulaire de la réforme souhaitée par Cisneros et, à n'en pas douter, de son plus grand titre de gloire. Le centre d'Alcalá devait en effet jouer un rôle fondamental dans la diffusion de l'humanisme et le renouveau de la spiritualité. L'institution accueillit ses premiers étudiants en 1509. Son organisation s'inspirait fortement du modèle autonome parisien. C'est du reste de la capitale française que venaient presque tous ses premiers enseignants. Alcalá fut voulue comme un grand centre d'études théologiques. Elle n'eut pas de Faculté de droit et seulement deux chaires de médecine, mais ouvrit la spéculation théologique à toutes les voies, thomiste, scotiste et nominaliste, alors qu'à Salamanque, davantage tournée vers le droit, le thomisme régnait en maître absolu.

Alcalá devint incontestablement le haut lieu péninsulaire de l'humanisme avancé. Y séjournèrent, soit comme professeurs, soit comme élèves, les plus grands esprits et les futurs cadres de l'Église espagnole de la Renaissance. Parmi les maîtres, nous citerons seulement Nebrija et Alonso de Herrera en rhétorique ; saint Tomás de Villanueva et Carranza de Miranda en logique et philosophie naturelle ; Alonso de Zamora en hébreu ; Hernán Núñez et surtout Vergara en grec. Du côté des élèves, la liste serait fort longue. Rappelons qu'en firent partie Ortiz, saint Ignace de Loyola, Juan de Valdés, Francisco de Osuna, Arias Montano et que même Luis de León, une des gloires de Salamanque, y resta quelque temps.

La grande réalisation de l'université d'Alcalá dans le terrain de l'humanisme fut la *Bible polyglotte* qui donne en vis-à-vis les différentes versions en latin, grec et hébreu. A travers cette « équipe d'Alcalá » où figuraient de nombreux judéo-convers experts en hébreu, s'opéra le transfert, après l'expulsion des juifs, de l'exégèse juive vers la chrétienne.

UNITÉ POLITIQUE ET UNITÉ RELIGIEUSE

Les Rois Catholiques ont expulsé les juifs d'Espagne et ont introduit la nouvelle Inquisition. De telles décisions, au caractère fortement médiéval, allaient se révéler lourdes de conséquences pour l'avenir du pays. Elles expriment sans ambiguïté le choix d'un consensus fondé sur l'exclusion. Mais dans ce domaine également, il convient de nuancer.

La fin de « l'Espagne des trois religions »

❑ ***L'heure des vieux-chrétiens**** . Nous avons vu de quelle manière autoritaire les Rois Catholiques décidèrent d'en finir avec la présence sur le sol espagnol du culte islamique. En convertissant par la force tous les musulmans de la couronne de Castille (mesure d'autant plus arbitraire qu'elle touchait de nombreuses populations n'ayant pris aucune part aux troubles de Grenade), les souverains faisaient de l'unité religieuse le fondement de l'unité nationale, achevant de la sorte ce qu'ils avaient commencé par l'expulsion des juifs de 1492.

Ces mesures définitives prises à l'encontre des juifs et des musulmans fermaient une période longue de plus de sept siècles, de cohabitation certes difficile, mais de cohabitation tout de même et qui avait de surcroît rendu possible l'incomparable creuset intellectuel des écoles de traducteurs. Mais les temps avaient changé.

Dans sa *Gramática de la lengua castellana*, publiée comme chacun sait en 1492 précisément, Nebrija lie symboliquement l'entreprise guerrière et la tâche civilisatrice de l'humanisme. La sentence du *Prologue* si souvent citée : « Toujours la langue fut la compagne de la puissance et à tel point la suivit qu'ensemble elles affleurèrent, crûrent et fleurirent, pour connaître ensuite ensemble un même déclin », est en réalité placée par notre humaniste dans un contexte politique sans équivoque, celui de l'unification. Les termes qu'il emploie ne sont pas innocents : « Car une fois purgée (*repurgada*) notre religion chrétienne, en vertu de laquelle nous sommes bien avec Dieu, ou sommes revenus dans ses bonnes grâces (*reconciliados con El*) ; après que les ennemis de notre foi dont les nôtres recevaient tant de dommages et redoutaient de bien pires actions, ont été vaincus par la guerre et la force des armes ; après l'avènement de la justice et du respect des lois qui nous rassemblent et nous font vivre sur un plan d'égalité au sein de cette grande compagnie qui a pour nom royaume et république de Castille, il ne reste plus qu'à laisser fleurir les arts de la paix. »

Selon le sentiment de Nebrija, la première condition de possibilité d'une civilisation castillane est l'unité de la foi. La « purge » et la « réconciliation » renvoient explicitement à l'action du Saint-Office menée contre les faux convertis d'origine juive et peut-être à l'édit d'expulsion (celui-ci fut promulgué le 31 mars et l'impression de la *Grammaire* est datée du 18 août) ; les « ennemis de notre foi » vaincus par les armes, ce sont les musulmans. Car l'harmonie spirituelle ne peut être qu'au prix d'une purge, les seules valeurs reconnues désormais étant celles des vieux-chrétiens. Ces valeurs, fondées sur l'héroïsme et l'exaltation « casticiste » (orgueil de caste, revendication de la pureté de la race), s'enracinaient dans deux thèmes profondément ancrés dans un imaginaire façonné par la Reconquête.

Le premier est celui de la « restauration » de l'Espagne, thème grandement influencé par l'eschatologie et le messianisme médiévaux péninsulaires et qui allait connaître à la fin du XVe siècle un regain d'intérêt spectaculaire. Le pays, jadis « détruit » par l'Infidèle, retrouvait avec les Rois Catholiques son intégrité spirituelle et la faveur divine. L'important, la seule et vraie unité, c'était l'unité religieuse qui devait sceller dans l'exclusivisme d'un État jalousement confessionnel le mystère du miracle de l'Un : une race, une foi, une loi.

Le second thème découle du premier : c'est l'idée de croisade. L'Espagne, restaurée dans sa puissance et dans sa foi, est providentiellement investie d'une mission spirituelle universelle, obligation coûteuse, certes, mais à laquelle elle ne saurait manquer. Ainsi le règne restaurateur des Rois Catholiques fut-il immédiatement perçu comme l'étape fondatrice d'une identité et d'un destin nationaux liés à une cause religieuse.

❑ ***L'élimination du judaïsme péninsulaire.*** L'expulsion de 1492 mettait un terme à une situation qui n'avait fait qu'empirer durant deux siècles. Il y avait en effet longtemps que la fameuse harmonie entre les peuples du Livre avait cessé d'être réelle. Il faut remonter au XIVe siècle.

Le concile de Zamora, en 1312, avait adopté de très dures mesures à l'encontre des juifs, prônant leur exclusion des charges publiques, leur enfermement dans des ghettos (les juiveries) et l'imposition d'un signe distinctif sur leurs vêtements. Tant de sévérité est à mettre en rapport avec la crise économique qui avait transformé le problème de l'usure hébraïque en un thème explosif. De fait, les Cortès d'Alcalá de 1348 votèrent une série de dispositions tendant à supprimer l'usure.

C'est dans ce contexte déprimé et tendu que fit son apparition la grande peste, et sa cohorte de malheurs replaça le peuple d'Israël dans sa tragique position de bouc émissaire. A cela venait s'ajouter la guerre entre Pierre Ier de Castille et Henri Trastamare. La noblesse, qui appuyait ce dernier, usa de l'antisémitisme ambiant, accusant Pierre Ier de protéger les juifs fauteurs de tous les maux. En 1355, les factions du Trastamare entrèrent dans Tolède et massacrèrent quelque 1 200 Israélites. En 1360, de nombreux quartiers juifs furent saccagés, dont ceux de Nájera et de Miranda de Ebro, d'affreuses tueries perpétrées. Sept ans plus tard, les Cortès de Burgos demandèrent que les juifs fussent exclus des charges publiques et du prélèvement des impôts. Cette même année 1367 vit la mise à sac des juiveries de Tolède, de Valladolid, de Ségovie, d'Avila, de Briviesca, de Villadiego et d'Aguilar de Campóo.

La situation n'était pas différente en Navarre. En 1328, plus de 6 000 juifs trouvèrent la mort à Pampelune, Estella, Marcilla et Viana. La violence reprit en 1361 à Tudela et à Sangüesa, où toute la famille du puissant Abraham de Niort fut massacrée. Dans la couronne d'Aragon, des pillages et des tueries eurent lieu en 1347 et surtout en 1349 (à Lérida, Tárrega, Cervera, Barcelone, Solsona, Tarragone et Gérone). L'Andalousie demeura calme en attendant la terrible explosion de 1391.

Avec le triomphe de Henri Trastamare (1369), les dispositions antisémites fleurissent. L'étau juridique se resserre (Cortès de 1377, extrêmement menaçantes) et la pression populaire croît à mesure que se développe l'activité prédicatrice de Juan de Valladolid (converti d'origine juive) et de Ferrán Martínez, plus connu sous le nom d'archidiacre d'Écija. Esprit fanatique et orateur violent, il appelait le peuple à une croisade d'extermination des juifs. Il fut à l'origine des tragiques événements de Séville. Le 6 juin 1391 débuta le pogrom* dans la ville du Guadalquivir. Il y eut plus de 4 000 victimes, les propriétés des juifs furent confisquées et redistribuées par les insurgés. Le mouvement gagna le reste de l'Andalousie. Il ne resta rien de la juiverie de Cordoue. La flambée antisémite remonta vers la Nouvelle-Castille, faisant des milliers de victimes à Ciudad Real, à Tolède, à Madrid... Dans le royaume de Valance, en Catalogne et aux îles Baléares les pogroms revêtirent une gravité toute particulière. Le judaïsme péninsulaire ne s'en relèverait pas. Des dizaines de juiveries importantes disparurent à jamais. Des dizaines de milliers de juifs, terrorisés, acceptèrent de se faire baptiser. La communauté israélite s'en trouvait scindée : d'un côté les « juifs publics », de l'autre les *conversos** ou judéo-convers, devenus légalement les égaux des chrétiens de vieille souche mais sur lesquels pèseraient les pires soupçons religieux.

Durant le xve siècle, la condition sociale des fils d'Israël ne ferait qu'empirer. Outre de périodiques violences qui maintenaient les communautés juives dans une terreur et une démoralisation constantes, la législation chrétienne fit tout pour rendre la vie très difficile à ceux qui n'optaient pas pour la conversion au christianisme. Les lois de 1412 (*Ordenamiento de Ayllón*) dictant, entre autres prescriptions discriminatoires, l'établissement de ghettos pour les juifs (mais aussi pour les musulmans), donnaient la mesure du siècle. La longue série de décrets aboutissant à l'expulsion (1450, 1462, 1476, 1480) ne laisse aucun doute sur la volonté des pouvoirs de contraindre les minorités religieuses à s'assimiler. Beaucoup l'avaient fait. En 1492, les juifs devaient représenter quelque 250 000 personnes, alors que les *conversos* étaient au nombre de 400 000, chiffre minimum. On estime qu'un peu plus de 50 000 juifs optèrent pour la conversion plutôt que de partir. L'exil concerna donc près de 200 000 habitants. Les départs se firent en direction de l'Afrique du Nord, de la Méditerranée orientale et surtout du Portugal où cinq ans plus tard le roi Manuel Ier décrèterait la conversion générale de tous les juifs.

Du point de vue de la démographie, cela ne représentait pas une perte irréparable (3,3 % de la population), la tendance étant à la croissance. Pour ce qui est du commerce, des affaires et de la finance, il convient d'être plus prudent, car les expulsés étaient des sujets qualitativement de premier plan. Néanmoins, malgré le manque d'information à cet égard, il semble que la plaie économique mit moins de dix ans à se cicatriser, considération d'autant plus plausible que les *conversos*, eux, étaient restés et avaient depuis longtemps les moyens d'assurer la relève.

Le problème des judéo-convers et l'établissement du Saint-Office

❑ ***Vieux et nouveaux-chrétiens.*** C'est ainsi que le problème de l'unité religieuse allait rebondir et se transformer en un autre plus épineux, celui de la sincérité de la foi professée par les néophytes et leurs descendants. Du reste, la raison invoquée par le décret général d'expulsion de 1492 est qu'il faut définitivement écarter les nouveaux-chrétiens de leurs anciens coreligionnaires car ces derniers exercent sur eux un prosélytisme constant et les entraînent à judaïser en secret. C'est pour dissuader les faibles et ramener au bercail les brebis égarées qu'avait été créé le Saint-Office.

Les judéo-convers constituaient une minorité non négligeable (10 % de la population des Espagnes) et à l'assise sociale, à la puissance économique et au rayonnement intellectuel considérables. Or, bien que nombre de conversions datassent d'époques fort antérieures à celle des violences de 1391, bien que les exemples admirables de religion et de vertu chrétiennes fussent légion parmi les convertis, l'Inquisition venait tous les jours apporter des preuves de double vie spirituelle qui ne pouvaient que renforcer la position des pessimistes, c'est-à-dire des partisans de la marginalisation des nouveaux-chrétiens. Parmi ceux-ci, l'on compte de nombreux *conversos*. L'on sait que le premier Grand Inquisiteur, Torquemada (1420-1498), était d'origine juive, que les plus impitoyables pourfendeurs de juifs furent souvent des nouveaux-convertis, tels Alfonso de Valladolid (1270-1349) et son *Mostrador de justicia*, Pablo de Santa María avec son *Scrutinium scripturarum* (1432), Alonso de Espina et son *Fortalitium Fidei* (1459), ou encore Pedro de la Caballería avec le terrible *Zelus Christi contra Judaeos, Sarracenos et infideles* (1464).

Curieusement, alors que les Rois Catholiques appuient cette politique d'extirpation du crypto-judaïsme tendant à faire de tout *converso* un ennemi secret des chrétiens, on ne peut que constater que les judéo-convers figurent en bonne place parmi les collaborateurs les plus proches et les plus influents des monarques. Il nous suffira de citer les noms d'Alonso de Palencia, d'Iñigo López de Mendoza, de Diego de Valera, d'Hernando del Pulgar, des secrétaires Fernando Alvarez de Toledo et Alonso de Avila, du contrôleur général des finances Andrés de Cabrera qu'ils élevèrent même au titre de marquis, ainsi que nous l'avons déjà signalé.

Cependant, même si chez les rois le préjugé racial n'étouffa pas le bon sens ou le principe de loyauté et de gratitude, tel ne fut pas le cas pour l'immense majorité des Espagnols, surtout au sein des milieux populaires. Les persécutions inquisitoriales et les « statuts de pureté de sang » (nous y reviendrons) allaient devenir les deux obsessions de milliers de familles situées sur le devant de la scène politique et économique. L'acharnement des vieux-chrétiens à les démasquer et l'extraordinaire capacité d'adaptation et de brouillage des *conversos* constituent un des phénomènes les plus marquants et les plus intéressants à observer dans la société espagnole des XVIe et XVIIe siècles.

❑ ***L'Inquisition espagnole moderne.*** Elle fut fondée en 1478 par une bulle de Sixte IV donnant pouvoir aux Rois Catholiques pour nommer des inquisiteurs dans leurs royaumes. Ceci détermine d'emblée le trait le plus original de la nouvelle Inquisition : elle dépend à la fois du pape (les inquisiteurs sont des ecclésiastiques) et du roi (ils sont nommés par le pouvoir civil). Ainsi que l'ont prouvé les récents travaux des meilleurs spécialistes (Bartolomé Bennassar, Jaime Contreras, Jean-Pierre Dedieu et Ricardo García Cárcel entre autres), le Saint-Office de l'Inquisition espagnole fut un instrument politique au service d'un État qui avait placé l'uniformisation au centre de son action intérieure et la défense du catholicisme au centre de celle extérieure.

Il ne s'agissait nullement, en effet, d'étendre à la Castille le système inquisitorial médiéval tel qu'il existait encore à l'époque dans la couronne d'Aragon, même en lui insufflant une nouvelle vigueur. Le projet était tout autre : doter le pouvoir civil, nouvellement restauré dans son autorité, de moyens efficaces de consolider l'unité religieuse.

C'est ce qui explique l'organisation et le fonctionnement de la nouvelle institution : sa précoce et effective centralisation, son fonctionnement identique dans tous les territoires (y compris dans ceux de la couronne d'Aragon), son contrôle particulier de l'espace, en fonction de districts ne s'ajustant pas aux divisions administratives traditionnelles, tant ecclésiastiques que civiles, sa procédure d'exception enfin, fondée sur le secret de l'instruction, la non communication à l'accusé du nom des témoins à charge et l'isolement carcéral. Ces trois importantes innovations dans la procédure, justifiées par les juristes inquisitoriaux au nom de l'énormité du crime d'hérésie et de la difficulté qu'il y avait à le prouver, souleva de véhémentes protestations et de grandes résistances. Un quatrième point de litige vint s'ajouter dans les territoires de la couronne d'Aragon en raison de la torture légale, que l'Inquisition administrait couramment selon le droit castillan alors qu'en Aragon elle n'existait pas ou, lorsqu'elle existait, se trouvait soumise à de grandes restrictions et en tout cas réservée aux crimes de sang.

Onze des quatorze tribunaux péninsulaires furent créés avant 1492 : Séville (1480), Cordoue, Valence et Saragosse (1482), Tolède (1483), Barcelone (1484), Llerena (1485), Valladolid et Murcie (1488), Cuenca (1489) et Logroño (1491). Il ne manquait que celui de Grenade (1526), celui de Saint-Jacques de Compostelle (1561) et celui de Madrid, qui ne fonctionna régulièrement qu'à partir du deuxième tiers du XVIIe siècle. Chacun des tribunaux de district était organisé de manière identique : deux inquisiteurs-juges, un procureur, deux greffiers, un trésorier, un préposé aux litiges financiers et le personnel subalterne. Les délits étaient examinés par des experts en théologie (les qualificateurs*) et les sentences étaient toujours votées par un conseil dont faisait partie le représentant de la justice épiscopale.

Les tribunaux locaux dépendaient étroitement du Conseil de la Suprême et Générale Inquisition, créé en 1483. Source du droit, il tranchait dans tous les cas litigieux, décidait de la poursuite des affaires délicates (noblesse, clergé), autorisait les exécutions capitales et nommait tous les agents du Saint-Office, sauf le Grand Inquisiteur, son président, qui était nommé par le roi.

La véritable base sociale de l'Inquisition, c'étaient les familiers du Saint-Office, particuliers bénévoles ayant prêté serment de défendre l'institution en toute circonstance, de dénoncer toute dissidence et d'aider à la capture et à l'acheminement des suspects. Outre qu'ils étaient exemptés de l'impôt de la *sisa**, impôt roturier par excellence, ces personnages volontiers turbulents dépendaient en matière criminelle de la juridiction inquisitoriale, sorte d'impunité pénale qui fut à la source de bien des troubles et de nombreux abus.

Entre 1480 et les années 1520-1530, l'Inquisition s'en prit à une catégorie unique de délinquants, les *conversos* demeurés fidèles aux croyances de leurs ancêtres. Jusqu'à l'expulsion des juifs, les nouveaux-convertis de façade (mais ils ne constituaient certainement pas la totalité des néophytes) gardèrent d'étroits contacts avec les synagogues. Après 1492, le judaïsme passa dans la clandestinité la plus absolue et la tradition hébraïque dépérit rapidement. Dès les années 1501-1505, d'après ce que nous avons pu vérifier dans les procès inquisitoriaux, les synagogues secrètes se désagrégèrent, vaincues par la pression vieille-chrétienne dirigée par l'Inquisition. La répression fut en effet massive (2 300 procès à Valence, près de 7 000 à Tolède, plus de 20 000 à Séville), et d'une extrême brutalité : confiscation systématique de tous les biens, forte proportion de sentences capitales (près de 20 %).

L'Inquisition put incontestablement se prévaloir d'une base populaire étroitement vieille-chrétienne et dont elle sut habilement canaliser les pulsions conservatrices et les frustrations sociales. Mais il est certain qu'elle fut mal supportée à ses débuts par toutes les élites et par les couches moyennes urbaines, liées il est vrai, de plus ou moins près, par le sang ou par diverses communautés d'intérêt, aux milieux judéo-convers. Ceux-ci se défendirent sur tous les fronts. Ils dénoncèrent le non-fondement juridique des nouveautés introduites dans la procédure pénale, introduisirent auprès du Saint-Siège des milliers de recours pour vice de forme ou abus de juridiction et de pouvoir, pour partialité. Enfin, ils récusèrent des inquisiteurs vénaux ou immoraux, notoirement partisans (le cas de Lucero à Cordoue, entre 1500 et 1506, est demeuré célèbre). Rien n'y fit, même pas le cri d'alarme lancé par maint esprit raisonnable mettant en garde les pouvoirs contre le danger que le zèle anti-*converso* des nouveaux inquisiteurs faisait courir à la paix civile. De fait, de graves troubles éclatèrent dans plusieurs villes, le plus sérieux ayant eu pour théâtre la cité de Saragosse où l'inquisiteur Pedro Arbués fut assassiné le 16 septembre 1485. Nous retrouverons plus loin ce redoutable tribunal, lorsque la politique de fermeture imposée par Philippe II lui permettrait de connaître une nouvelle heure de gloire.

LE DOMAINE EXTÉRIEUR

Sous les Rois Catholiques, l'Espagne devint une grande puissance européenne. Le roi Ferdinand employa toute son énergie à consolider la politique méditerranéenne catalano-aragonaise qui passait par la neutralisation de la France. Ceci explique les liens créés avec l'Angleterre, avec la maison de Habsbourg et avec la Flandre : mariage des deux princes espagnols, Jean et Jeanne (« la Folle ») avec les deux enfants de Maximilien d'Autriche, Philippe (« le Beau ») et Marguerite (1496 et 1497) ; mariage de la princesse Catherine, fille cadette des Rois Catholiques, avec Arthur, prince de Galles (1501), puis, à sa mort, avec son frère Henri VIII. Le résultat de ces alliances serait l'empire de Charles Quint, héritier des domaines hispaniques et de la politique de Ferdinand. La Castille se lançait dans l'immense entreprise des découvertes et des conquêtes américaines. L'Espagne s'ouvrait à l'Italie, à l'humanisme et aux inquiétudes de la pré-réforme catholique, rendant ainsi possible l'extraordinaire foisonnement intellectuel et spirituel de l'époque de l'empereur.

La volonté d'expansion

❑ ***Les visées sur l'Afrique et sur le Portugal.*** L'objectif de Ferdinand le Catholique était d'asseoir sa domination sur l'Afrique du Nord, porté à la fois par l'élan de reconquête contre l'Infidèle, par des considérations stratégiques de sécurité du territoire et par la vocation méditerranéenne de la couronne d'Aragon qui entendait imposer son hégémonie sur la mer intérieure. Le cardinal Cisneros donna une impulsion décisive à la guerre de croisade sur les côtes d'Afrique du Nord, permettant la conquête de Melilla en 1497, de Mers El-Kébir (1505), du Peñón de la Gomera (1508), d'Oran, de Bougie et de Tripoli (1509-1510).

Mais il n'en fut pas de même sur la façade atlantique. Par le traité d'Alcaçovas (1479), les rois d'Espagne s'étaient engagés à ne pas contrarier les prétentions africaines des Portugais (y compris sur le royaume de Fez et sur la Guinée) ainsi que sur les îles Açores, de Madère et du Cap Vert. En revanche, ils pouvaient de plein droit conquérir les Canaries, conquête qui eut effectivement lieu et se termina vers 1500. Par conséquent, les visées espagnoles sur l'Afrique atlantique ne pouvaient se concrétiser qu'en incluant le royaume du Portugal dans la couronne castillano-aragonaise. C'est ce qui explique les trois alliances matrimoniales contractées entre les deux pays entre 1490 et 1500, qui furent sur le point de porter leurs fruits mais échouèrent finalement. Ce n'est que grâce au mariage de Charles Quint et d'Isabelle de Portugal que leur fils Philippe II unirait en 1580 les deux couronnes, mais dans un contexte fort différent de celui de la fin du XVe siècle. Cette « greffe » tardive ne prit pas et, nous le verrons, soixante ans plus tard le Portugal finit par prendre les armes contre l'Espagne et réussit à s'émanciper.

❑ ***Naples.*** La conquête de Naples se situe dans le contexte de la rivalité franco-aragonaise à propos de la domination sur l'Italie, pièce essentielle de la stratégie méditerranéenne de Ferdinand le Catholique. Charles VIII pénétra en Italie en 1494 afin de porter secours aux barons angevins, révoltés contre le roi Ferrante I, fils (bâtard) d'Alphonse V d'Aragon, « le Magnanime ». Charles VIII prit Naples en février de l'année suivante mais dut l'abandonner rapidement sous la pression militaire de la Ligue de Venise créée par Ferdinand le Catholique avec les États pontificaux, Venise, Gênes, Milan, l'Empire et l'Angleterre. Louis XII, successeur de Charles VIII, relança la question italienne en s'emparant du Milanais (1500). Un projet franco-espagnol de partage du royaume de Naples s'ensuivit qui échoua et les troupes espagnoles, sous le commandement du légendaire Gonzalo Fernández de Córdoba (le « Gran Capitán ») le reconquirent définitivement. Le traité de Blois (12 octobre 1505) sanctionna la souveraineté espagnole sur Naples. A cette occasion, Ferdinand le Catholique, veuf depuis l'année précédente, épousa Germaine de Foix, nièce de Louis XII (la couronne d'Espagne n'avait pas d'héritier direct).

❑ ***La Navarre, le Roussillon et la Cerdagne.*** Ces contrées, situées aux deux extrémités de la chaîne pyrénéenne, étaient fortement convoitées par les Rois Catholiques qui entendaient parfaire l'unité péninsulaire et renforcer la sécurité de la frontière avec la France. Les comtés de Roussillon et de Cerdagne, qui avaient été cédés par Jean II d'Aragon à la France au moment des guerres catalanes, furent rendus par Charles VIII (traité de Barcelone, 19 janvier 1493). En contrepartie, le roi de France, qui préparait l'expédition de Naples, était assuré de la neutralité espagnole et de l'appui ibérique contre tout ennemi (en particulier l'Angleterre) qui ne fût pas le pape.

La Navarre fut conquise en 1512, au bénéfice des guerres italiennes qui, dans le Milanais, opposaient la France et les pays membres de la Sainte Ligue (le pape, l'Empereur, l'Espagne et Henri VIII). Elle ne fut pas annexée comme le royaume de Grenade et conserva une large autonomie.

L'irruption des Indes

❑ ***La découverte et la conquête.*** Le projet de Colomb d'ouvrir une nouvelle voie commerciale occidentale vers les Indes fut soumis aux Rois Catholiques en 1486 alors que le Portugal, fort engagé dans l'aventure maritime et déjà très avancé dans l'exploration de la route orientale par contournement de l'Afrique, l'avait jugé sans intérêt. Tout a été dit sur l'heureuse conjonction de motivations (économiques, religieuses, scientifiques) qui présida à la signature de l'accord, une fois Grenade conquise, entre la reine et le Gênois. L'on retiendra l'importance décisive de l'appui de l'État dans le succès de l'entreprise. Du reste, c'est ainsi que l'entendaient les souverains qui, dès le retour de Colomb de son premier voyage, s'empressèrent d'obtenir toutes les garanties légales sur les terres découvertes. Cela n'irait pas sans poser à nouveau des problèmes avec le Portugal. Par la bulle *Inter Cætera* (1493), le pape espagnol Alexandre VI attribua aux Castillans la souveraineté sur les territoires situés au-delà d'une ligne de partage passant à cent lieues à l'ouest des Açores et des îles du Cap Vert. Celle-ci serait repoussée plus à l'ouest jusqu'à 370 lieues de l'archipel du Cap Vert (un peu plus de 2 200 km) lors du traité de Tordesillas (7 juin 1494) qui consacrait la division du monde à découvrir en deux hémisphères, l'oriental pour les Portugais et l'occidental pour les Castillans.

Les voyages d'exploration allaient se prolonger jusqu'au XVIIIe siècle, mais la grande époque des découvertes peut être considérée comme close à la fin des années 1550. L'âge héroïque des conquistadors* dura par conséquent près de soixante ans. Leurs exploits s'échelonnent selon trois cycles, pour ainsi dire. Jusqu'en 1520, c'est le moment des premiers établissements dans les Antilles

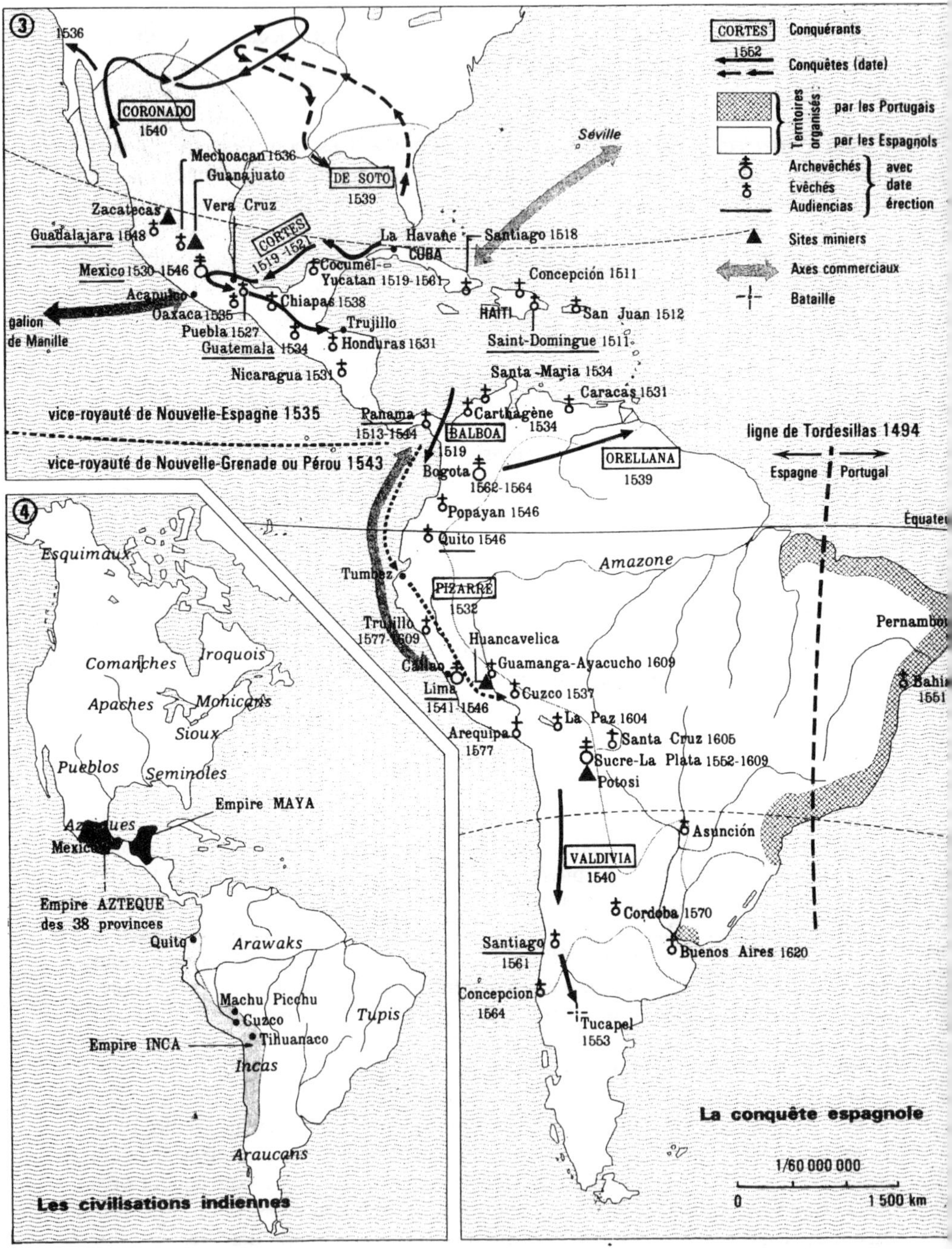

③
La conquête espagnole
CORTES
Conquérants
1552
Conquêtes (date)
Territoires organisés :
par les Portugais
par les Espagnols
Archevêchés
Evêchés
Audiencias
avec date érection
Sites miniers
Axes commerciaux
Bataille
1536
CORONADO
1540
Mechoacan 1536
Guanajuato
Vera Cruz
Zacatecas
Guadalajara 1548
DE SOTO
1539
CORTES
1519-1521
Mexico 1530-1546
Acapulco
Oaxaca 1535
Puebla 1527
Guatemala 1534
Chiapas 1538
Trujillo
Honduras 1531
Nicaragua 1531
galion de Manille
Cocumel
Yucatan 1519-1561
La Havane
CUBA
Santiago 1518
Séville
Concepción 1511
HAITI
San Juan 1512
Saint-Domingue 1511
Santa Maria 1534
Caracas 1531
Carthagène
1534
vice-royauté de Nouvelle-Espagne 1535
Panama
1513-1534
BALBOA
1519
vice-royauté de Nouvelle-Grenade ou Pérou 1543
Bogota
1562-1564
ORELLANA
1539
ligne de Tordesillas 1494
Espagne
Portugal
Equateur
Popayan 1546
Quito 1546
Amazone
Tumbez
PIZARRE
1532
Trujillo
1577-1609
Huancavelica
Guamanga-Ayacucho 1609
Callao
Lima
1541-1546
Cuzco 1537
La Paz 1604
Arequipa
1577
Santa Cruz 1605
Sucre-La Plata 1552-1609
Potosi
Pernambouc
Bahia
1551
Asunción
VALDIVIA
1540
Cordoba 1570
Santiago
1561
Buenos Aires 1620
Concepcion
1564
Tucapel
1553
1/60 000 000
0
1 500 km
④
Les civilisations indiennes
Esquimaux
Comanches
Iroquois
Apaches
Mohicans
Sioux
Pueblos
Seminoles
Empire MAYA
Aztèques
Mexico
Empire AZTEQUE des 38 provinces
Quito
Arawaks
Machu Picchu
Cuzco
Tihuanaco
Tupis
Empire INCA
Incas
Araucans

et de la reconnaissance par mer de la façade atlantique du continent. L'isthme de Panama est découvert par Balboa en 1513 et Magellan passe en 1520 le détroit qui porte son nom. A partir de cette année, le Mexique conquis par Cortès sert de plate-forme, continentale cette fois, pour de nouvelles expéditions. La conquête du Pérou par Pizarre (1530-1534) ouvre la troisième phase.

❑ ***Les débuts de la colonisation.*** La colonisation commença dès le second voyage de Christophe Colomb, par la fondation, dans l'île La Española (Haïti) de la ville d'Isabela (1494), bientôt abandonnée et remplacée par Saint-Domingue (1496). L'amiral et ses hommes furent les premiers à lancer des campagnes de soumission des Indiens en vue de l'établissement de factoreries dans l'île. Colomb y installait des Espagnols à sa solde chargés de récolter l'or, les épices et le coton qu'on se procurait auprès des Indiens. Mais les nouveaux arrivants ne l'entendaient pas ainsi et prétendaient se soustraire au monopole afin de chercher fortune par leurs propres moyens. Ils finirent par se révolter. En 1499, l'envoyé des Rois Catholiques, Francisco de Bobadilla, liquida l'entreprise de l'amiral ce qui supposa l'éviction définitive des Aragonais. La couronne mit en place un système de gouverneurs responsables de la politique de colonisation et l'expédition de Nicolás de Ovando (1502-1509) marqua le début du peuplement castillan des Antilles dont le style, l'organisation et les objectifs serviraient de modèle à la colonisation postérieure du continent. Les colons (*pobladores*) recevaient des *repartimientos** d'Indiens, semblables aux *encomiendas** de la Castille médiévale. Les populations indigènes se virent de la sorte réduites dans les faits à un véritable servage et astreintes à fournir aux Castillans de nombreuses prestations au titre du tribut. Les Indiens esclaves furent surtout utilisés dans les exploitations minières.

Le choc microbien et les effroyables conditions d'exploitation des hommes entraînèrent un effondrement catastrophique de la population indienne. En chiffres globaux, celle-ci passa de quelque 40-50 millions dans les années 1490 à 8-9 millions en 1570, puis à 4-5 millions vers 1650. En Nouvelle-Espagne, la diminution atteignit 95 % entre 1520 et 1600, les 25 premières années de conquête s'étant soldées par une chute vertigineuse (25 millions en 1520, 7 millions en 1548, 2 700 000 à la fin du XVIe siècle). Le royaume du Pérou résista mieux, tout en perdant néanmoins 30 % de ses habitants entre 1530 et 1660. Les populations non américaines, quant à elles, restent très minoritaires au XVIe siècle : moins de 5 % des habitants en 1570, soit 150 000 blancs et 250 000 noirs.

Les Rois Catholiques chargèrent le secrétaire royal Lope de Conchillos et don Juan Rodríguez de Fonseca, qui finirait évêque de Burgos, des affaires américaines. Mais c'est ce dernier, fils d'une famille de la haute noblesse toute dévouée à la reine Isabelle dès l'époque des guerres civiles, qui agit en véritable ministre des Indes jusqu'en 1522, deux ans avant sa mort : responsable de l'organisation des expéditions maritimes dès 1493, il devint ensuite directeur des affaires commerciales de la Casa de Contratación de Séville à la création de cette dernière en 1503 pour être enfin nommé président du Conseil des Indes durant l'étape de constitution de celui-ci (1519-1524). Rodríguez de Fonseca, propriétaire de *repartimientos* d'Indiens, se montra peu préoccupé par les méthodes des *pobladores**. Ennemi du groupe de l'amiral Colomb, il favorisa sa propre clientèle d'hommes sans scrupules dont la conduite à l'endroit des Indiens allait soulever les protestations de Montesinos et de Las Casas (1474-1566).

Car il y eut des voix pour dénoncer la cupidité et l'inhumanité des conquistadors. Les lois de Burgos (1512-1513), premier cadre légal de protection des populations indigènes, furent le résultat des démarches de ces esprits véritablement chrétiens. A Plasencia, en décembre 1515, Bartolomé de Las Casas dénonça devant le tout-puissant Rodríguez de Fonseca les abus commis aux Antilles et s'attira une réponse cynique. Il ne cesserait plus de lutter à partir de cette date, obtenant de Cisneros la destitution de Fonseca (il reviendrait aux affaires deux ans plus tard) et l'envoi de commissaires hiéronymites qui imposèrent une éphémère modération dans les fureurs coloniales. Il inspira le plan d'évangélisation pacifique du cardinal et même si ses projets concrets de réforme échouèrent, ses écrits, en particulier l'admirable *Très brève relation de la destruction des Indes*, demeurent à jamais comme un des monuments élevés à la dignité humaine et à la foi dans le triomphe du bon droit.

DOCUMENTS

■ Portrait d'Isabelle la Catholique, par Hernando del Pulgar

Pulgar (1436 ?-1493 ?), vraisemblablement d'ascendance judéo-converse, fit néanmoins une brillante carrière politique auprès de Henri IV de Castille et, surtout, des Rois Catholiques dont il fut l'ambassadeur, le secrétaire et le chroniqueur officiel. Il était connu pour son honnêteté, son impartialité et sa hauteur de vues. Dans ce passage célèbre, il exalte le sentiment monarchique à travers la figure d'Isabelle, restauratrice de l'autorité de l'État. Il ne pouvait célébrer la prise de Grenade ni la découverte de l'Amérique car sa chronique s'interrompt en 1490.

Cette reine était de taille moyenne, bien faite et bien proportionnée, d'un teint très clair et blonde ; les yeux entre vert et bleu, le regard agréable et franc, les traits réguliers, le visage très beau et riant. Elle gardait la maîtrise d'elle-même dans son attitude et son maintien ; elle ne buvait pas de vin [...]. C'était une femme très fine et très sage, qualités rarement réunies dans une personne ; elle s'exprimait très bien et son intelligence était si peu commune qu'au milieu des nombreuses et délicates affaires qu'elle avait à régler dans l'administration de ses royaumes, elle prit la peine d'apprendre le latin ; au bout d'un an, elle en savait assez pour comprendre n'importe quelle conversation ou texte en latin. Elle était très catholique et très pieuse, faisait l'aumône en secret et avec discernement, honorait les maisons de prière, visitait volontiers les monastères et établissements religieux où elle savait qu'on menait une vie décente, et elle les dotait magnifiquement [...].

Elle était très portée à faire justice, au point qu'on lui reprochait d'user plus de rigueur que de clémence ; elle agissait ainsi pour mettre un terme à la corruption et aux crimes qu'elle trouva dans le royaume quand elle monta sur le trône. Elle tenait à ce que ses décrets et ses ordres fussent exécutés promptement. Cette reine extirpa et chassa l'hérésie qui sévissait dans les royaumes de Castille et d'Aragon, chez certains chrétiens d'origine juive qui avaient recommencé à judaïser et elle fit en sorte qu'ils vécussent en bons chrétiens [...].

On lui reprochait de ne pas récompenser assez bien les services qu'on lui rendait et on la disait, pour cela, peu généreuse. Il est exact que, de nos jours, on lui a vu accorder peu de concessions de terres ; bien au contraire, elle défendait jalousement le patrimoine royal. Elle agissait ainsi, croyons-nous, parce qu'elle avait trouvé le royaume en bien mauvaise situation et hypothéqué, quand elle en hérita à la mort du roi Henri, son frère. C'était une femme très soucieuse de prestige et elle le montrait par sa tenue, ses toilettes, dans ses salons et dans le service de sa personne ; elle voulait être servie par des grands et des nobles, avec grand respect et déférence. Aucun roi, dans le passé, n'a eu à son service des hommes d'un si haut rang.

Ce trait lui était reproché comme un défaut ; on parlait de pompe excessive ; mais nous pensons qu'ici-bas on ne rend jamais assez d'honneurs aux rois ; rien n'est trop grand pour le pouvoir royal, car il est unique et supérieur à tout dans le royaume ; aussi doit-il s'élever très haut et briller au-dessus de tous les autres pouvoirs, puisqu'il exerce l'autorité divine sur la terre.

Hernando del Pulgar, *Chronique des Rois Catholiques*,
ch. XXIV, trad. par Joseph Pérez, *in* PÉREZ (J.),
L'Espagne des Rois Catholiques, Paris, Bordas, 1971, p. 99-100.

■ Les débuts du Saint-Office

Bien que défenseur de la politique d'extirpation de l'hérésie prônée par Isabelle et Ferdinand, Hernando del Pulgar, en exposant les griefs des victimes et les conséquences économiques des persécutions, prend ses distances vis-à-vis de la manière forte et infamante choisie par les rois et semble suggérer que la méthode douce, par la persuasion, la raison et le recours à la pédagogie, lui semble plus chrétienne.

Nous l'avons dit, le roi et la reine étaient fort préoccupés par l'hérésie de certains chrétiens d'origine juive, qui s'étaient remis à judaïser et dont la foi paraissait douteuse. Le roi confia à un moine de l'ordre de saint Dominique, supérieur du monastère de la Sainte-Croix de Ségovie, l'inquisition générale dans tous les royaumes et territoires du roi et de la reine. Et ce prieur, qui était le responsable, délégua ses pouvoirs à deux moines compétents [...] pour être inquisiteurs dans la ville de Séville.

Ces inquisiteurs procédèrent à des enquêtes et à des recherches et ils découvrirent, comme nous l'avons dit plus haut, que beaucoup de chrétiens d'origine juive s'étaient remis à judaïser et à pratiquer des rites juifs. De ceux-là, on brûla en plusieurs fois jusqu'à trois cents hommes et femmes et beaucoup d'autres furent emprisonnés. D'autres s'enfuirent et se réfugièrent au royaume de Portugal, chez les Maures et aussi dans les domaines seigneuriaux, afin d'échapper aux poursuites avec l'aide des seigneurs ; ceux-là, les inquisiteurs les jugeaient par contumace. On confisqua leurs biens, qui servirent à financer l'expédition contre les Turcs et aussi à se procurer certaines fournitures pour la guerre contre les Maures ; car le roi et la reine avaient interdit de distribuer ces biens ; ils devaient servir uniquement à des opérations pour la défense de la foi.

Des parents des détenus et des condamnés firent observer au roi et à la reine que cette inquisition et ces confiscations ne tenaient guère compte des formes juridiques et qu'elles étaient iniques pour plusieurs raisons. Ils disaient notamment que la bulle qu'on avait sollicitée du pape sur cette question visait uniquement les convertis d'origine juive et eux seuls ; on pouvait en déduire que le diplomate qui l'avait sollicitée avait voulu frapper d'infamie tous ceux de cette race, puisque cette bulle attirait l'attention sur eux et sur eux seuls.

Ils disaient encore que dans la procédure, la façon de recueillir les témoignages et les informations, les tortures infligées, l'exécution des jugements et dans d'autres circonstances, les inquisiteurs ecclésiastiques et les juges laïcs montraient de la cruauté et manifestaient une grande hostilité, non seulement à l'égard de ceux qu'ils jugeaient et torturaient, mais encore à l'égard de tous les juifs, en général, dans l'intention de les déshonorer et de leur imputer cet horrible péché. Pour tenir compte de la bonté de Dieu et de ce que la sainte mère l'Église conseille en pareil cas, c'est par des sermons amicaux et de douces mises en garde, par un enseignement convenable, par des exemples, que l'on devait ramener à la foi ces égarés [...].

On trouva à Séville et dans l'archevêché, à cette époque, trois mille demeures et plus qui abritaient de tels individus, qui s'enfuirent avec femmes et enfants. Certains gagnèrent, par mer ou par terre, des pays étrangers. Ces départs furent cause qu'une grande partie de la ville se vida ; on fit observer à la reine que le grand mouvement d'affaires s'en trouvait ralenti et que, par suite, les rentrées d'impôts diminuaient considérablement ; mais la reine se souciait bien peu de l'amoindrissement de ses revenus ; elle disait que l'intérêt devait passer au second plan et qu'elle voulait laver son royaume de ce péché d'hérésie, car elle jugeait que c'était là le service de Dieu et le sien propre.

Hernando del Pulgar, *Chronique des Rois Catholiques*,
ch. CXX, trad. par Joseph Pérez, *in* PÉREZ (J.),
L'Espagne des Rois Catholiques, Paris, Bordas, 1971, pp. 103-105.

2

De l'empire universel à l'empire espagnol

L'historiographie espagnole s'est plu a opposer l'époque de Charles Quint et celle de Philippe II (1556-1598) à travers une série très élaborée de brillantes antithèses toutes commandées par l'affirmation d'un contraste fondamental entre l'esprit d'ouverture ayant marqué la première moitié du XVIe *siècle et la fermeture de l'Espagne caractéristique de la seconde moitié. A l'expansion, à l'héroïsme, au goût de l'aventure, aux scintillements de l'humanisme avaient succédé les premières crises, le repli sur soi, la bureaucratisation, la Contre-Réforme. Ceci vaut surtout pour la culture, pour certains éléments, dans l'air du temps, qui impriment à chaque moment de civilisation sa couleur particulière. Il existe, à n'en pas douter, un « tournant » à la fin des années 1560, déterminé par le spectre de la Réforme et fortement marqué par l'esprit inquisitorial. L'expulsion des morisques en 1609 viendrait couronner la tenace politique de refus que le monarque de l'*Escorial *avait choisie dès 1559. Mais le* XVIe *siècle c'est aussi le temps de la « prépondérance espagnole », de la grande explosion internationale de l'Espagne de l'empereur Charles Quint. C'est l'époque des guerres d'Italie, de Luther et de Soliman le Magnifique. Dans ce domaine, point de rupture : Philippe II suivit, jusqu'à ses dernières conséquences parfois, la politique mise en place par son père.*

LA RÉVOLUTION DES *COMUNIDADES** DE CASTILLE (1520)

A la mort de Ferdinand (1516), c'est son petit-fils, Charles de Habsbourg, fils de Jeanne « la Folle » et de Philippe le Beau qui devint roi en Espagne sous le nom de Charles Ier. Élu en 1519 empereur allemand sous le nom de Charles Quint (1519-1556), il dut s'imposer à un pays dont il n'était pas originaire. L'arrivée dans la péninsule ibérique de ce jeune roi de seize ans dominé par ses conseillers flamands, déclencha une révolte contre sa politique de soumission des intérêts de la Castille à ceux du Nord. Le triomphe de la monarchie autoritaire sur les défenseurs d'une monarchie tempérée ne ferait qu'accroître la décadence des Cortès castillanes et signifierait l'intégration de la couronne de Castille dans une construction supra-nationale dont elle n'était qu'un fragment, même si sa contribution aux charges entraînées par la politique impériale fut de premier plan. C'est avec Philippe II que l'Espagne, délestée du Saint-Empire, opérerait son recentrage castillan.

L'héritage de Charles Quint

Isabelle de Castille ↔ Ferdinand d'Aragon (1469)		Marie de Bourgogne ↔ Maximilien (1477)	
R. Castille	1476 R. Aragon	Pays-Bas, Artois	Autriche
Royaume de Grenade (1492)	Royaume de Naples (1493-1504)	Flandres	Styrie, Carniole Carinthie
Amériques	Navarre (1512)	Bourgogne (→ France)	Alsace Franche-Comté (ap. 1526 Bohême, Moravie, Silésie)

Don Juan († 1497)

Isabelle († 1498)
Jeanne la Folle ← (1495) → *Philippe le Beau*
(Reine de Castille, Aragon, Navarre) (Archiduc de Bourgogne)

Charles, roi d'Espagne (1516)
empereur (1519)

Le malaise des années 1510

On appelle *Comunidades* le mouvement insurrectionnel des villes castillanes dirigé contre la politique que le nouveau roi entendait mener lors de son premier séjour dans la péninsule ibérique, entre 1517 et 1520. La révolte prit son essor alors que la Castille sortait d'une crise multiple et grave, la pire qu'elle devait connaître avant 1640.

La première décennie du siècle avait été marquée par une série ininterrompue de mauvaises récoltes (1502-1507) suivie d'une terrible épidémie de peste qui ravagea toute la Castille entre 1506 et 1508. Le textile, en plein essor depuis les dernières décennies du XVe siècle, venait de traverser une crise sérieuse et avait amorcé une reprise à partir de 1503-1504. Les grandes villes drapières, comme Tolède, Ségovie, Cuenca, Palencia ou Zamora, consommaient de plus en plus de laine. Or celle-ci était exportée vers les Pays-Bas et dans une moindre mesure, vers l'Angleterre, l'Italie et la France. Le conflit entre exportateurs et producteurs était vieux en Castille et ne faisait que s'aggraver. Les Rois Catholiques tentèrent de trouver un compromis entre les deux secteurs et maintinrent la loi de 1464 stipulant que la laine pour l'exportation ne dépasserait pas les deux tiers de la production totale. Après la mort d'Isabelle, Ferdinand le Catholique et le cardinal Cisneros ajoutèrent d'autres mesures protectionnistes. Charles, qui ne pouvait qu'entendre aussi les intérêts du parti flamand, promit en 1518 et en 1520 de revenir sur ces décrets et de favoriser les liens commerciaux unissant Burgos, Bilbao et les Pays-Bas, au grand mécontentement des centres textiles castillans.

Cette désunion de la bourgeoisie se produisait sur un fond de malaise spirituel et de tensions inter-ethniques plus complexe : l'effervescence millénariste*, très forte dans les milieux influencés par la spiritualité franciscaine aussi bien que dans ceux en contact avec l'apocalyptique juive, effervescence à laquelle venaient s'ajouter les craintes et la méfiance des judéo-convers (nombreux parmi les hauts fonctionnaires nommés par Ferdinand le Catholique et puissants au sein des oligarchies municipales) directement menacés par les agissements du Saint-Office et surtout par la prolifération des statuts de pureté de sang.

Enfin, la crise politique ouverte par le décès de la reine en 1504 allait mettre en péril l'acquis fondamental du règne, le prestige de la royauté. Au cours de treize années de régences successives, la désunion, la corruption et les luttes de clans refirent leur apparition. Devant la paralysie de l'État et l'absence du roi, les villes de Burgos, Léon, Valladolid et Zamora, outrepassant leurs droits, prirent sur elles de convoquer des Cortès afin de rétablir l'ordre. Après la noblesse, voilà que les villes relevaient aussi la tête. L'annonce de l'arrivée du jeune roi mit un terme à cette dangereuse initiative. L'expectation était immense en Castille. La déception ne fut pas moindre.

Charles Ier en Espagne

Dès son arrivée dans la péninsule à la fin de l'année 1517, le roi affirma sa position en isolant sa mère Jeanne « la Folle » et en exilant son frère Ferdinand (qui avait été élevé en Espagne et y comptait de nombreux partisans), ce qui eut pour effet de stabiliser le pouvoir. Mais la cupidité de ses conseillers flamands qui monopolisèrent en un tour de main toutes les charges, transforma ce qui au début n'était que méfiance à l'endroit des nouvelles clientèles étrangères en un véritable front d'opposition national. Élu empereur en 1519 à l'issue d'une vaste campagne de corruption des électeurs, le roi d'Espagne devait payer la note (elle s'élevait à près d'un million de florins, somme colossale pour l'époque, avancée à 80 % par les banquiers d'Augsbourg Fugger et Welser). Charles Quint d'Allemagne demanda un subside supplémentaire aux villes castillanes. Les pressions qui entachèrent l'octroi de celui-ci durant les Cortès de Saint-Jacques et de La Corogne précipitèrent Tolède dans l'insurrection : la ville s'érigea en *comunidad*, chassa le *corregidor* et nomma son propre personnel (février-mai 1520). L'empereur quitta l'Espagne en mai, nommant un Flamand, Hadrien d'Utrecht, régent du royaume. La propagande antiflamande et antifiscale atteignit son comble. Tolède fut rejointe par Burgos,

Ségovie et Zamora. La *comunidad* se répandait dans un climat fort instable de troubles urbains, de tensions, de répressions et de ralliements proches de la guerre civile.

Vie et trépas d'un rêve politique

De cette première association de villes votant aux Cortès naquit la Junte* d'Avila qui devint ensuite la Junte générale, regroupant treize des dix-huit villes votant aux Cortès. La Junte décréta en septembre 1520 la déchéance du pouvoir royal. Entre cette date et celle du 21 avril 1521 où les troupes *comuneras* furent défaites par l'armée loyaliste à Villalar, les travaux de la Junte allèrent dans le sens d'une radicalisation grandissante qui fit peur à la fraction de la noblesse sympathisante ainsi qu'à certaines villes plus modérées. Les *comuneros* étaient déterminés par une forte volonté d'indépendance de la Castille vis-à-vis de l'empire. Ainsi que l'a établi Joseph Pérez, à travers les débats de la Junte se faisait jour une pensée politique nouvelle. C'est dans la nation (*el reino*), représentée par les Cortès, que devait résider la souveraineté. Ses intérêts pouvaient ne pas correspondre à ceux du prince et dans ce cas elle n'était nullement tenue de lui obéir, surtout s'il était étranger, absentéiste et faible. La tentative des *comuneros* visait à instaurer en quelque sorte une monarchie constitutionnelle dans laquelle les pouvoirs du souverain seraient limités et soumis au contrôle de la représentation nationale.

La répression suivit immédiatement la défaite de Villalar. Padilla, Bravo et Maldonado, les trois capitaines de l'armée des insurgés, furent exécutés le lendemain du désastre. Les villes se soumirent. Seule Tolède, où la veuve de Padilla, María de Pacheco, prit la tête de la résistance, demeura rebelle jusqu'en février 1522. La répression fut sanglante, mais pas d'une férocité aveugle. La plupart des sentences capitales furent prononcées à l'encontre de personnes en fuite. Les tribunaux royaux firent exécuter entre vingt et trente personnes. L'on ignore le nombre de condamnés par la justice seigneuriale qui dans certains endroits dut avoir fort affaire, car l'insurrection avait donné lieu à des violences clairement antiseigneuriales localisées.

L'empereur revint en Espagne le 16 juillet 1522. Une amnistie générale fut proclamée le 1er novembre qui prit la forme d'une longue liste de proscrits. Parmi ces 293 personnes exclues du pardon royal figuraient seulement 63 nobles et 21 membres du clergé. Car même si le mouvement *comunero* fut suivi par quelques membres de la haute noblesse ainsi que par des clercs et des « intellectuels », ce sont les couches moyennes de la société urbaine qui constituèrent sa véritable base sociale : les artisans, les commerçants, les marchands, les *letrados* les *regidores** des conseils municipaux représentants de cette noblesse moyenne si bien implantée localement.

Les descendants des judéo-convers étaient nombreux parmi cette élite urbaine, tant industrielle que commerciale, financière ou administrative (elles étaient du reste étroitement apparentées). Cela explique en partie l'insistance avec laquelle les *comuneros* avaient demandé la suppression de l'Inquisition. Ils ignoraient que bientôt celle-ci étendrait son influence à l'ensemble des populations et ferait aussi trembler les vieux chrétiens. Contemporaines des *Comunidades*, les révoltes des *Germanía**, dans le royaume de Valence (1519-1522) et dans celui de Majorque (1520-1523) eurent pour cible non le pouvoir royal, mais la noblesse locale. Le premier chef du mouvement, le tisserand Joan Llorenç, prétendait faire de Valence une république marchande de type génois ou vénitien. La défaite des artisans et des populations urbaines allait ici aussi se traduire par un affaiblissement et une soumission des villes dont la conséquence essentielle serait l'affermissement de l'autoritarisme royal.

Les convulsions des années 1520 passées, l'Espagne allait vivre près de cent vingt ans dans un calme parfait qui contraste fortement avec les tensions extérieures. Seuls le soulèvement des morisques du royaume de Grenade en 1568 (nous allons en reparler) et la révolte de Saragosse de 1591 pour la défense des libertés locales traditionnelles, devaient momentanément secouer l'engourdissement social intérieur.

L'ÉTAT ET L'ADMINISTRATION

La structure de l'État résultant des réformes introduites par les Rois Catholiques connut des aménagements importants sous Charles Quint (création de nouveaux conseils, par exemple) mais subit peu de changements fondamentaux avant le XVIIIe siècle. Le plus important fut l'apparition, à la mort de Philippe II en 1598, de la figure du *valido**, le favori du roi, que nous étudierons plus loin (voir chap. 5). La caractéristique essentielle de la monarchie espagnole des Habsbourg fut le maintien d'un pouvoir largement autonome dans les territoires non castillans. C'est par eux que nous allons commencer.

Les territoires à statut particulier

❑ ***La couronne d'Aragon.*** Les quatre « pays » composant la confédération aragonaise (les royaumes d'Aragon, de Valence et de Majorque, ainsi que la principauté de Catalogne) présentaient, malgré de notables différences, de nombreux caractères communs. Ils avaient chacun un vice-roi*, des Cortès, une Députation (émanation permanente des Cortès) et une *Audiencia* (cour suprême de justice), sauf les îles Baléares qui n'avaient pas de Cortès (la Catalogne les représentait) ni de vice-roi, mais un gouverneur général. Les Cortès, où siégeaient des représentants des trois ordres, étaient toujours réunies en présence du roi ; elles votaient les impôts et les lois et jouissaient d'une grande indépendance à l'égard du souverain ou de ses représentants permanents, les vice-rois. Les Cortès, réunies périodiquement au cours du XVIe siècle, ne le furent presque plus durant le siècle suivant, en particulier à Valence et à Barcelone (les Cortès de la principauté ne furent réunies qu'une seule fois au XVIIe siècle, en 1626-1632, et celles du royaume de Valence ne le furent plus après 1645).

En Aragon, la représentation de la noblesse aux Cortès était divisée en deux catégories (l'aristocratie, très peu nombreuse, et la petite noblesse, généralement désargentée). En outre, l'Aragon possédait une charge particulière de grand prestige rattachée à l'*Audiencia*, le *Justicia Mayor*, garant des *fueros* et sorte de Défenseur du peuple à qui chacun pouvait recourir s'il s'estimait lésé par la justice ordinaire. Enfin la procédure pénale aragonaise ignorait le recours à la torture.

Chaque territoire de la couronne d'Aragon avait ses lois propres, consignées dans les recueils de *fueros* ou des « constitutions » (pour la Catalogne) qui symbolisaient les libertés traditionnelles et étaient jalousement défendues par les institutions locales. En particulier, les charges fiscales étaient infiniment moins écrasantes qu'en Castille. Les *fueros* de la couronne d'Aragon, pas plus qu'ils n'autorisaient qu'on levât des troupes pour l'extérieur, interdisaient toute contribution aux charges de l'empire.

La confédération aragonaise fut, de loin, le territoire le plus autonome durant toute l'époque des Habsbourg, sans doute parce que ses libertés étaient fondées sur un long passé extrêmement brillant, tant du point de vue économique que politique ou culturel. L'autre région étant parvenue à préserver ses particularismes fut la Navarre, qui resta également très autonome et farouchement attachée à ses *fueros*.

❑ ***La Navarre.*** Elle fut rattachée à la couronne de Castille en 1515 mais une des conditions essentielles préalables à ce rattachement fut la promesse qu'elle conserverait son autonomie interne (de fait elle la garderait jusqu'en 1841). Elle constitua un véritable royaume avec sa capitale (Pampelune), son vice-roi, ses Cortès et son Conseil de Navarre (le seul à ne pas siéger à Madrid), organe suprême du gouvernement intérieur. Le vice-roi, représentant direct du souverain, était en général un noble castillan. Il présidait le Conseil de Navarre. Les Cortès, composées de membres des trois ordres, discutait les services (impôts, voir plus loin) demandés par la couronne, veillait au respect des *fueros* et partageait ses compétences législatives avec le Conseil de Navarre.

❑ ***Autres territoires.*** Outre la couronne d'Aragon et le royaume de Navarre, plusieurs régions, bien que rattachées à la Castille, gardèrent des régimes particuliers à des titres divers, correspondant à une plus ou moins grande autonomie. Il s'agit des provinces basques (Alava, Biscaye et Guipuzcoa), de l'ancien royaume des Asturies, de la Galice, des îles Canaries et du royaume de Grenade. Pour les trois régions de la corniche cantabrique, nous trouvons des assemblées locales représentatives (*Juntas**) présidées par des *corregidores* nommés par le roi (sauf en Alava, plus autonome, où le *corregidor* est remplacé par un député général nommé par la *Junta*, et en Galice, où c'est un gouverneur aux pouvoirs étendus qui représente le roi). Ces assemblées s'expliquent en partie par le fait que ces provinces n'avaient pas de représentation aux Cortès (la Galice l'obtiendra néanmoins en 1623).

Mais en dépit de ces nuances, surtout sensibles pour la Navarre et les provinces basques, l'ensemble des territoires péninsulaires de la couronne de Castille était parvenu à un degré d'intégration intérieure remarquable. La Castille, « tête de la monarchie » selon l'expression d'Olivarès (voir chap. 6), devait abriter les organes centraux du pouvoir et donner à l'État des Habsbourg son style et ses institutions.

Les organes du gouvernement

❑ ***Les conseils.*** Le roi gouverne avec des conseils qui se répartissent les compétences politiques, financières, militaires, etc. Les premiers sont apparus du temps des Rois Catholiques, comme autant de dédoublements permanents du flou Conseil royal, et ils ont crû au rythme des besoins d'une administration grandissante ; ils sont au nombre de treize à l'époque de Philippe II. Nous pouvons en distinguer trois sortes :

— Certains conseils avaient des compétences s'étendant à l'ensemble de la monarchie. Il s'agit du Conseil d'État (1526), du Conseil de Guerre (1526), du Conseil de l'Inquisition (1483) et de celui de la *Cruzada** (1573). Le Conseil d'État était en principe présidé par le roi en personne et n'avait pas d'attributions précises. Il était composé de grands personnages ayant l'expérience des affaires publiques (diplomates, généraux, anciens vice-rois, membres du haut clergé) et traitait des affaires importantes, dans le domaine de la politique étrangère en particulier ; son rôle était purement consultatif. Le Conseil de Guerre n'était pas différent du Conseil d'État (mêmes membres, même lieu de réunion), seul le contenu spécifiquement militaire des dossiers traités le distinguait du premier. Quant au Conseil de la *Cruzada*, il avait pour mission d'organiser le recouvrement et la gestion des recettes ecclésiastiques accordées par le pape au souverain et qu'on appelait les « trois grâces » (voir plus loin), impôt commun à la Castille et à l'Aragon.

— Une seconde série de conseils concernait le gouvernement de la couronne de Castille proprement dite : le Conseil royal ou de Castille, la Chambre de Castille (*Cámara de Castille* ou Conseil de *Cámara*), le Conseil des Finances (*Hacienda*, créé en 1523) et le Conseil des Ordres (*Ordenes*, 1495). Le Conseil de Castille n'était autre que l'ancien Conseil royal, réorganisé par les Rois Catholiques en 1480 qui y firent entrer des *letrados* dévoués à la cause de la nouvelle monarchie. Il était le plus ancien, le plus prestigieux et son président était le second personnage du royaume après le roi. Ce conseil avait deux compétences distinctes. Son attribution principale était la politique intérieure, l'administration du royaume de Castille. Mais il constituait aussi la plus haute instance judiciaire du royaume (voir plus loin). La Chambre de Castille, annexe du Conseil créée pour le dégager d'une partie de ses tâches, prit au cours du XVIe siècle une importance considérable. C'est elle, en particulier, qui examinait les candidatures à tous les postes de l'administration publique ainsi que l'ensemble des décisions relevant de la prérogative royale (titres de noblesse, licences d'exportation, grâces royales, commutation de peines, etc.). Le Conseil des Ordres avait compétence sur tout ce qui concernait la vie des Ordres de chevalerie, notamment pour les enquêtes généalogiques des candidats à une commanderie ou à un simple habit. Sous sa juridiction étaient placées les 2 *ciudades**, les 221 *villas** et les 75 *aldeas** administrées par les Ordres de chevalerie.

— Il y avait enfin des conseils à compétence géographique particulière. Le plus ancien et le plus important était le Conseil d'Aragon (1494) dont dépendaient également les affaires italiennes, jusqu'à la création, en 1556, d'un Conseil d'Italie indépendant. Les autres conseils territoriaux étaient celui de Navarre (1515) qui siégeait, nous l'avons dit plus haut, à Pampelune, celui des Indes (1524), celui des Flandres (1555) et celui du Portugal, créé en 1582, après l'annexion de ce royaume (1580).

❑ ***Les secrétaires.*** Entre le souverain et l'ensemble des conseils étaient placés les secrétaires royaux, personnages au rôle considérable, principalement du temps de Charles Quint et de Philippe II. Sous le règne des successeurs du Roi Prudent*, ce fut le *valido* qui assura la fonction de conseiller et d'élément de liaison avec les conseils, les secrétaires perdant alors leur importance politique. Au XVIe siècle, donc, nous avons affaire à deux sortes de secrétaires. D'un côté les secrétaires particuliers du roi, aux fonctions mal définies d'un point de vue constitutionnel, mais qui sont les hommes de confiance du souverain (Alonso de Idiáquez, Francisco de Eraso et surtout Francisco de los Cobos sous Charles Quint ; Martín de Gaztelu et le très important Mateo Vázquez sous Philippe II) ; de l'autre il y avait les secrétaires des conseils, dont celui du Conseil d'État, appelé secrétaire d'État, qui allait devenir une figure politique de premier plan. Ainsi, Charles Quint, dès qu'il eut réorganisé le Conseil d'État, nomma à ce poste son propre secrétaire, Francisco de los Cobos (1529). En montant sur le trône en 1556, Philippe II nomma au secrétariat d'État Gonzalo Pérez, qui était depuis 1543 son secrétaire particulier. En 1567, le roi divisa en deux le secrétariat d'État. Le secrétariat d'État du Nord (affaires des Pays-Bas) alla à Gabriel de Zayas qui avait été l'assesseur de Gonzalo Pérez et son homme de confiance. Le secrétariat d'État d'Italie fut donné à Antonio Pérez, fils de Gonzalo Pérez et homme de confiance du prince d'Éboli, ami d'enfance du roi et chef du parti « pacifiste » opposé au parti « belliciste » du duc d'Albe concernant la politique à mener aux Pays-Bas (voir plus loin les guerres du Nord).

L'on voit aisément, à ce rapide échantillon, que les secrétaires se trouvaient au centre des jeux d'influence des clientèles politiques. Ces hommes, des *letrados* issus de la petite noblesse ou de la roture, qui fréquentaient quotidiennement le monarque en privé, préparant son travail et triant les affaires (ils disposaient d'un fac-similé de la signature royale afin d'expédier directement les questions secondaires), exercèrent un pouvoir réel et amassèrent des fortunes considérables.

❑ ***Les Cortès.*** En face des organes centraux du pouvoir, placés directement sous le contrôle du roi, il y avait ce qu'on appelait le Royaume (el *Reino*), c'est-à-dire l'assemblée des représentants des différents ordres constituant la nation, le clergé, la noblesse et les villes, réunis en Cortès. Les Cortès avaient un double rôle, fiscal et législatif. Elles votaient en effet l'impôt du *servicio** demandé par le roi et fixaient avec les représentants du souverain les règlements présidant au recouvrement des *alcabalas**, le principal impôt du royaume (voir plus loin le système fiscal). D'autre part, les Cortès élaboraient des cahiers de pétitions qui, une fois examinés par les membres du gouvernement, pouvaient donner lieu à des lois. Ceci se produisit bien souvent, mais ce n'était en aucun cas un droit et bien des suppliques des Cortès, en matière économique et fiscale notamment, restèrent sans réponse.

L'histoire des Cortès de Castille à l'Époque moderne est celle d'une décadence correspondant à la décadence politique des grands conseils municipaux libres issus de la Reconquête et qui avaient connu au Moyen Age leur époque de gloire. Nous avons vu (chap. 1) que les Rois Catholiques, jaloux de leur autorité, avaient relégué les Cortès au second plan, supprimant leur tradition législative et les réduisant à leur seul rôle fiscal. Nous venons de voir plus haut que les *comuneros* avaient placé les Cortès au centre de leur révolution constitutionnelle, ce qui conduisit l'empereur à les marginaliser davantage en renforçant la bureaucratie de l'État contrôlée par ses hommes (conseils et secrétariats). Les Cortès, qui étaient convoquées par le roi selon son bon plaisir, furent réunies avec une grande régularité durant tout le XVIe siècle (pratiquement tous les trois ans, périodicité du recouvrement du *servicio*). Mais à partir de 1538, l'empereur cessa d'y convoquer les représentants du clergé et de la noblesse qui, du reste, pratiquaient depuis longtemps un fort absentéisme. Il ne resta plus que les procureurs des 18 villes ayant voix aux Cortès : Burgos, León, Avila, Valladolid, Zamora, Toro, Salamanque, Ségovie, Soria, Guadalajara, Madrid, Cuenca, Tolède, Murcie, Séville, Cordoue, Grenade et Jaén. Chaque ville envoyait deux députés, désignés par le conseil municipal sans concertation d'aucune sorte avec les populations. Or, nous allons y venir, le conseil municipal de ces villes capitales de district était entièrement dominé par les oligarchies locales des *caballeros*. La représentativité des Cortès fut par conséquent très faible.

La justice

L'organisation de la justice était, dans la couronne de Castille, assez simple. Nous écarterons d'emblée les juridictions exceptionnelles (clergé, étudiants, militaires et juridiction inquisitoriale, en matière de foi mais aussi criminelle sur ses propres agents).

La première instance était formée par les *alcaldes*, les officiers de justice locaux. En deuxième instance on trouvait les corregidors (appelés aussi *justicia mayor*), secondés par un lieutenant (*teniente de corregidor*) et les *alcaldes mayores*. Au-dessus se situaient les deux cours d'appel ou *Chancillerías*. Celle de Valladolid avait juridiction sur les régions situées au nord du Tage et celle de Grenade sur l'autre partie du territoire. À Séville, en raison de l'importance particulière de la ville, il y avait une autre cour d'appel de même niveau que les *Chancillerías*, nommée *Audiencia* à l'instar de celles qu'on a trouvées dans les territoires à statut particulier (couronne d'Aragon, Navarre, Galice, îles Canaries). Enfin, l'on a vu que le Conseil de Castille était la juridiction suprême d'appel.

La figure du *corregidor* mérite qu'on s'y arrête davantage. Les *corregidores* firent leur apparition en 1348, mais c'est sous le règne des Rois Catholiques que l'institution se généralisa. D'abord officiers de justice, nous venons de le signaler, ils étaient en réalité beaucoup plus que cela. Représentants directs du pouvoir royal nommés par le Conseil de Castille, ils avaient aussi des fonctions administratives (ravitaillement, voirie, visite du district, etc.), politiques (président du conseil municipal) et militaires. Ils étaient la plupart du temps nommés pour un an et à l'issue de leur mandat ils devaient se soumettre à une inspection (*juicio de residencia*). Ces hommes issus de la petite ou de la moyenne noblesse, qui pouvaient être des militaires ou des *letrados*, furent une des pièces maîtresses dans la stratégie d'implantation locale du pouvoir royal. Il y avait 68 *corregimientos* en Castille à la fin du XVIe siècle.

L'administration locale

L'administration municipale appartenait au *concejo** ou *ayuntamiento** (le conseil municipal) que celui-ci appartînt au domaine royal (*realengo**, le plus étendu), à une seigneurie ecclésiastique (*abadengo**) ou laïque (*señorío*). Les *concejos* de *realengo* jouissaient d'une assez grande autonomie. Ils étaient composés de *regidores*, charges accaparées par les oligarchies locales dès avant l'époque des Rois Catholiques dans bien des villes importantes. Philippe II créa de nombreux *regimientos** qu'il mit en vente, pratique apparue sous Charles Quint. Du *concejo* dépendaient les offices municipaux (médecin de la ville, avocat, crieur, visiteur des hôpitaux, collecteurs d'impôts, ingénieur des travaux publics, inspecteur des poids et mesures, etc.).

Dans toutes les villes, même modestes, les *concejos* obtinrent des privilèges royaux permettant d'exclure des *regimientos* toute personne qui ne serait pas *hidalga**, c'est-à-dire titulaire au moins de l'exemption fiscale. Cette fermeture des *concejos* au profit de la noblesse est un fait capital dans l'histoire locale castillane de l'Époque moderne. Malheureusement, l'étude de ces milieux de *caballeros regidores*, essentielle à l'heure de comprendre les mécanismes d'implantation de l'absolutisme monarchique, reste à faire pour l'Espagne.

La fiscalité dans la couronne de Castille

Le système fiscal était divisé en recettes ordinaires (fixes, non soumises à des conditions d'octroi) et recettes extraordinaires (soumises à renouvellement périodique ou simplement conjoncturelles). L'histoire de la pression fiscale dans l'Espagne des XVIe et XVIIe siècles n'est pas faite. L'on peut néanmoins distinguer trois étapes. Au lendemain du traité de Cateau-Cambrésis signé avec la France (1559, voir plus bas), l'état désespéré des finances publiques entraîna d'importants réajustements qui se traduisirent par une forte augmentation de la pression fiscale. La seconde phase correspond à la dernière décennie du XVIe siècle avec la création des *millones*. Enfin, à partir des années 1620 l'accroissement vertigineux des dépenses militaires conduisit la couronne à créer de nouvelles recettes et à recourir à des expédients autoritaires (dons « gratuits », emprunts forcés, etc.).

❑ ***Les revenus ordinaires.*** Ils étaient de trois sortes : les *alcabalas*, les douanes et les monopoles. Le recouvrement de ces impôts n'était pas directement assuré par l'État, mais, comme c'était l'usage dans tous les autres pays d'Europe, affermé par des particuliers au moyen d'enchères publiques.

Les *alcabalas*, ancien impôt municipal devenu royal au XVe siècle, grèvent toutes les transactions commerciales et les transmissions de biens mobiliers ou immobiliers. Son taux théorique était fixé à 10 % du montant de la transaction, somme acquittée pour moitié par l'acquéreur et par le vendeur, mais il fut généralement inférieur. Il était payable par tous, sauf par le clergé, exception faite toutefois des opérations à but lucratif. Il y avait néanmoins de nombreux exemptés (les souverains, certaines familles, plusieurs villes ou marchés francs, quelques communautés religieuses...). En 1495, le pape Alexandre VI céda à la couronne à titre perpétuel le recouvrement des deux neuvièmes des dîmes ecclésiastiques : les *tercias reales**. Elles furent intégrées aux *alcabalas* et affermées avec elles. *Alcabalas* et *tercias* constituaient le revenu le plus important du Trésor.

Les droits de douane étaient nombreux et représentaient une des recettes fondamentales de la couronne, principalement après la réorganisation de 1566 au bénéfice de laquelle les taux furent relevés. Les principaux droits étaient les suivants :

— les *puertos secos**, correspondant à la barrière douanière séparant la Castille de la Navarre et des territoires de la couronne d'Aragon ;

— les *almojarifazgos** (douanes maritimes), perçus à Séville et à Cadix, étaient de deux sortes ; *l'almojarifazgo mayor* de Séville qui concentrait les revenus des taxes grevant les importations et les exportations des ports andalous, à l'exclusion du commerce avec l'Amérique, lequel relevait depuis 1543 de l'autre douane maritime, l'*almojarifazgo* des Indes. Les ducs d'Arcos et de Medina Sidonia percevaient l'almojarifazgo correspondant aux ports situés dans leur seigneurie ;

— les *diezmos del mar del norte** (dîmes de la mer septentrionale) étaient des droits sur les marchandises perçus dans les ports basques, asturiens et galiciens. Cédés par le roi à la famille des connétables de Castille en 1467, Philippe II les réincorpora à la couronne en 1559 ;

— le *servicio y montazgo** était payé en nature (6 têtes pour 1 000 en moyenne) par les troupeaux transhumants au passage de certains cols obligés, lorsqu'ils se déplaçaient vers le Sud pour l'hiver et au retour estival vers le Nord. Il y avait des propriétaires exemptés (les ordres militaires, quelques monastères et grands seigneurs) ;

— l'impôt sur les exportations de laine, une des principales exportations de la Castille, fut enlevé par Philippe II aux douanes normales au milieu des années 1560 et confié à une douane spéciale. Il comportait un droit compris entre 7 et 10 % de la valeur du produit auquel s'ajoutait un droit fixe par sac ;

— l'impôt sur la soie de Grenade (*renta de la seda*) était triple : une dîme sur la production, un droit sur les ventes effectuées à l'intérieur du royaume de Grenade (*alcabala de la seda*), un autre de 10 % à l'exportation (*almojarifazgo de la seda*). Signalons par ailleurs que le royaume de Grenade acquittait des impôts ordinaires particuliers et des services extraordinaires exigés des morisques.

Les monopoles royaux (*estancos*) commencèrent a être créés par la couronne au cours du XVIe siècle afin d'augmenter les revenus de l'État. Le système devait se développer considérablement sous les règnes de Philippe III (1598-1621) et de Philippe IV (1621-1665). Le monopole des salines, qui était fort ancien mais avait en grande partie été aliéné par des dons successifs consentis à des particuliers, fut rétabli dans son intégralité par Philippe II en 1564. Celui de la traite des Noirs (*estanco de los esclavos*) fut établi dès les premières années du XVIe siècle. Le monopole du mercure d'Almadén, qui faisait partie des rentes du grand maître de Calatrava, fut incorporé à la couronne par les Rois Catholiques. Les Fugger l'affermèrent jusqu'en 1551. Le monopole des cartes à jouer fut établi dans les années 1540.

A ces trois grandes sources de recettes ordinaires il convient d'ajouter d'autres droits, comme l'enregistrement (sommes perçues par la chancellerie royale pour l'expédition des actes et taxes sur les offices des notaires) et le droit de monnayage sur les pièces frappées dans les huit maisons de la Monnaie du royaume (fixé par la loi de 1566 à 1,5 % de la valeur du métal, taux perçu en sus de celui, plus faible, qui revenait aux employés des maisons).

Au XVIIe siècle, la couronne fut acculée à la recherche incessante de nouveaux expédients afin de faire face à une situation financière catastrophique. C'est ainsi que furent inventés de nouveaux monopoles sur le poivre (1609), sur la gomme (1632), sur la soude (1634), sur le tabac (1636), etc. Seul ce dernier représenta une recette intéressante. De même, de nouveaux droits régaliens firent leur apparition, tels la *media annata** en 1631 (les agents de l'État devaient verser l'équivalent de six mois de salaire l'année de leur entrée en fonctions et les bénéficiaires de pensions ou de grâces*, la moitié de la somme perçue la première année) ou le papier timbré en 1636.

❑ ***Les revenus extraordinaires.*** Il faut distinguer les *servicios* et les *millones*, votés par les Cortès, et les autres recettes extraordinaires, services ecclésiastiques, métaux précieux des Indes, expédients divers. Le *servicio*, renouvelé par les Cortès périodiquement (tous les trois ans en principe), était en réalité devenu un impôt permanent. A partir de 1538 il fut divisé en deux : le *servicio ordinario* (un peu plus de 772 000 ducats*) et l'*extraordinario*, inférieur de moitié. Cet impôt était réparti par régions en fonction de la population évaluée en *vecinos** (foyers fiscaux). Seuls les *pecheros** (contribuables) le payaient, mais outre le clergé et la noblesse, il y avait d'autres exemptés, roturiers cette fois : les licenciés et docteurs des grandes universités, les familiers du Saint-Office, les employés des maisons de la Monnaie, des chantiers navals de Séville, tous les habitants de Tolède, les notaires, les *regidores*, etc.

L'impôt des *millones* (huit millions de ducats à percevoir en six ans) fut accordé par les Cortès en 1590 à la demande de Philippe II qui venait d'essuyer le revers de l'Invincible Armada (voir plus loin) mais entendait maintenir sa politique atlantique. Il fut donc présenté comme strictement conjoncturel et non renouvelable. En réalité, il fut régulièrement reconduit, pour des montants et des temps de recouvrement divers, jusqu'à la fin de l'Ancien Régime. Sa grande nouveauté fut l'obligation pour tous les exemptés habituels d'y contribuer.

L'Église participa de manière non négligeable aux dépenses de l'État. Outre les *tercias reales* prélevées sur les dîmes que nous avons déjà évoquées, le roi bénéficiait des deux recettes supplémentaires, les « trois grâces » et les revenus des territoires des Ordres militaires dont il pouvait disposer en tant que grand maître de ceux-ci. Les « trois grâces » étaient, comme leur nom l'indique, trois prélèvements consentis par le pape à titre gracieux de façon temporaire et renouvelables, pour aider le roi dans sa lutte contre les hérétiques et les infidèles. C'était les seuls impôts communs à tous les territoires des royaumes d'Espagne, possessions italiennes et Indes comprises. Le plus connu s'appelait « bulle de la croisade » (*bula de la cruzada*). Concédée par périodes de six ans, la bulle de la croisade était systématiquement renouvelée depuis l'époque des Rois Catholiques. Il s'agissait de la vente d'indulgences pontificales annuelles permettant, outre l'obtention d'une indulgence plénière, de manger des abats le samedi et durant le Carême. Il en existait plusieurs catégories à des tarifs allant de 2 à 8 réaux*, la plus répandue étant la moins coûteuse. L'achat des bulles était libre, mais en cas de refus, le sujet récalcitrant s'exposait à de graves ennuis (soupçon d'hérésie, entre autres), c'est pourquoi chacun s'empressait d'en acquérir.

Les deux autres grâces étaient le subside (*subsidio**), correspondant au dixième de tous les revenus ecclésiastiques et l'*excusado** (reversement à l'État du montant des dîmes du producteur le plus important de chaque paroisse.

Le roi, propriétaire éminent du sous-sol, prélevait un cinquième de la production américaine d'or et d'argent (c'était le *quinto** *del rey*). Ces sommes étaient affectées aux dépenses d'administration et de défense engagées aux Indes, seul l'excédent étant expédié à Séville. Cela représentait néanmoins d'importantes sommes en métal de grande qualité, immédiatement négociables avec les banquiers internationaux. Le *quinto* constitua ainsi, jusqu'au milieu du XVIIe siècle, une des garanties essentielles du crédit de la monarchie.

Pour finir, il nous reste à mentionner les différents recours et expédients imaginés par les agents du Trésor afin de se procurer du numéraire en dehors des ressources fiscales normales. Ils prirent une grande importance à partir des années 1560 et devinrent au XVIIe siècle un des recours financiers fondamentaux de la couronne. Il y eut en premier lieu les ventes d'offices, principalement municipaux (*regimientos*, offices de greffiers), mais aussi dans l'administration centrale, à l'exclusion toutefois des offices de justice, contrairement à ce qui arriva en France. L'on vendit également des exemptions fiscales (*hidalguías*), des titres de « *don* » et même, au XVIIe siècle, des titres de noblesse. D'autres ventes eurent des répercussions considérables sur la vie des campagnes : les ventes de terres royales (les *baldíos**, voir chap. 4) qui étaient utilisées par tous et jouaient un rôle important dans l'économie villageoise, mais surtout les ventes de juridiction qui transformaient les villages royaux en seigneuries particulières.

La couronne eut recours à d'autres expédients. Nous ne citerons que les *donativos**, apparus en 1590 et qui étaient des dons librement consentis au souverain en difficulté. A partir de 1624, les appels à la générosité publique se multiplièrent et prirent la forme de véritables collectes contraignantes ou de retenues sur les salaires des fonctionnaires.

L'armée

L'Espagne fut, des années 1520 aux années 1640, la première puissance militaire occidentale. L'hégémonie des Habsbourg reposa sur la redoutable efficacité des fameux *tercios** auxquels Velázquez rend un si bel hommage dans *Les lances* ou *La reddition de Bréda* (1635).

❑ ***Les tercios.*** Leur nom — qui signifie « un tiers » — vient probablement du fait que ces corps d'armée combinaient trois armes, les épées, les piques et les arquebuses. Le *tercio* donnait la primauté à l'infanterie, aux dépens de la cavalerie qui avait connu son heure de gloire au Moyen Age. Le modèle venait des Suisses qui formaient de grands carrés de 6 000 hommes agissant par le choc, essentiellement des piquiers, avec, au premier rang, des hallebardiers et des arquebusiers. C'est pendant les premières campagnes d'Italie, sous le commandement de Gonzalo Fernández de Córdoba, le « Grand capitaine » (1453-1515), que les armées espagnoles innovèrent en augmentant le nombre des arquebuses et en améliorant la tactique par une grande mobilité des troupes fondée sur une confiance accrue en la valeur individuelle du combattant. Le *tercio* comportait 3 000 hommes : 1 500 piques, 1 000 épées et 500 arquebuses. Plus tard, ses effectifs seraient réduits à 1 200-1 600 soldats.

En 1534, Charles Quint établit les bases de l'organisation des *tercios* en Italie, la plaque tournante de sa stratégie européenne. Leur entretien coûtait des sommes considérables : 33 % du budget de la couronne de Castille vers le milieu du XVIe siècle, ceci en temps normal ; en période de guerre, le coût des campagnes était tel qu'il ne pouvait être couvert que par le recours aux emprunts auprès des banquiers internationaux.

Les soldats préférés de l'empereur et de Philippe II furent les volontaires castillans, à la réputation de sobriété, d'endurance et de sacrifice légendaires. Parmi ces recrues, les *hidalgos* étaient nombreux, des cadets des familles nobles préférant le métier des armes à la carrière ecclésiastique ou suivant le principe selon lequel la gloire militaire était le prolégomène indispensable à toute carrière. Mais il y eut aussi beaucoup de roturiers dans les *tercios*, des paysans, des artisans, des repris de justice. L'armée espagnole recruta néanmoins un grand nombre de non-castillans, qu'ils fussent à quelque titre sujets du roi d'Espagne (franc-comtois, siciliens, napolitains, milanais, flamands, etc., ou simplement étrangers, comme les Suisses, les Allemands, les Irlandais ou autres Italiens). L'on donnera en exemple les effectifs de l'armée impériale en lutte contre la ligue de Smalkalde après 1531 (voir plus loin), où les Espagnols représentent à peine le sixième :

Infanterie		Cavalerie	
Allemands	30 000	Allemands	3 000
Italiens	11 000	Flamands	7 000
Espagnols	10 000	Italiens	200
Total	51 000	Total	10 200

❑ ***Le couloir espagnol (camino español).*** La distance fut la grande ennemie de l'empire espagnol. Les théâtres d'intervention de l'armée, aussi bien à l'époque de l'empereur (Italie, Autriche, Allemagne) qu'à celle de Philippe II (Pays-Bas) rendaient indispensable l'aménagement de couloirs militaires nécessaires à l'acheminement des troupes et de l'argent. Après 1572, le blocus de la mer du Nord par la flotte hollandaise entraîna la concentration des *tercios* en Lombardie. De là, l'armée passait en Savoie, duché allié, pour pénétrer en Franche-Comté, espagnole, puis en Lorraine, autre duché allié, afin de parvenir dans le Luxembourg espagnol, non sans avoir traversé auparavant l'évêchéprincipauté de Liège. Tel était le « chemin des Espagnols » inventé par le cardinal Granvelle en 1563. Le maintien de ce couloir supposait de minutieuses négociations avec les États souverains concernés, onéreuses et constamment remises sur le métier. Après le traité de Lyon de 1601, lorsque le chemin espagnol tomba sous contrôle français au nord d'Annecy, les troupes du roi catholique durent emprunter un autre itinéraire leur permettant de passer de la Lombardie au Tyrol en empruntant les vallées de l'Engadine et de la Valteline, dans le canton des Grisons, qui de la sorte devinrent un enjeu essentiel dans la politique espagnole. L'affaire se compliquait d'autant plus que le couloir espagnol à travers les Grisons coupait à deux endroits la voie de communication française entre Paris et Venise...

❑ ***La flotte.*** La maîtrise des mers était vitale pour l'empire espagnol. Néanmoins, l'État ne voulut — ou ne put — jamais se donner les moyens d'une politique maritime à la hauteur de ses aspirations ou même de ses engagements. Ainsi que l'ont souligné bien des historiens, la monarchie catholique fut plus une puissance continentale que maritime. Dès 1528, Charles Quint scellait une alliance fondamentale, et fort coûteuse, avec la république de Gênes (la famille Doria), berceau des meilleurs professionnels, en vue de doter l'empire de la flotte qui lui était indispensable. Sous Philippe II, les besoins maritimes devinrent critiques, en raison de son conflit avec les deux plus grandes puissances navales du moment, les Anglais et les Hollandais. C'est à son époque que la marine espagnole fut structurée, moyennant des dépenses colossales, en trois forces indépendantes :

— Les galères de la Méditerranée, au nombre d'une centaine, avaient trois provenances : les galères d'Espagne, basées à Carthagène et au Puerto de Santa María, dans l'extrême sud de l'Andalousie, les galères de Naples et celles fournies par la république de Gênes en vertu d'un contrat d'affermage. Dans la mesure où cette flotte avait essentiellement pour but de combattre l'infidèle (pouvoir ottoman et corsaires barbaresques), l'État destinait une bonne part des services ecclésiastiques consentis par le souverain pontife à leur entretien. Elles servaient également aux communications entre l'Espagne et l'Italie et au transport des troupes en route pour le Milanais.

— La flotte chargée de protéger les liaisons avec les Indes (*Armada de la Guarda*) n'était pas permanente. A chaque départ d'une flotte marchande (tous les ans en principe), on mobilisait de dix à douze galions et quelques pataches chargés de la protection du convoi. Ces navires étaient fabriqués dans les chantiers navals du Nord de la péninsule. Au retour à Séville de l'expédition, la flotte de protection était dissoute. L'impôt de l'*Avería*, grevant les marchandises transportées, était destiné à couvrir les dépenses de cette flotte. La flotte de Barlovent (*Armada de Barlovento*), plus réduite et périphérique, fut constituée à la fin du XVIe siècle pour faire la chasse aux pirates qui pullulaient dans la mer des Caraïbes.

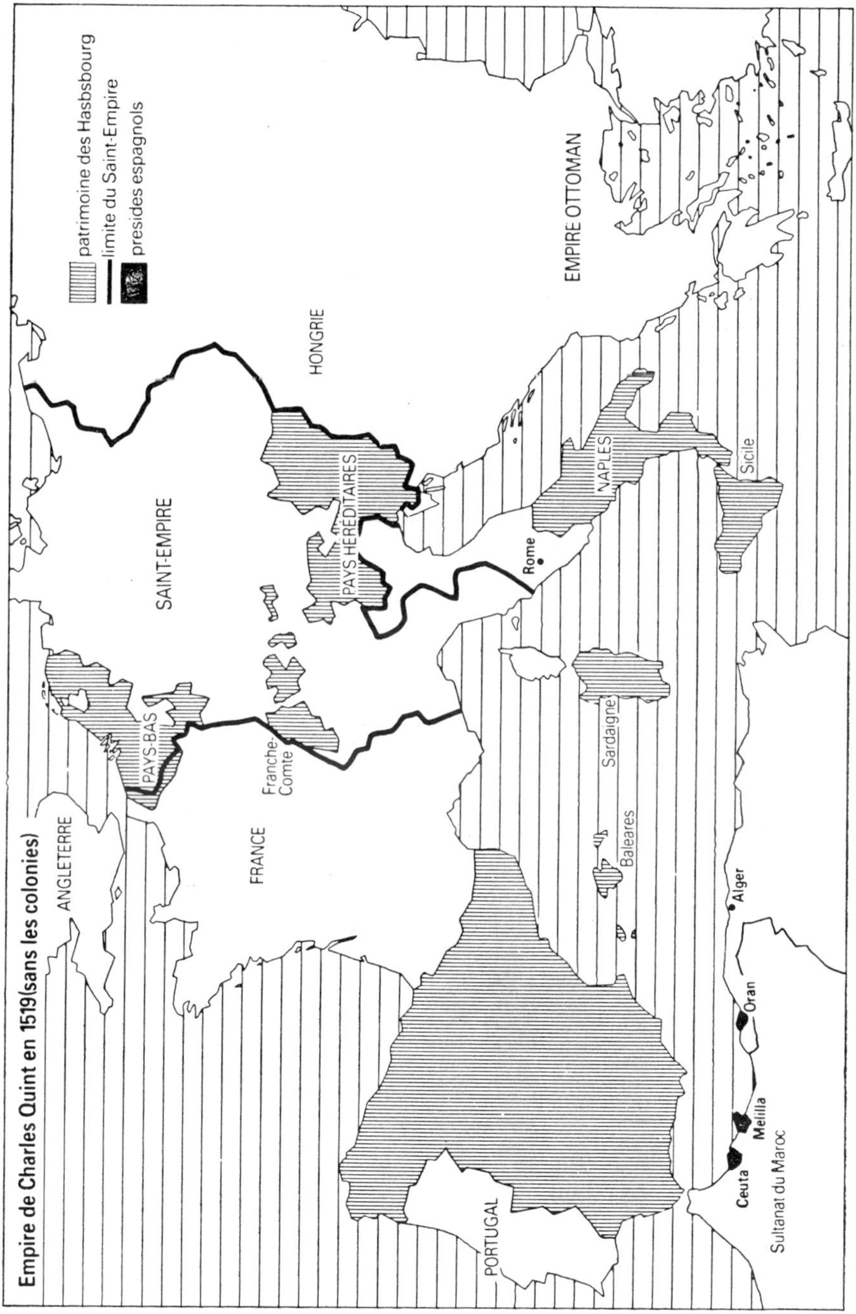

Empire de Charles Quint en 1519 (sans les colonies)

Source : Jean Bérenger, *Histoire de l'empire des Habsbourg, 1273-1918*, Fayard, 1990.

— La flotte de la mer Océane (*Armada del Océano*) fut constituée, comme flotte permanente de l'Atlantique, après 1568, lorsque la pression hollandaise en mer du Nord mit gravement en danger les liaisons militaires et commerciales entre l'Espagne et l'Europe du Nord. Elle fut basée à Lisbonne et en Galice, au Ferrol-La Corogne. C'est de là que fut organisée l'expédition mémorable de l'Invincible Armada (voir plus loin). Malgré la catastrophe, Philippe II décida de maintenir cette flotte et consigna une part du nouvel impôt des *millones* à son entretien.

LES GRANDS CONFLITS EXTÉRIEURS

Au moment où émergent en Europe les antagonismes religieux et les aspirations nationales, l'idée impériale défendue par Charles Quint paraît singulièrement anachronique. Le projet impérial d'union de la chrétienté dans la lutte contre l'infidèle et contre l'hérésie protestante échouerait. Par un étrange paradoxe, Charles le rassembleur, l'unificateur, fut aussi un batailleur farouche. Durant les trente-cinq années que dura son règne, le fracas de la guerre ne s'apaisa pour ainsi dire jamais. Les abdications de Bruxelles de 1555 et de 1556 laisseraient la Castille et son empire colonial à son destin national, à l'écart des vicissitudes politiques et religieuses de l'empire austro-hongrois.

Le rêve de la monarchie universelle

Sitôt Charles de Gand devenu empereur (28 juin 1519), son chancelier Mercurio Gattinara le pressait de s'ériger en chef de la chrétienté : « Sire, puisque Dieu vous a conféré cette grâce immense de vous élever par-dessus tous les rois et princes de la chrétienté à une puissance que jusqu'ici n'a possédée que votre prédécesseur Charlemagne, vous êtes sur la voie de la monarchie universelle, vous allez réunir la chrétienté sous une seule houlette » (12 juillet 1519).

Charles Quint espérait en effet réveiller l'idéal médiéval de l'unité de la chrétienté sous la double autorité, spirituelle et temporelle, du pape et de l'empereur. Mais il était trop tard. Dès le milieu du XVe siècle, le futur Pie II, Aeneas Silvius Piccolomini, constatait avec amertume : « La chrétienté n'a point de chef auquel tous veuillent obéir. Ni au souverain pontife ni à l'empereur on ne rend leur dû. Il n'est plus de respect ni d'obéissance. Nous regardons le pape et l'empereur comme des noms, des fictions. Chaque cité a son roi, chaque maison a son prince. »

L'étendue des possessions de Charles Quint, qui couvraient une bonne partie de l'Europe, ne pouvait manquer de faire apparaître aux yeux des autres princes l'inquiétante convergence d'intérêts qu'il y avait entre le projet d'union de la chrétienté et ce qu'il faudra bien appeler la vocation hégémonique de la

Maison de Habsbourg. C'est pourquoi François Ier, souverain du royaume européen le plus puissant du moment, se fit le champion de la nouvelle idée d'État national et prit la tête du mouvement d'opposition à la politique impériale, n'hésitant pas à rechercher l'entente avec l'ennemi par excellence de la chrétienté, le sultan Soliman le Magnifique, ni à contracter des alliances avec les adversaires déclarés de l'Église de Rome, les signataires de la Ligue de Smalkalde.

Philippe II, roi d'Espagne en 1556 à l'abdication de Charles Quint fut un monarque avant tout espagnol, d'autant plus puissant que la France se trouvait moins en mesure de lui faire face. Il fut aussi le plus farouche défenseur de la catholicité. Désormais, les guerres de Religion en France, l'accroissement de la tension en Méditerranée et la révolte des Pays-Bas, allaient le pousser à construire, à partir d'un renforcement considérable de l'hégémonie castillane, ce que Joan Reglá a qualifié de « réduit espagnol différencié des autres États de l'Europe moderne, entendez des pays plus ou moins façonnés par le rationalisme philosophique et par la bourgeoisie capitaliste ».

La lutte contre l'infidèle et contre l'hérésie

❑ ***La Réforme et l'échec allemand de l'empereur.*** Lutter affichait ses fameuses *Thèses* au moment même où le jeune Charles de Gand faisait la connaissance de ses vassaux espagnols (octobre 1517). Les partisans du moine augustin qui avaient placé leurs espérances dans le nouvel empereur durent vite déchanter. En 1521, dans le mémoire adressé aux princes rassemblés à la diète de Worms, Charles Quint fit une véhémente profession de foi antiréformée : « Vous savez que je descends des empereurs très chrétiens qui ont régné sur la noble Maison germanique, des Rois catholiques d'Espagne, des archiducs d'Autriche, des ducs de Bourgogne qui, tous, jusqu'à la mort, ont été les fils fidèles de l'Église romaine [...]. Je suis donc résolu à rester fidèle à tout ce qui a été fixé depuis le concile de Constance. Il est clair qu'un frère isolé est dans l'erreur lorsqu'il contredit l'opinion de toute la chrétienté, sinon la chrétienté se serait trompée durant mille ans et plus. Aussi je suis résolu à engager mes royaumes, mes possessions, mes amis, mon corps et mon sang, ma vie et mon âme. Car ce serait une honte pour vous et pour nous, membres de la noble nation germanique, si de notre temps et par notre négligence, la seule apparence de l'hérésie, d'un tort fait à la religion chrétienne pénétrait dans le cœur des hommes. »

Luther comparut devant la diète le 17 avril 1521 et refusa de se rétracter. L'on connaît la suite : le rejet par les catholiques de la Confession d'Augsbourg de 1530 et la riposte des princes et des villes protestants, la ligue de Smalkalde (1531), qui passerait une alliance avec la France. La tentative impériale de rétablir par la force l'unité religieuse en Allemagne se solda par un franc succès militaire (victoire de Mühlberg, 24 avril 1547). Mais l'Intérim ou accord d'Augsbourg (15 mai 1548) qui contenait plusieurs concessions susceptibles de rallier le groupe protestant, dressa en fait les deux partis contre l'empereur. Celui-ci, incapable d'imposer l'Intérim par la force, dut se résoudre à la paix ou recès d'Augsbourg (25 septembre 1555) qui devait consacrer la division religieuse de l'Allemagne. Ses principales clauses sont : 1) la reconnaissance de la liberté de conscience pour les luthériens, mais soumise au principe *cujus regio, ejus religio* qui imposait aux sujets la religion du prince. 2) Les princes allemands conservaient les biens ecclésiastiques sécularisés par le passé. 3) Tout prélat qui embrasserait le protestantisme devrait désormais renoncer à tous les biens temporels attachés à sa dignité. La monarchie universelle avait fait long feu. L'héritage des Habsbourg allait être partagé en deux monarchies qui ne seraient pas encore des États nationaux : la monarchie espagnole, à dominante castillane, et la monarchie autrichienne, aux équilibres plus subtils.

En 1552, Charles Quint avait abdiqué son autorité sur le royaume de Naples en faveur de son fils le prince Philippe lors du mariage de ce dernier avec Marie Tudor. Mais les grandes abdications eurent lieu à Bruxelles le 25 octobre 1555, le 16 janvier et le 12 septembre 1556. Par la première, il transmettait à Philippe la souveraineté des Pays-Bas ; par la seconde, ses possessions espagnoles dans l'ancien et dans le nouveau monde, y compris la Sicile ; par la troisième, c'est son frère Ferdinand qui devenait le bénéficiaire du titre impérial. Philippe II fut proclamé roi d'Espagne à Valladolid le 28 mars 1556 en son absence, son fils le célèbre et malheureux prince don Carlos le représentant.

❑ ***La politique anti-ottomane.*** Le futur empereur, dans une lettre adressée aux électeurs en 1519, avait placé la lutte contre les infidèles au premier rang de ses préoccupations : « Si Dieu nous faisait cette grâce de parvenir à la dignité et majesté impériales, nous pourrions tant plus aisément exécuter le bon vouloir en quoi nous sommes ; car ce que notre dit grand-père le roi d'Aragon a fait en plusieurs années contre les infidèles, par l'aide et la puissance de cette noble nation germanique nous ferions un gros exploit sur lesdits infidèles en bref temps [...]. Car notre vraie intention et vouloir est de nourrir et mettre en paix toute la chrétienté et de dresser totalement notre force et puissance à la défense, conservation et augmentation de notre foi. » En réalité, les problèmes allemands et les guerres contre la France absorbèrent l'empereur au point de ne lui laisser que peu de liberté pour s'occuper du front islamique à l'est et en Méditerranée.

L'essor de la puissance ottomane sous Soliman le Magnifique ou le Législateur (sultan de 1520 à 1566) laissait planer une sérieuse menace sur la Méditerranée occidentale et sur les États patrimoniaux des Habsbourg en Europe de l'Est. Belgrade était prise en 1521. L'année suivante, les chevaliers de Saint-Jean sont chassés de Rhodes. Enfin, en 1526, les Turcs remportent la victoire de Mohacs où le roi de Hongrie et de Bohême Louis II trouve la mort. Sa problématique succession au trône de Hongrie entraîna l'occupation par Soliman de la majeure partie du royaume. Vienne fut sur le point de tomber en 1529 mais résista et cela marque le premier grand coup d'arrêt de la puissance ottomane. L'empereur vint dans la capitale autrichienne en 1532 et envoya des troupes espagnoles sur le front de Hongrie (ce fut la seule fois) pour repousser le Turc. Dans le même temps, l'amiral Andrea Doria s'était emparé de Lépante et de Patras. Un armistice fut signé l'année suivante. Mais en 1541 Soliman prenait Bude et commençait une occupation durable d'une partie de la Hongrie englobant la Grande Plaine et située entre la Hongrie royale qui passerait sous domination autrichienne et le duché de Transylvanie qui acquerrait progressivement son indépendance.

Pour les Espagnols, le péril turc était avant tout maritime car c'est sur la façade méditerranéenne de la péninsule ibérique qu'était concentrée la population morisque et en outre la flotte ottomane constituait un appui essentiel pour la course barbaresque. Or c'est précisément en Méditerranée que les choses se gâteraient durant la première moitié du siècle. Barberousse conquit le Peñón d'Alger en 1529 et en 1534 chassa de Tunis le roi Muley Hassan, protégé de l'Espagne. Charles Quint en personne dirigea avec Andrea Doria la fameuse expédition de juin-août 1535 (400 navires et 50 000 hommes) qui rétablit Muley Hassan à Tunis et rendit les Espagnols maîtres de la Goulette, délivrant 20 000 captifs. Barberousse s'enfuit à Constantinople où il organisa la flotte ottomane qui devint la terreur de la mer intérieure.

Trois ans plus tard, l'empereur forma une ligue avec les Vénitiens et le pape dont la flotte, toujours commandée par Doria, rencontra celle de Soliman à La Prevesa. Cette bataille ne fut pas un désastre chrétien, mais ne constitua pas non plus un succès et d'après Fernand Braudel donna à la Sublime Porte la maîtrise de la mer. Ceci serait confirmé en 1541 par le désastre de l'expédition d'Alger, conduite elle aussi par le propre empereur. Pendant vingt ans, la suprématie ottomane en Méditerranée fut incontestable. Tunis fut perdue en 1551, le Peñón de Vélez en 1554 et surtout Bougie en 1555, mal défendue par Alonso de Peralta qui paya de sa tête sa maladresse (il fut exécuté à Valladolid en 1557).

La dernière grande victoire navale turque fut celle de Djerba en 1560. En 1564, don García de Toledo reprenait le Peñón de Vélez et l'année suivante, c'était l'échec ottoman de l'île de Malte. Après une accalmie de cinq ans, le Turc occupa Chypre qui était vénitienne. Pie V relança l'idée de croisade. En mai 1571 était conclue la ligue entre le Saint-Siège, Venise et l'Espagne. Le résultat fut à la victoire de Lépante, si célébrée (7 octobre 1571) et qui consacra le génie militaire du brillant bâtard don Juan d'Autriche. Venise quitta la ligue en 1573 et seuls les Espagnols continuèrent, prenant Tunis le 9 octobre. Mais l'année suivante Euldj Ali les chassa de la Goulette (13 juillet) et Tunis dut se rendre trois mois plus tard, devenant rapidement un centre actif de course barbaresque.

A la fin des années 1570 le calme revient sur la mer latine. Le pouvoir ottoman se tourne vers sa façade orientale. Philippe II est pris par les problèmes atlantiques (le Portugal et la lutte avec l'Angleterre pour la suprématie océanique) et par les Pays-Bas.

Les guerres contre la France

Elles eurent pour théâtre privilégié la juteuse, la riche et prestigieuse Italie que la France convoitait de longue date. Elles furent au nombre de six et constituèrent le premier épisode d'une longue série de conflits qui se poursuivraient jusqu'au XVIIIe siècle.

La première guerre (1521-1526) aboutit au désastre français de Pavie (25 février 1525). François Ier, fait prisonnier, fut conduit à Madrid où fut signé en 1526 le traité par lequel celui-ci renonçait à l'Italie et à la suzeraineté française sur la Flandre et l'Artois, et rendait la Bourgogne à Charles Quint.

La deuxième guerre (1526-1529) fut motivée par le refus de François Ier d'appliquer le traité de Madrid. Clément VII, Venise et plusieurs princes italiens, redoutant la puissance impériale, s'unirent au roi de France par la ligue de Cognac (mai 1526). Les armées impériales attaquèrent les États pontificaux et ce fut le fameux et lamentable sac de Rome (mai 1527). La paix de Cambrai, en 1529, mettait fin aux hostilités et consacrait l'hégémonie espagnole en Italie. Le traité reprenait les conditions de celui de Madrid (François Ier reconnaissait la souveraineté de Charles sur la Flandre et l'Artois, renonçait à ses prétentions sur Naples, Gênes et Milan), sauf, et c'était capital, pour ce qui concernait la Bourgogne qui restait à François Ier. Mais le problème du Milanais demeurait sans solution satisfaisante.

C'est lui qui fut à l'origine de la troisième guerre (1536-1538). A la mort du duc de Milan, François Sforza, en octobre 1535, François Ier réclama le duché pour son fils et envahit le Piémont. La guerre se déroula sur deux fronts, en Provence et en Picardie, où l'avance des impériaux fut contenue. Grâce à la médiation du pape, une trêve de dix ans fut signée à Nice le 18 juin 1538.

Elle serait de courte durée. En 1540, l'empereur donna l'investiture du duché de Milan à son fils Philippe, relançant de la sorte la question du Milanais. En outre, le problème complexe du duché de Gueldre était devenu un nouveau motif d'affrontement. La quatrième guerre (1542-1544), où les impériaux et les Anglais luttèrent contre les Français et le pouvoir ottoman, se termina par le traité de Crépy, conclu précipitamment par l'empereur alors qu'il était dans une position militaire très avantageuse (mais il était de plus en plus inquiet de la tournure que prenaient les événements d'Allemagne et désirait pouvoir s'y consacrer pleinement). François Ier abandonnait toute prétention sur les Pays-Bas et sur Naples, tandis que l'empereur offrait au duc d'Orléans, le plus jeune des fils du roi de France, une double possibilité de mariage, avec sa fille Marie (et les Pays-Bas leur reviendraient à sa mort) ou avec sa nièce Anne de Hongrie (dans ce cas, et c'était la solution que préférait Charles Quint, le Milanais leur reviendrait au bout d'un an). Par un second accord, secret celui-ci, François Ier s'engageait à évacuer la Savoie et à la rendre au duc, ainsi qu'à aider l'empereur dans sa lutte pour l'unité de la chrétienté et contre le pouvoir ottoman. Mais le duc d'Orléans mourut peu après. La France gardait la Savoie et le Milanais restait espagnol.

La cinquième guerre dura de 1552 à 1556. François Ier mourait en 1547. Henri II, continuant la politique de son père, conclut une alliance avec les protestants d'Allemagne (traité de Chambord, 15 janvier 1552) qui lui permettait d'occuper les évêchés de Metz, Toul et Verdun qui étaient de langue française et d'une importance stratégique considérable. Dès le mois d'avril, Henri II occupait les deux premiers et avançait en Alsace, occupant le troisième au moment de son repli. Charles Quint, avec une importante armée, assiégea Metz en octobre 1552 et subit un grave revers, le pire, sans doute, de sa carrière. La région entrait de manière durable dans la mouvance française. L'empereur régla d'abord les affaires d'Allemagne et ce n'est qu'après les abdications de Bruxelles que, le 6 février 1556, la trêve de Vaucelles était conclue avec la France. Celle-ci gardait la Savoie et le Piémont.

Le dernier affrontement (1557-1559) opposa Henri II et Philippe II. Ce ne fut que l'épilogue des guerres de l'empereur. Tout partit encore une fois d'Italie. Le pape Paul IV, poussé par sa famille, les Carafa, entendait chasser les Espagnols de Naples avec l'aide de la France (un accord secret dans ce sens avait été passé en 1555 entre le souverain pontife et Henri II). Celui-ci se décida à rompre la trêve de Vaucelles en février 1557, au moment où les troupes du duc d'Albe, qui avaient pénétré dans les États pontificaux en septembre de l'année précédente, menaçaient Rome. Le duc de Guise, à la tête des armées françaises, fut envoyé à Rome et commença sa progression dans le royaume de Naples. Philippe II, qui pouvait se prévaloir de son alliance avec l'Angleterre, prépara une invasion de la Picardie au moyen d'une imposante armée commandée par le duc Emmanuel-Philibert de Savoie. L'éclatante victoire de Saint-Quentin (10 août 1557) ouvrait à Philippe II la route de Paris. Mais ce succès ne fut pas bien exploité, en raison principalement de graves ennuis financiers. Le duc de Guise, rappelé d'Italie, réussit une attaque surprise sur Calais qui fut prise le 6 janvier 1558 et, se dirigeant vers le Luxembourg, s'empara aussi de Thionville, menaçant la route de Bruxelles. Le comte d'Egmont parvint à arrêter les Français à Gravelines au mois d'août.

Les forces étaient en équilibre, mais les deux parties se trouvaient au bord de la faillite et voyaient avec inquiétude la menace protestante s'étendre, en particulier sur la France. La paix fut signée, après de longues négociations, à Cateau-Cambrésis, le 2 avril 1559 (traité franco-anglais) et le lendemain (traité franco-espagnol). Par le premier, les Français gardaient Calais durant huit ans au terme desquels la ville devrait être rendue ou bien achetée à l'Angleterre pour 500 000 écus d'or. Par le second, la France remettait la Corse aux Génois, protégés de Philippe II, renonçait définitivement à ses visées milanaises, récupérait Saint-Quentin, gardait de fait les Trois Evêchés dont rien n'était dit dans le traité, mais rendait à Emmanuel-Philibert la Savoie et le Piémont (tout en conservant cinq places fortes au-delà des Alpes dont Turin).

Le traité de Cateau-Cambrésis mettait fin à la lutte entre les Habsbourg et les Valois qui avait marqué tout le premier demi-siècle. La France qui seule aurait pu tenir tête à Philippe II, allait se voir déchirée par une grave série de crises intérieures, politiques et religieuses. C'était l'heure de la prépondérance espagnole que l'annexion du Portugal, en 1580, porterait à son apogée. Le triomphe du monarque de Castille c'était aussi celui de la religion catholique et romaine traditionnelle. Le Concile de Trente allait pouvoir s'achever et les jésuites déploieraient partout leur zèle militant.

Les Pays-Bas et l'Angleterre

❑ ***Philippe II et les Pays-Bas.*** La révolte des Pays-Bas contre la tutelle espagnole constitua un des faits majeurs du second XVIe siècle qui aurait pour conséquence la formation en mer du Nord de deux États aux fortunes fort dissemblables. La « question flamande » fut, jusqu'en 1648, le grand cauchemar de l'Espagne des trois Philippe. Les guerres des Pays-Bas ruinèrent le Trésor, introduisirent de graves dissensions au sein de l'équipe dirigeante et se soldèrent par une cuisante défaite.

Les raisons de la crise furent économiques autant que politiques et religieuses. L'Espagne était la première puissance militaire européenne, mais n'était pas une grande puissance économique. La richesse des Pays-Bas intéressait donc Philippe II tout autant que les considérations dynastiques ou patrimoniales. Le plus grand centre financier du moment se trouvait à Anvers et son contrôle était vital pour l'Espagne car c'est la banque internationale qui finançait ses entreprises extérieures.

Vers 1560, l'on comptait quelque 300 marchands espagnols installés à Anvers. A la même époque, les exportations des Pays-Bas vers l'Espagne représentaient les deux tiers du total. En tête venait le drap (30 % des expéditions d'Anvers en direction de la péninsule ibérique), suivi du blé et d'une série de produits manufacturés de première importance (en particulier des fournitures navales). D'Espagne, les Pays-Bas recevaient de grandes quantités de sel, de vin, d'huile et de safran, ainsi que de nombreuses denrées coloniales (épices, sucre, cochenille, cuir, etc.). Mais l'exportation essentielle était la laine, les Pays-Bas absorbant à eux seuls 60 % de la production espagnole.

Le conflit fut religieux, bien entendu, mais aussi politique et fiscal. Philippe II, souverain étranger et absent, entendait imposer un style de pouvoir au caractère autoritaire marqué visant à faire participer les Pays-Bas de manière accrue aux charges de l'empire castillan. Ceci explique le succès rencontré par les « Gueux » auprès de l'ensemble de la population qui, ne l'oublions pas, était en majorité catholique. Les « Gueux » étaient les partisans du « Compromis de Gand », une ligue des mécontents prônée par la minorité calviniste à partir d'un manifeste au ton stratégiquement modéré.

Le 14 juillet 1566, les nobles approuvant le Compromis de Gand signèrent une alliance avec les calvinistes. Dès lors, ainsi que l'explique Henri Lapeyre, « les grands seigneurs, dont l'opposition s'était manifestée d'abord sur le terrain politique, se trouvaient maintenant alliés à une minorité religieuse, qui réclamait bruyamment la liberté du culte. La situation des Pays-Bas était analogue à celle de la France. On entrait dans l'ère des guerres de Religion. »

La révolte débuta en août 1566 par un mouvement de « fureur iconoclaste » visant les églises. Philippe II décida d'employer la force et envoya le duc d'Albe à Bruxelles muni de tous les pouvoirs afin que celui-ci organise la répression. Le duc arriva aux Pays-Bas le 8 août 1567 et instaura un tribunal d'exception, le Conseil des Troubles, qui fit régner la terreur, n'hésitant pas à frapper d'illustres personnages, tels Egmont et Hornes, décapités à Bruxelles le 5 juin 1568. Le duc d'Albe parvint à étouffer le soulèvement et Philippe II accorda un « Pardon » en juillet 1570.

Mais la révolte devait reprendre de plus belle deux ans plus tard et le roi, retirant sa confiance au duc, nomma don Luis de Requeséns gouverneur des Pays-Bas avec mission de changer de politique et d'entamer des négociations directes avec les insurgés. Les conditions préalables posées par Guillaume d'Orange étant inacceptables pour Madrid (en particulier la reconnaissance de la liberté de culte et de prédication), la guerre continua, entravée par de terribles problèmes de trésorerie qui conduiraient Philippe II à la suspension des paiements de 1575. En mars 1576 mourait le gouverneur Requeséns et le mois suivant, les États de Hollande et de Zélande s'érigeaient en fédération et se donnaient pour chef Guillaume d'Orange. Le 4 novembre, le nouveau gouverneur choisi par Philippe II, don Juan d'Autriche (1545-1578, vice-roi de 1576 à 1578), débarquait aux Pays-Bas, au moment même où les troupes espagnoles, privées de solde et se sentant menacées, saccageaient la ville d'Anvers, tuant quelque 7 000 personnes.

De tels faits ne firent que rapprocher les calvinistes et leurs alliés. Par la « Pacification de Gand » (8 novembre 1576), les États généraux de Flandres s'unissaient aux États fédérés de Hollande pour chasser du pays l'armée espagnole. Don Juan d'Autriche dut en accepter les termes et renvoya les soldats en Italie (édit perpétuel, 12 février 1577) et après avoir fait son entrée à Bruxelles se retira à Malines, puis à Namur où le typhus l'emporta le 1er octobre 1578. Avant cet événement, l'armée espagnole avait fait son retour aux Pays-Bas, grossie de renforts venus d'Italie sous le commandement d'Alexandre Farnèse qui succéda à don Juan à la charge de gouverneur.

C'est alors que se fit jour la grande scission qui déboucherait sur la division des dix-sept provinces en deux groupes d'où sortiraient les deux futurs États. Les catholiques du Sud, effrayés par les excès des calvinistes, formaient le 6 janvier 1579 l'union d'Arras qui parvenait à une entente avec Alexandre Farnèse le 27 mai, en vertu de laquelle, malgré de lourdes concessions politiques et militaires, les Espagnols étaient assurés de la volonté wallonne de maintenir la religion catholique et d'interdire le culte réformé. Entre-temps, les calvinistes avaient formé l'union d'Utrecht (23 janvier 1579) avec les sept provinces du Nord qui finiraient par devenir un État indépendant en 1648.

Entre 1579 et 1587, Alexandre Farnèse entreprit une série de campagnes de reconquête dont le point culminant fut la prise d'Anvers le 17 août 1585. L'année précédente, Guillaume d'Orange, dont la tête avait été mise à prix par Philippe II, fut assassiné à Delft (10 juillet). Les provinces du Nord, se sentant en danger, se tournèrent vers l'Angleterre. Celle-ci envoya le comte de Leicester avec une armée. Après le départ de ce dernier en 1588, c'est le fils de Guillaume d'Orange, Maurice de Nassau, qui mena les campagnes contre Farnèse. Ces campagnes ne tournèrent pas à l'avantage des Espagnols, car le roi catholique était intervenu dans les affaires françaises contre le prétendant Henri de Bourbon et dut à plusieurs reprises employer les troupes des Pays-Bas sur cet autre front (1590, 1592, 1594 et 1596). Finalement, Maurice de Nassau parvint à se rendre maître des provinces du Nord-Est.

Philippe II, conscient qu'il devait faire la paix avec la France s'il voulait garder les provinces du Sud, signa le traité de Vervins le 2 mai 1598. Le 16, il annonçait une solution pour les Pays-Bas propre à satisfaire les aspirations autonomistes : leur cession à sa fille Isabelle-Claire-Eugénie et à l'archiduc Albert qui devait devenir son époux. Mais si le couple demeurait sans descendance, les Pays-Bas retourneraient à l'Espagne. C'est ce qui se produisit, comme nous le verrons dans un autre chapitre. En réalité, la séparation des sept provinces du Nord (les Provinces-Unies, dont l'indépendance avait déjà été reconnue par la France et l'Angleterre en 1596) était consommée : elles refusèrent l'abdication de Philippe II et omirent de se rendre à la convocation des États généraux réunis par le nouveau régime à Bruxelles en juillet 1598.

❑ ***Le désastre de « l'Invincible Armada ».*** Les relations anglo-espagnoles se détériorèrent progressivement entre 1558 et 1585. Le règne d'Élisabeth (1558-1603) se caractérisa par une réaction protestante qui conduisit Philippe II à apporter son aide au parti catholique anglais. Inversement, l'Angleterre aidait les protestants en lutte contre le roi d'Espagne. Les événements des Pays-Bas et les guerres de Religion en France se traduisirent par une forte recrudescence de la piraterie dans la Manche et dans le golfe de Gascogne qui mettait en péril les échanges entre l'Espagne et ses possessions en mer du Nord. Mais l'enjeu essentiel était atlantique : les marins de la reine Élisabeth mettaient en danger le monopole commercial de Séville dans le nouveau monde.

Sorti renforcé de l'épreuve de la succession du Portugal, Philippe II opta pour la rupture et, en mai 1585, décida l'embargo sur les navires anglais et néerlandais mouillant dans les ports de la péninsule ibérique. En riposte, Drake attaqua les îles du Cap-Vert, Saint-Domingue et Carthagène des Indes. En avril 1586, Philippe II se rallia à l'idée d'envahir l'Angleterre afin de déposer la reine Élisabeth et de proclamer à sa place Marie Stuart (son exécution en 1587 ne changea pas les plans espagnols : désormais ce serait l'infante Isabelle-Claire-Eugénie qui monterait sur le trône). L'expédition de l'Invincible, soigneusement préparée, eut lieu en juillet-août 1588. Elle se solda par un échec retentissant retenu par les annales comme le premier signe non équivoque du déclin de l'Espagne.

« L'ESPAGNE DES REFUS »

« L'Espagne des refus » (l'expression est de Pierre Chaunu) est celle du catholicisme d'État et de la lutte pour l'unité de la foi symbolisée par le Saint-Office. C'est l'équivalent intérieur de la grande croisade contre l'hérétique et contre l'infidèle entreprise par Charles Quint et poursuivie par son fils Philippe II dont nous venons de dessiner les grands traits. Nous allons successivement nous pencher sur l'activité inquisitoriale et sur le destin de la communauté morisque, dernier vestige de l'Islam d'Espagne.

Sous la bannière du Saint-Office

L'Inquisition réussit pleinement la mission primitive qui lui avait été confiée par les Rois Catholiques. Entre les années 1480 et les années 1530, l'extrême rigueur de la répression menée à l'encontre des judaïsants désigna une fois de plus à la vindicte populaire le « juif » comme bouc émissaire et donna au Saint-Office l'image terrifiante qu'il devait conserver à jamais. Après une période de crise, financière autant qu'institutionnelle, les progrès de la Réforme en Europe allaient en faire une fois de plus l'instrument privilégié du maintien de l'unité religieuse. C'est sous Philippe II que l'Inquisition fut dotée d'une organisation définitive (*Ordenanzas* du Grand Inquisiteur Fernando de Valdés, 1561) et devint le symbole de la fermeture du pays.

❑ ***Une institution omniprésente.*** Au XVIe et au XVIIe siècles, l'activité du Saint-Office fut multiple et extrêmement étendue. Il faut savoir en effet que l'Inquisition n'instruisait pas uniquement des causes de foi, et que par mille autres biais elle influait sur de nombreux aspects de la vie espagnole. Ainsi, elle jugeait les affaires criminelles où se trouvaient impliqués ses agents, en particulier les très belliqueux « familiers du Saint-Office », fort nombreux jusqu'aux années 1620. Le tribunal menait également les enquêtes de pureté de sang relatives à son personnel, mais aussi à tout autre demandeur prêt à louer ses services, au point que cette activité devint au XVIIe siècle une de ses sources de revenus essentielles. De même, l'Inquisition contrôlait la diffusion de l'écrit. Elle délivrait en effet des licences d'impression dès avant 1520. Son premier *Index** des livres interdits date seulement de 1551.

Cette activité de surveillance et de censure revêt une importance considérable. Malheureusement, elle n'a été que fort peu étudiée à ce jour. Il est intéressant de constater, en parcourant les *Index* du Saint-Office, qu'au moment de la plus importante et brillante production littéraire, peu d'ouvrages récents y furent inscrits (et encore était-ce le plus souvent pour des détails, comme cela se produisit pour Cervantes), alors que le XVIe siècle fut particulièrement châtié. Cela ne signifie nullement que le Saint-Office avait libéralisé ses critères d'expurgation ou d'interdiction. Au contraire, entre la liste de Valdés de 1559 et celles de Quiroga de 1583-1584, plus de six cents auteurs nouveaux vinrent grossir les rangs des anathématisés, le nombre d'ouvrages interdits dépassant les mille quatre cents. Ce qui s'était passé, c'est que les auteurs avaient fini par s'adapter au moule imposé par les censeurs. De quelle manière, à partir de quels thèmes, selon quelles concessions ou quels procédés de détournement, cela nous ne le savons pas encore de façon assez claire.

En outre, l'Inquisition s'occupait directement de tous les litiges fiscaux, successoraux et plus généralement économiques résultant de son complexe système de financement (confiscations, amendes, rémissions de peines, cens, canonicats, etc.). Elle était sans cesse mêlée à d'innombrables procès pour abus de juridiction, usurpation de privilèges, manquement au protocole, procès qui assombrirent souvent ses rapports avec les différents pouvoirs locaux.

❑ ***Les poursuites contre les nouveaux-chrétiens.*** Entre 1480 et les années 1530, ainsi que nous l'avons signalé, le Saint-Office poursuivit presque exclusivement les judéo-convers demeurés fidèles aux croyances de leurs ancêtres. A partir des années 1540, il se tourna massivement vers les vieux-chrétiens. Il faudra attendre les années 1640 pour voir revenir, dans les tribunaux de la couronne de Castille uniquement, la répression du judaïsme. Mais celle-ci revêtit alors des caractéristiques fort différentes, car elle concerna d'autres populations, les marranes* portugais, financiers solvables et avisés, grands commerçants maritimes et trans-européens dont l'histoire dépasse largement le cadre territorial de la couronne de Castille.

De très récentes recherches ont prouvé l'existence, durant la seconde moitié du XVIe siècle, d'actions ponctuelles menées contre les groupes de judaïsants castillans très homogènes, tant socialement que du point de vue familial. Tel fut le cas en Extrémadure, dans la Manche orientale, à Murcie et à Grenade. Ces répressions, à l'extrême violence (des dizaines de brûlés au cours de chaque opération), ne revêtirent pas l'importance numérique de celles du temps des Rois Catholiques, mais eurent d'immenses répercussions sur la société des élites locales.

La seule persécution d'envergure touchant de nouveaux-chrétiens du temps de Philippe II et de Philippe III fut celle des morisques. Les tribunaux implantés dans des zones à forte population nouvellement convertie furent ceux qui, logiquement, s'employèrent le plus à la répression de l'islam, ainsi que cela apparaît dans le tableau ci-dessous :

Tribunaux	Répression des morisques*
Valence (1566-1610)	72
Grenade (1550-1589)	58,9
Saragosse (1566-1610)	57
	Moyenne : 62,6
Murcie (1560-1615)	28
Cordoue (1558-1599)	21
Cuenca (1566-1610)	16
Tolède (1566-1610)	14,5
	Moyenne : 19,8

* En % de l'activité totale de chaque tribunal durant la période considérée.

Comme cela avait été le cas au moment des grandes persécutions menées contre les judaïsants, la répression du mahométisme représenta une source de revenus considérables pour l'institution et se solda par d'importants transferts de richesses. L'Inquisition de Valence, que nous connaissons bien, tira en moyenne 100 ducats de chaque morisque passé devant ses juges. Autant dire que pour 70 % des prévenus nouveaux-chrétiens, le tribunal était synonyme de ruine totale. A Valence, mais aussi à Saragosse, l'Inquisition préféra remplacer le processus de la confiscation des biens affectant les réconciliés* par une amende de dix ducats et le paiement annuel d'un tribut de 2 500 livres valenciennes (quelque 2 300 ducats) payé par l'ensemble de la population morisque, ce qui revenait à l'instauration d'un véritable impôt inquisitorial (*Concordia* de 1571). Nous voyons ci-dessous que cet expédient fut parmi les plus lucratifs, avec la tarification des remises de peines (surtout celle de galères).

L'Inquisiton de Valence et l'argent des morisques
(1566-1609)

Concordia de 1571	90 250 ducats
Contraventions imposées aux réconciliés	14 000 ducats
Peines pécuniaires	21 369 ducats
Remises de peines	100 000 ducats
Total	225 619 ducats
Moyenne annuelle	5 127 ducats

Cela représente 63 %, toujours en moyenne annuelle, des revenus du tribunal. La part des autres recettes (canonicats, revenus des rentes fixes, etc.) s'établit à 29 %, ce qui revient à dire que la répression des vieux-chrétiens ne comptait dans les revenus que pour quantité négligeable (8 %) alors qu'elle s'avéra fort coûteuse en raison du nombre et de l'insolvabilité de la plupart des prévenus.

❑ *Les vieux-chrétiens.* En chiffres globaux, les judaïsants et les morisques représentent moins de 50 % de l'activité répressive de l'Inquisition. Ce fait revêt, à nos yeux, une importance capitale et donne tout son sens au phénomène inquisitorial dans l'Espagne moderne.

L'étude de l'activité des tribunaux inquisitoriaux péninsulaires fait apparaître, durant la seconde moitié du XVIe siècle, une brusque recrudescence des causes dites mineures, visant les vieux-chrétiens. De quoi s'agit-il ? Il faut citer d'abord, car il est de loin le plus fréquent, le délit de « paroles », ou « propos hérétiques », « scandaleux », « malsonnants », selon la terminologie des offices. De cet ensemble, il convient de dégager la « simple fornication », à savoir le fait d'affirmer que l'acte sexuel avec une femme consentante et non mariée ne constituait pas un péché mortel, surtout si elle était rétribuée. Tel était le cas des prostituées, d'autant plus épineux qu'elles étaient tolérées. L'Inquisition châtia massivement cette erreur, avant même que cela ne fût mis à l'ordre du jour par les décrets d'application du Concile de Trente.

Outre les « paroles », les vieux-chrétiens comparurent devant le Saint-Office pour bigamie, superstition (y compris la sorcellerie, fort peu présente), sollicitation durant l'acte de confession, mariage des clercs, usurpation de fonctions sacerdotales et, pour les tribunaux de la couronne d'Aragon uniquement, les « péchés abominables contre nature », entendez la sodomie et la bestialité ou zoophilie.

Si l'on considère les délits des vieux-chrétiens dans leur ensemble, on constatera aisément qu'il s'agit, en somme, de délits para-hérétiques, mais s'inscrivant dans le cadre de la défense d'un programme idéologique et moral précis. Tout dans ce phénomène, sa généralité, les injonctions du Conseil de la Suprême Inquisition le suscitant et le soutenant, démontre qu'il correspond à une politique concertée au plus haut niveau dont le caractère contre-réformateur ne fait pas de doute. L'action du Saint-Office, pour être plurielle et locale, n'en fut pas moins pensée de façon unitaire et organisée selon des axes prioritaires définis. Parmi ces impératifs, l'éducation et la surveillance des populations vieilles-chrétiennes allaient prendre, dès la fin des années 1530, une place prépondérante. Il est difficile de ne pas voir de lien entre ce resserrement intérieur et les difficultés rencontrées par Charles Quint en Allemagne face aux réformés.

Dans un tel combat, le Saint-Office ne fit pas cavalier seul, ou s'il le fit, ce fut dans le sens d'une plus grande rigueur et d'une méfiance accrue envers les débordements de la piété populaire. Il suivit en effet d'aussi près les mouvements d'opinion émanant de la communauté des savants et des artistes, que les engouements de la religiosité des humbles et s'il fut très intransigeant à l'endroit de l'orthodoxie des premiers, il se montra, en revanche, très peu enclin à partager la soif de merveilleux des seconds.

Ainsi, à Valence, en 1612-1613, après que Mosén Simó eut trépassé en odeur de sainteté, il se développa dans les églises de la ville un culte enthousiaste et spontané que de nombreux miracles vinrent bientôt consolider. Le Saint-Office fit aussitôt retirer toutes les images du vénéré et en interdit le culte, en attendant que l'Église ne se prononçât. La réponse populaire fut fulgurante : révolte, mouvements de rue, saccage du couvent des frères prêcheurs, tentative d'investissement des locaux inquisitoriaux. De même, la décision du tribunal de Valladolid, en 1635, de faire enfermer la fameuse sœur Luisa de Carrión afin qu'on pût examiner son orthodoxie en toute quiétude, loin des pressions exercées par la foule de ses suiveurs, provoqua une révolte populaire qu'une théorie de miracles s'égrenant le long du parcours emprunté par la prisonnière durant son transfert ne fit que développer encore. L'attitude des inquisiteurs face aux sorcières, enfin, d'un froid rationalisme dépassionné, contraste fortement avec les frénésies européennes contemporaines. Si l'on exclut l'autodafé de Logroño de 1610, le nombre de sorcières poursuivies par le Saint-Office fut réellement insignifiant et encore dans l'affaire des sabbats de Zugarramundi le Conseil crut-il bon de dépêcher au Pays Basque un inspecteur avec ordre de calmer le zèle crédule des inquisiteurs locaux.

Il demeure hors de doute aujourd'hui que le Saint-Office n'eut qu'une part toute relative dans la création, la diffusion et le maintien des thèmes idéologiques de l'exclusion qui marquèrent la civilisation de l'Espagne classique. Comme l'a clairement énoncé Jean-Pierre Dedieu, l'Inquisition, en mêlant avec habileté le nationalisme et la religion, devint rapidement la référence suprême, le suprême garant de l'orthodoxie espagnole et servit, pour ainsi dire, de caisse de résonance à des phénomènes et à des idées qu'elle n'avait pas créés. Certes, mais il reste la manière : selon le même modèle d'extirpation du Mal par le sang qui avait été appliqué aux judaïsants, le Saint-Office tâcha d'instaurer, aussi loin que son long bras pouvait atteindre, le règne de l'uniformité dans la terreur.

Les morisques

❑ ***Une société traditionnelle qui résiste.*** Les morisques étaient nombreux et organisés dans trois régions : dans l'ancien royaume de Grenade, où ils représentaient sans doute quelque 55 % de la population avant leur déportation en 1570, dans le royaume de Valence (30 %) et en Aragon (21 %).

Évolution de la population morisque durant la seconde moitié du XVIe siècle

Région	1568-1575	1609
Valence	85 000	135 000
Aragon	48 713	61 000
Catalogne	7 000	8 000
Castille	30 000	115 000
Grenade	150 000	—
Total	319 000	321 000

Ces chiffres tendraient à montrer que la population morisque était loin de présenter le dynamisme outrancier que lui prêtaient ses adversaires, puisqu'elle n'augmenta pas entre les années 1560 et 1609. Malheureusement, nous ne pouvons pas prendre en compte l'émigration vers les pays d'Islam, très importante durant la première moitié du XVIe siècle, un peu ralentie par la suite. Néanmoins, il semble hors de doute qu'au moment de l'expulsion les communautés nouvelles-chrétiennes étaient démographiquement déprimées. Mais pas économiquement, du moins dans le royaume de Valence. Des études faites à partir des inventaires de biens fournis par les commissaires royaux au moment de l'expulsion montrent que dans le Levant, la condition sociale des morisques était en train d'évoluer de façon considérable. Il apparaît qu'un bon tiers des néophytes étaient devenus de grands propriétaires fonciers et prêtaient beaucoup d'argent aux vieux-chrétiens, particulièrement à la haute noblesse qui se trouvait dans une situation économique désespérée.

Les archives inquisitoriales confirment l'existence d'une minorité morisque riche et active, aux connexions intéressantes, non seulement avec les notables des autres régions péninsulaires, mais aussi avec des correspondants (souvent des parents) installés en Orient ou dans les villes du Maghreb. Les papiers du Saint-Office permettent de saisir une autre dimension de cette richesse : elle était le fondement essentiel de la solidarité religieuse des morisques. Le maintien de la culture musulmane traditionnelle revenait fort cher et dépendait pour une bonne part de l'effort consenti par les plus argentés. Pour le reste, la survie de cette culture dépendait des *aljamas*.

Les *aljamas*, c'était les municipalités morisques qui avaient conservé leur organisation traditionnelle (conseil des anciens, nomination des *cadís*, ou officiers de justice, des *alfaquís*, chefs religieux préposés également aux écritures publiques selon le droit islamique ainsi qu'à l'instruction des jeunes gens, nomination des bouchers, des sages-femmes, etc.). Que cette organisation devînt de plus en plus clandestine nous intéresse pour l'heure moins que de constater qu'elle se maintint et que ce fut en son sein que survécurent les deux pôles de la solidarité morisque : le pôle national, fondé sur l'idée, à la fois religieuse et politique, d'appartenance à la communauté des croyants, et le pôle familial, fondé sur la solidarité des lignages.

❑ ***Les conversions.*** Nous avons vu dans quelles conditions eut lieu la conversion des Mudéjares de la couronne de Castille. A Valence, où le climat entre les deux communautés s'était beaucoup détérioré depuis le début du XVIe siècle, c'est la révolte des *Germanías* qui fut à l'origine du décret de conversion. Durant les années 1521 et 1522, les insurgés, ou *agermanats*, s'opposent à la noblesse territoriale dans une révolte à la fois antifiscale et antiseigneuriale. L'insurrection eut également un caractère religieux : dans leur lutte contre la noblesse, ils s'en prirent aux Mudéjares qui étaient dans leur immense majorité vassaux des seigneurs dont ils cultivaient les terres. Ces derniers les utilisèrent en outre dans des opérations guerrières dirigées contre les insurgés. Les *agermanats*, mus également par un violent esprit de croisade, baptisèrent alors par milliers les infidèles de manière expéditive. De savants consulteurs à la solde de l'empereur décrétèrent la validité de ces baptêmes et en 1525 tous les musulmans de la couronne d'Aragon furent contraints de se convertir. Il y eut des révoltes, de brefs « maquis » dans les sierras de Bernia et d'Espadán, réduits par la violence. Un accord fut passé en 1526 entre l'État et les municipalités morisques en vertu duquel ces dernières, en échange du versement d'un subside de 40 000 ducats, obtinrent quelques assouplissements, le plus important étant l'éloignement du Saint-Office durant quarante ans, période jugée nécessaire pour la bonne instruction des néophytes dans les préceptes de la vraie religion.

Les conversions furent partout suivies de la mise en place d'un réseau de paroisses et de campagnes d'évangélisation. Tout cela échoua, en raison de l'indigence des moyens mis en œuvre, mais plus encore à cause de ce qu'il faut bien appeler le double langage des pouvoirs : d'un côté l'offre d'une intégration religieuse charitable et pacifique, de l'autre, une série de mesures à la fois économiques, sociales, politiques et culturelles visant à en faire, selon les termes de Fernand Braudel, des « citoyens de deuxième classe ».

❑ ***Le soulèvement des Alpujarras.*** Les décrets se succédaient en effet depuis les années 1510, à l'efficacité toute relative. Mais dans les années 1560, un pas fut franchi avec le désarmement des morisques valenciens (1563) et la publication d'un train de mesures très coercitives, à Grenade, le 1er janvier 1566. Tous les médiateurs échouèrent devant l'intransigeance des pouvoirs, y compris le vénérable Francisco Núñez Muley qui présenta un admirable plaidoyer en faveur du maintien de la culture morisque. Les Grenadins choisirent l'insurrection. Le soulèvement, commencé la nuit de Noël 1568, est passé à l'histoire sous le nom de guerre des Alpujarras et fut réduit militairement par don Juan d'Autriche. Les révoltés payèrent fort cher leur tentative de sécession : quelque 100 000 personnes furent déportées dans des conditions très inhumaines — 30 % de mortalité — en trois vagues, la plus importante ayant eu lieu durant l'hiver 1570-1571.

Le soulèvement de 1568 allait en quelque sorte consommer le divorce entre les pouvoirs chrétiens et les communautés morisques. Les Grenadins dispersés, toute l'attention des pouvoirs allait se porter sur la façade méditerranéenne de la couronne d'Aragon où les morisques, protégés par les seigneurs, se trouvaient placés au centre d'un réseau de tensions extrêmement sensible et complexe : esprit d'indépendance de la noblesse et de l'Église locales, pression ottomane et barbaresque appuyée par la montée du banditisme, connexions avec les protestants béarnais. Des rumeurs périodiques de soulèvement armé des nouveaux-chrétiens tenaient les populations sur le qui-vive et une véritable « psychose » antimorisque sévit dans le Levant. Dès lors, les vice-rois et le Saint-Office, instances directement dépendantes de l'Escorial, se lancèrent de concert dans une série de campagnes de surveillance et de répression extrêmes dont l'effet, malgré des résultats tangibles (réduction sensible du banditisme, contrôle des côtes et donc reflux de l'émigration clandestine et de la course barbaresque), fut exactement contraire à celui escompté : les communautés morisques tournèrent le dos à la société chrétienne et, pour certaines d'entre elles, rejoignirent ouvertement le camp du pouvoir ottoman. L'action de l'Inquisition s'avéra particulièrement décisive dans une telle évolution, tant la terreur et la haine que l'omniprésente institution déclenchait parmi les *aljamas* était grande.

❑ ***L'expulsion.*** La partie était jouée. Dès les années 1580, des assemblées consultatives réunies aussi bien à Lisbonne qu'à Madrid ou à Valence à la demande du propre souverain, étaient invitées à se pencher sur les moyens de parvenir dans les meilleurs délais à une solution finale. Voici en quels termes le Roi Prudent prie le cardinal de Tolède, Gaspar de Quiroga, Grand Inquisiteur, de se charger de cette délicate affaire, par lettre datée de Lisbonne, le 12 février 1582 : « Quand bien même on n'aurait pas mille preuves des contacts et des mauvais desseins des morisques, il suffirait de celles qu'on possède de leur mauvaise vie pour ne pouvoir être sûr d'eux. Voici bien longtemps que je suis en grand souci de cette affaire et j'en suis venu à penser qu'il conviendrait d'y remédier une fois pour toutes (*remediar de una vez*) afin de débarrasser de ce problème ces royaumes, ainsi que ceux de la couronne d'Aragon, tant il est clair, si on garde les morisques, que pas davantage la voie de la douceur que celle du châtiment ne sont d'aucun profit à leur égard. Il conviendra par conséquent, comme d'un cas de force majeure, de débattre expressément et en profondeur du remède général à apporter en la matière. »

Les morisques furent expulsés des territoires administrés par la couronne d'Espagne entre 1609 et 1614. De quelque point de vue qu'on la regardât, mais surtout du point de vue économique et démographique (nous y reviendrons), pour ne pas parler du droit des gens, la décision d'évincer plus de 300 000 personnes ne pouvait pas manquer de soulever mainte interrogation, et ceci dès le moment même des faits, comme en témoigne la très abondante littérature d'époque visant à créer un courant d'opinion favorable aux décisions royales. Cette campagne de justification rend d'autant plus crédible ce que de récentes études sont en train de faire apparaître : la réalité d'une intégration économique réussie des morisques dans la plupart des régions qui rendait leur expulsion d'autant plus incongrue.

DOCUMENTS

■ Le vieil empereur et les protestants

La lettre que voici fut adressée par Charles V à sa fille Jeanne (régente d'Espagne en l'absence de Philippe II), le 25 mai 1558, de sa retraite de Yuste. Outre la poignante désillusion du César déchu, ce texte rend manifeste le poids de la lutte contre la Réforme dans le tournant répressif de la fin des années 1550.

Je suis très satisfait de ce que vous ayez informé le roi du sort de ceux qui sont emprisonnés comme luthériens, et dont le nombre va chaque jour croissant. Mais, croyez-moi, ma fille, cette affaire m'a causé et me cause encore plus d'angoisse et de douleur que je ne le puis exprimer, car tandis que le roi et moi étions à l'étranger, ces royaumes demeuraient dans une paix totale, à l'abri de cette calamité ; mais maintenant que je suis revenu ici me reposer, restaurer ma santé et servir Notre-Seigneur, ce grand outrage et cette perfidie, où trempent tant de personnes notoires, se produisent en ma présence et en la vôtre. Vous savez qu'en de telles conjonctures, j'ai connu beaucoup de souffrances, traversé de dures épreuves, et fait de grandes dépenses en Allemagne, où j'ai perdu en partie ma santé [...]. Puisque cette affaire est plus importante qu'aucune autre pour le service de Notre-Seigneur, et le bien et la conservation de ces royaumes, et puisqu'elle n'en est qu'à son commencement, disposant de forces si réduites qu'elles peuvent facilement être anéanties, il est nécessaire que vous consacriez tous vos efforts et toute votre autorité à trouver un prompt remède et un châtiment exemplaire. J'ignore s'il suffira en l'occurrence de suivre la pratique courante, en vertu de laquelle, selon le droit commun, tous ceux qui demandent miséricorde, et dont on a reçu les aveux, sont pardonnés, avec une peine légère s'il s'agit d'une première faute. Mais dès qu'ils sont libres, ces individus ont tout loisir de commettre la même faute, surtout dans le cas des gens instruits.

On peut imaginer les désastreuses conséquences qui en découleraient, car il est clair que ces gens ne peuvent agir sans organisation armée et sans chefs, et il convient d'examiner si on les peut poursuivre comme fomenteurs de sédition, de soulèvements, d'émeutes et de troubles dans l'État ; ils seraient alors coupables de rébellion et ne pourraient s'attendre à aucune clémence. A ce propos je ne puis omettre de mentionner une coutume qui existait et existe encore en Flandre ainsi qu'en Hongrie. Je voulus y instaurer une inquisition [...], tout le monde s'y opposa sous prétexte qu'il n'y avait pas de juifs parmi ces hérétiques. Finalement, je publiai un décret aux termes duquel tous ceux qui appartenaient à certaines catégories désignées, quels que fussent leur état et leur condition, seraient *ipso facto* brûlés vifs et verraient leurs biens confisqués. La nécessité seule m'obligea à prendre ces mesures. J'ignore ce que le roi, mon fils, a fait depuis, mais je pense que la même raison l'aura incité à poursuivre mon œuvre, parce que je lui ai conseillé et l'ai supplié de traiter ces gens avec une extrême sévérité. Croyez-moi, ma fille, si un tel fléau n'est pas anéanti, et si l'on n'y porte pas remède, dès son apparition, sans distinction de personnes, je ne garantis pas que le roi, ni quiconque, puisse jamais être en position de le faire par la suite.

Cité par Kamen (H.), *Histoire de l'Inquisition espagnole*,
Paris, Albin Michel, 1966, p. 90.

■ Relation d'Alger (1575)

Il s'agit du rapport fait par un jésuite anonyme au vice-roi de Valence, lequel le transmit au Saint-Office. Après l'échec des morisques de Grenade dans les Alpujarras, les rumeurs selon lesquelles ceux de la couronne d'Aragon allaient à leur tour se soulever avec l'aide du pouvoir ottoman et des Béarnais, devinrent très fréquentes et allèrent jusqu'à provoquer, comme cela fut le cas durant les années 1582-1583, de véritables paniques dans la zone du Levant.

Voici ce que j'ai vu et entendu dans la ville d'Alger durant les onze mois où j'y suis resté occupé au rachat des captifs :

J'ai su qu'il y avait une entente entre les Maures de Gandía et ceux d'Alger aux termes de laquelle on introduit [dans la région valencienne] quantité d'armes, non seulement celles apportées par Ali Caxet, celui qui est prisonnier du Saint-Office, mais aussi d'autres envoyées par un Maure appelé Elgaçí qui achetait toutes les arbalètes que ramenaient les corsaires en Alger. J'ai appris aussi qu'ils ont une pièce d'artillerie et malgré tous mes efforts pour m'informer du lieu où ils l'ont j'ai juste pu savoir qu'ils l'avaient enterrée sur la côte près de Gandía [...].

Je suis persuadé, selon ce que j'ai vu là-bas, que certains habitants de Valence, des marchands non espagnols (Andrea Corço, Marco Antonio Patrón, Julio de Barcelona, Baptista Genovés, qui vit au Grao) leur servent d'espions et de courriers car ils y trouvent leur compte. Ils introduisent en Alger des produits de contrebande et le roi d'Alger leur fait parvenir ses dépêches comme s'il s'agissait de ses représentants [...].

Ces marchands chargent à Valence, à Jávea et à Majorque du vin, de l'huile et surtout beaucoup de réaux et d'écus. Je ne dis rien des Français, car la chose et déjà fort notoire et alors que je me trouvais là-bas il vint quelques navires français où il y avait, outre les produits que j'ai cités, de la poudre, du salpêtre, des balles, des câbles, du chanvre et du plomb de Marseille et de Nice. Les marchands de Valence et du Grao font de même, sauf pour ce qui est des armes [...].

Les Maures de Valence et d'Aragon ont tiré la leçon de la mauvaise fortune des Andalous et préparent leur coup avec plus de sécurité. Ainsi, alors qu'ils essaient de se munir de toutes les armes possibles, ils pressent le roi d'Alger pour que d'en haut leur soit accordée une aide importante. Alger demande au Grand Turc sa flotte et à cette fin, pendant que j'étais là-bas, un grand cadeau lui fut adressé, ainsi qu'aux pachas, avec une ambassade (C'est Mami Çaïs, renégat corse, qui porta le présent et l'ambassade) qui proposait :

— Premièrement, que le roi d'Alger avec ses hommes osera assiéger et prendre Mers El-Kébir et Oran pourvu qu'en mer on lui assure les arrières, chose moins risquée qu'il n'y paraît quand on songe que la dernière fois Azan Pacha l'avait sérieusement menacée et que cette fois il se fera aider par le roi de Tripoli et par celui de Tunis.

— Pour ce faire on dit qu'une fois la flotte sera descendue, ils pourront en retenir une partie pour assurer la garde par mer tandis que l'autre se dirigera sur Melilla et le Peñon. Certains trouveront cela excessif car le Peñon est très bien défendu, mais les hommes qui y sont, s'ils ne sont pas secourus, s'épuiseront peu à peu. Or pour éviter qu'on ne les secoure ils ont prévu que, dès l'arrivée de la flotte turque sur les côtes d'Espagne, les Maures de Valence et d'Aragon se soulèvent et donnent un tel souci au roi notre seigneur qu'il ne puisse bouger pour aller secourir Melilla et le Peñon :

— Il en résultera, d'après leurs dires, la disparition de toute force chrétienne en Berbérie qui passera toute sous domination turque. Ils prétendent en effet s'emparer dans le même temps du royaume de Fez et de Maroc (ce qu'ils ont du reste commencé à faire) et y placer Mulay Melus au nom du Grand Turc, en en dépouillant l'actuel souverain [...].

— D'autre part, les côtes d'Espagne sont mal défendues et regorgent d'ennemis plus qu'on ne pense. Si donc le roi se voyait confronté à un désordre du genre de celui qu'ils préparent, il serait en plus grande difficulté qu'il ne l'imagine.

— Attendre davantage que ces gens se corrigent serait tenter Dieu alors qu'on voit depuis si longtemps qu'ils passent leur temps à ourdir des trahisons, d'autant plus aisément qu'on leur permet d'habiter sur la côte où accostent sans cesse des frégates d'Alger.

Archivo Histórico Nacional (Madrid),
Inquisición, lib° 914, fol. 128 r° -129r°, trad. par nous.

3

Population et économie au XVIe siècle

Le XVIe siècle, époque d'expansion, apparaît d'autant plus brillant que celui qui lui succéda prit de sombres couleurs. Plus que sur l'argent des Indes, l'hégémonie espagnole reposa sur la croissance démographique et sur le dynamisme de l'économie péninsulaires. L'on distingue communément trois grandes périodes : l'époque comprise entre les années 1520 et le début des années 1560 fut une époque de prospérité ; des années 1560 à la fin du siècle, une série de crises périodiques montrent clairement un épuisement du pays ; sous le règne de Philippe III (1598-1621) enfin, l'on assiste au renversement de la conjoncture qui sera analysée plus loin dans un chapitre particulier.

LES FACTEURS DÉMOGRAPHIQUES

L'Espagne des Habsbourg connut son Age d'Or démographique durant les années centrales du XVIe siècle, entre 1535 et 1570. La moitié nord de la couronne de Castille, avec des densités qui atteignent parfois 40 habitants au km², a fait son plein d'hommes et elle en exporte aux quatre coins du monde. La couronne d'Aragon, moins dynamique, profite de l'importante immigration française.

Le nombre des hommes

❑ ***La croissance démographique.*** Entre les années 1530, et les années 1590, la couronne de Castille vit le nombre de ses « feux » fiscaux (clergé et noblesse exclus) augmenter de 43,5 %.

Régions	Recensement de 1528-1536	Recensement de 1591	Accroissement en %
Galice	60 552	116 131	97,78
Asturies et Trasmiera	6 937	13 103	88,88
Meseta du Nord	307 862	364 241	18,31
Meseta du Sud	213 827	357 278	67,08
Murcie et Andalousie	195 446	275 778	41,10
Total	784 624	1 126 531	43,57

Le début de la croissance reste difficile à fixer. Elle dut se produire après la grave crise de mortalité de 1506-1507 et demeurer très forte jusqu'aux années 1560. Pour certaines régions, le *maximum* fut atteint dès 1570, ailleurs la croissance se prolongea jusqu'à la fin du siècle. D'une manière générale, le dynamisme démographique se brisa vers les années 1580. Nous ne disposons pas, pour le reste des territoires péninsulaires de la monarchie espagnole, de données comparables à celles conservées pour la Castille. Néanmoins, on peut estimer que la population totale passa, entre 1530 et 1590, de 255 000 à 320 000 habitants en Aragon, de 251 000 à 364 000 en Catalogne et de 273 000 à 360 000 dans le royaume de Valence. Quant à la Navarre, elle devait compter à la fin du siècle quelque 160 000 âmes et le Pays Basque, 200 000.

La population de la péninsule à la fin du XVIe siècle (sans le Portugal) serait donc comprise entre 6,8 millions et 7,5 millions d'habitants.

❑ ***Les contrastes.*** La densité moyenne de population de la couronne de Castille s'établit, vers 1590, à quelque 15 habitants au km^2. Ce chiffre cache de très importantes variations régionales. Il y avait une Espagne dense au nord du Tage, à la densité supérieure à 20 habitants au km^2. Les territoires les plus peuplés (Galice, régions cantabriques et nord de la Vieille-Castille) correspondaient à des zones de peuplement rural sans grandes villes. A l'inverse, plus on allait vers le Sud, plus l'habitat se regroupait et plus le phénomène urbain prenait d'importance. Il en va, du reste, toujours de même de nos jours.

Face à cette Espagne fortement peuplée, la région de Murcie (6 habitants au km^2), de vastes zones du sud de la Nouvelle-Castille (Albacete, avec 4 habitants au km^2, Ciudad Real, avec 5), d'Extrémadure ou d'Andalousie étaient vides d'hommes. Le royaume de Grenade, où les départs de morisques, puis leur déportation, avaient laissé un grand vide, était tombé à 9 habitants au km^2. Les régions de Jaén, de Cordoue et de Séville (entre 15 et 20 habitants au km^2) enregistrèrent une croissance réelle, mais moins accusée que dans le Nord. Un des phénomènes les plus remarquables est le dynamisme particulier, durant tout le XVIe siècle, des provinces de Tolède, de Guadalajara et de Cuenca traduisant un réajustement de l'équilibre démographique en direction du centre des *Mesetas**.

Les territoires non castillans connaissent les mêmes contrastes. Au nord, les Provinces basques, avec 29 habitants au km^2, affichent une des densités les plus fortes de la péninsule, tandis que le royaume d'Aragon, avec moins de 8, fait partie des terres désertes et la Catalogne, avec 11, appartient à ces périphéries faiblement peuplées qui connaîtront une formidable expansion un siècle plus tard. Quant au royaume de Valence, avec 20 habitants au km^2 en moyenne, mais aux riches plaines côtières où l'on atteint les 40, il sera affecté par l'expulsion générale des morisques, ainsi que nous le verrons plus loin.

Les mouvements migratoires

❑ ***Les mouvements internes.*** Le premier qui revêtit une grande importance fut celui des Galiciens et des Castillans vers le sud de la péninsule, en raison du monopole andalou sur le trafic américain. Les deux principaux pôles d'attraction furent Cadix et Séville, surtout cette dernière, qui vit doubler le nombre de ses habitants entre 1530 et 1590.

Le second phénomène migratoire d'envergure, en suivant un ordre chronologique, fut la déportation, en 1570-1571, des morisques grenadins vers les régions de Séville, de Cordoue, l'Extrémadure, la Nouvelle-Castille et Murcie. Un nombre non négligeable passa clandestinement dans la couronne d'Aragon pour se fondre dans les communautés morisques existantes. Cette mesure affecta sans doute 150 000 personnes et ne fut pas compensée de manière satisfaisante par les arrivées de colons du Nord ou du Centre.

Enfin, il convient de signaler le départ des habitants des Pyrénées catalanes vers les terres plates. Ce mouvement de grande envergure, consolidé durant la seconde moitié du XVIe siècle, devait se poursuivre tout au long des deux suivants.

❑ ***Les migrations externes.*** Nous ne pouvons tenter, faute de sources, qu'une évaluation des départs pour les Indes. Il est en effet impossible de quantifier l'émigration vers l'Italie, la Flandre ou l'Allemagne et nous ne connaissons pas davantage l'incidence sur la population des nombreuses guerres du siècle. Certains historiens ont proposé, pour les trente dernières années du XVIe siècle, d'évaluer à 2 000 départs annuels les pertes espagnoles au titre de l'Europe.

En chiffres globaux, quelque 350 000 Espagnols partirent pour l'Amérique avant 1600, un peu moins de 120 000 durant la première moitié du siècle, le reste après. Il s'agissait principalement d'hommes jeunes. Les femmes, surtout présentes après 1550, ne durent pas dépasser les 16 % du total. Les émigrants provenaient pour plus de 80 % d'entre eux d'Andalousie, d'Extrémadure et des deux Castilles. Les régions les plus affectées furent, par ordre décroissant d'importance, celles de Séville, de Badajoz, de Tolède, de Valladolid, de Cáceres, de Salamanque et de Huelva.

❑ ***Les étrangers.*** Dès les années 1520, mais surtout après 1540-1550, l'Espagne attira de très nombreux étrangers qui allaient, à des titres divers, jouer un rôle fondamental dans son économie. Les plus favorisés furent ceux qui appartenaient à des nations alliées, tels les Génois, les Flamands ou les Allemands.

Les Génois obtinrent de l'empereur en 1528 le rétablissement de tous les privilèges commerciaux et financiers qu'ils avaient obtenus durant le Moyen Age et que les Rois Catholiques avaient révoqués en 1500. Leur empire allait durer un siècle, jusqu'à ce que les Portugais les délogeassent à l'aube des années 1630. Ils obtinrent de Philippe II d'importants monopoles (le sel, par exemple, en 1575) et jouèrent, à côté de leurs fonctions de banquiers, un rôle commercial de premier plan (exportation de laine, importation de pastel et aussi de produits manufacturés à destination des Indes). Ils bénéficièrent aussi de privilèges pour la traite des Noirs. Minorité plus importante par sa qualité que par le nombre, les Génois formèrent de petites colonies dans tous les centres commerciaux de la péninsule. A la fin du XVIe siècle, ils étaient peut-être 10 000 dans la couronne de Castille et un peu plus nombreux dans celle d'Aragon.

Les Flamands jouirent d'une faveur toute spéciale de la part de l'empereur qui n'hésita pas à protéger leur industrie textile au détriment, s'il le fallait, de celle de Castille. Les échanges entre les Pays-Bas et l'Espagne, nous en avons parlé, furent très actifs jusqu'à l'insurrection. Par la suite, malgré la difficulté des liaisons maritimes, les affaires continuèrent avec les provinces catholiques du Sud. La colonie flamande devait être nombreuse en Andalousie : il suffit de se rappeler qu'au moment de l'attaque anglaise contre Cadix en 1596, on put lever des compagnies entières de Flamands pour défendre la ville.

Les Allemands, d'abord les grands banquiers de l'empereur, firent leur apparition plus nombreuse au cours des dernières décennies du XVIe siècle. Ils s'installèrent sur le littoral péninsulaire, comme marchands ou marins. C'était des gens de la Hanse qui, mettant à profit la révolte des provinces hollandaises, menaient avec l'Espagne un commerce très lucratif (car à haut risque) consistant à y importer le grain, le bois, le métal et les outils et munitions dont ils s'étaient fournis chez les rebelles. Il s'agit typiquement d'une minorité très sélective mais très agissante.

Les Français, en revanche, furent d'abord importants par leur nombre, tout particulièrement en Catalogne. Le mouvement est continu depuis la fin du XVe siècle et touche des paysans, des éleveurs et de petits artisans. L'afflux des Languedociens, des Auvergnats et des Limousins vers la Principauté culmina durant les années 1580-1600. A cette date, ils pouvaient représenter 20 % de la population catalane. L'on sait, par exemple, que 283 des 1 225 mariages célébrés dans la paroisse de Sant Just de Barcelone entre 1575 et 1625 avaient pour contractant un Français, soit 23,1 % de l'ensemble. A Saragosse, vers 1610-1620, ils devaient être tout aussi nombreux, et même davantage. Leur rôle dans l'agriculture et dans l'artisanat de la couronne d'Aragon fut fondamental.

Mais il y eut aussi en Espagne d'autres Français, commerçants portuaires cette fois. Les Nantais s'installent à Séville, à Malaga et aux îles Canaries dans le sillage des commerçants de Bilbao avec lesquels ils ont signé un accord. Les Normands, de même, sont présents à Séville, à Cadix et aux Canaries. Des consulats de France s'ouvrent à Cadix en 1575 ou en 1581, à Séville et à Barcelone en 1578, à Valence en 1593, signe évident de la croissance de la communauté marchande.

L'EXPANSION ÉCONOMIQUE

L'expansion économique de la Castille au XVIe siècle fut déterminée par l'action conjuguée de trois facteurs : l'augmentation de la population, l'ouverture du marché américain et la montée des prix. La couronne d'Aragon, à l'écart du monopole sévillan et désormais excentrée, connut un développement bien moindre.

L'agriculture et l'élevage

❑ ***L'agriculture : un rôle prépondérant dans l'économie de l'Espagne moderne.*** Le système fut essentiellement agro-pastoral, associant les céréales (blé, orge, seigle, avoine), les légumineuses et la vigne, mais aussi l'olivier, dans de très vastes portions du territoire national, ou le riz, plus circonscrit. Stimulée par la demande américaine et par l'augmentation de la circulation de numéraire, l'agriculture espagnole subit de profondes transformations durant le XVIe siècle.

Jusqu'au XVIIIe siècle, les rendements demeurèrent très bas. Devant la nécessité de produire davantage, les paysans de l'époque des deux premiers Habsbourg optèrent pour l'extension des surfaces cultivables (*roturaciones*) plutôt que pour l'amélioration de la qualité du terroir et des techniques de production qui auraient exigé des capitaux dont étaient dépourvus les agriculteurs. Sous le règne de Philippe II, l'investissement bourgeois dans la terre alla croissant et cela permit, justement à une époque de début de récession, la mise en valeur de terres irriguées, le drainage de zones marécageuses, très fertiles. Un double changement, agraire et social, s'opéra alors. D'une part, alors que les terres labourables avaient tendance à se dépeupler, autour des villes naissaient des zones de culture dans de riches vallées irriguées. Mais le phénomène avait aussi un prix, ainsi que l'explique Fernand Braudel : l'assèchement des terres et les travaux d'irrigation demandaient d'importants investissements (impliquant de lourds emprunts), c'était un travail lent qui ne portait ses fruits qu'à long terme. Ainsi, en quittant les zones de cultures sèches pour passer dans celles irriguées, on quittait une paysannerie relativement libre pour en rencontrer une autre infiniment plus dépendante.

L'expansion de l'agriculture se brisa à partir des années 1580, une fois épuisées les possibilités d'extension des terres cultivables, en raison, aussi, d'une terrible série de sécheresses. Malgré des résultats encore bien incomplets, on voit en général la production de céréales et de légumineuses se tasser, voire reculer, après cette date. En Catalogne, la croissance fut, semble-t-il, bien moindre durant tout le siècle, et dans le royaume de Grenade, la déportation des morisques à la fin des années 1560 fit s'effondrer la production.

Une des cultures qui connurent le plus grand développement fut la vigne ; elle gagna du terrain dans toutes les régions, mais surtout en Andalousie où, avec l'olivier, elle devint une véritable culture industrielle à débouché américain. L'olivier, partout présent sauf dans les régions du nord-ouest, ne fournissait pas seulement les Indes en huile, mais alimentait aussi un commerce intérieur de savon et, à l'intérieur comme à l'extérieur, d'huile industrielle pour le textile.

Le riz et la canne à sucre étaient le fait des morisques du royaume de Valence (la zone de Gandía était un centre sucrier important), mais on les trouvait également dans l'Andalousie côtière. Quant au mûrier, qui avait fait son apparition dans les *huertas** au cours des années 1470-1480, il atteignit son époque de plus forte production un siècle plus tard. En 1560, les mûriers représentaient 43,4 % du terroir murcien, et toujours 43 % en 1590. Vers 1600, il devait y avoir quelque 355 000 arbres plantés dans la *huerta* du Segura. Les morisques, principalement les Grenadins, y étaient fort demandés aux époques de la production de la soie. C'est son exportation, on l'aura compris, qui entraîna l'apparition de ce type de monoculture exceptionnel.

❑ ***L'élevage.*** L'aspect le plus connu de l'élevage hispanique concerne les troupeaux transhumants dont les propriétaires étaient regroupés dans la puissante corporation appelée Honorable Conseil de la *Mesta**, issue en 1273 de la réunion des quatre « *cabezas de cuadrillas* » (León, Ségovie, Soria et Cuenca). L'importance capitale que revêtait pour le Trésor l'exportation de la laine *merina* garantit à la Mesta la protection royale. Le volume des troupeaux (*cabañas*) diminua durant le XVIe siècle pour passer de quelque 3 millions de têtes durant les années 1520 (moment d'apogée de la *Mesta*), à moins de 2 millions vers 1600. Les troupeaux traversaient la péninsule deux fois l'an, en empruntant des routes particulières (les *cañadas*), afin de passer des pâturages d'été (montagnes du León, de Soria et de Cuenca) à ceux d'hiver (situés dans la Manche mais surtout en Extrémadure et propriété des ordres militaires).

Il est clair que ce système, qui à l'origine avait pu se développer grâce à l'existence, au sud du Tage, d'immenses espaces dépeuplés, ne pouvait que gêner le développement de l'agriculture, particulièrement au XVIe siècle où, ainsi que nous l'avons souligné, l'expansion démographique devait entraîner une augmentation des surfaces cultivables. Les conflits entre éleveurs et agriculteurs, fort nombreux et souvent d'une extrême violence, furent la plupart du temps tranchés par le Conseil de Castille en faveur de la *Mesta*. L'affaire est complexe et, ainsi que l'a montré Jean-Paul Le Flem, ne saurait se réduire à cette seule logique d'affrontement, ne serait-ce que parce que les propriétaires de *cabañas* possédaient aussi des terres à blé. Nous retiendrons pour notre part, avec Ramón Carande, que la couronne avait au moins deux raisons de maintenir le pouvoir de la *Mesta*. La première est financière : le renouvellement des privilèges des éleveurs était soumis au paiement de lourdes redevances et, après 1525, l'empereur fit de l'association un véritable organisme de crédit permanent. La seconde raison était politique. Dans la mesure où l'élevage est la forme d'économie requérant le moins de main-d'œuvre, son extension ne pouvait que libérer des hommes qui pouvaient aller grossir les rangs des armées impériales. Mais l'essor de la *Mesta* allait aussi dans le sens de l'autoritarisme de la monarchie du temps, jalouse de reprendre des prérogatives perdues durant le Moyen Age. Ainsi, l'extension des attributions de la *Mesta* se fit-elle au détriment des droits juridictionnels de la noblesse, de l'Église et des villes. Mais l'Honorable Conseil ne suivit pas la royauté sur cette voie et celle-ci dut se contenter d'en tirer un bénéfice économique.

Outre l'élevage transhumant, il en existait d'autres formes au rôle considérable. Il y avait tout d'abord les troupeaux sédentaires (*estantes*) ou se déplaçant sur de courtes distances (*riberiegos*) qui furent contingentés au XVIe siècle en fonction des besoins de l'agriculture locale. Il y avait d'autre part l'élevage bovin, pour l'agriculture et pour les transports. Enfin, l'élevage équin, destiné aux transports et à l'armée, revêtit une grande importance et fit l'objet de constantes mesures de protection et de réglementation.

L'industrie et le commerce

❑ ***Artisanat et industrie.*** Le monde de l'artisanat et de l'industrie fut caractérisé par l'extraordinaire développement des corporations qui réglementaient et contrôlaient la production ainsi que par l'extrême protectionnisme visant les produits étrangers, imposé par ces mêmes organisations. L'on pourrait ajouter deux autres caractéristiques : la grande fragmentation du processus de production et, plus encore, son atomisation qui rend difficile l'emploi du terme industrie, sauf pour des centres très privilégiés, tel celui de Ségovie dans le domaine textile. Enfin, l'on se souviendra qu'à l'époque, l'artisanat, l'agriculture et le secteur tertiaire se mêlaient souvent de façon inextricable.

L'abondance de laine et le monopole commercial américain firent du textile castillan la première industrie du pays. En crise au début du XVIe siècle, très dispersé, ce secteur connaîtra jusqu'aux années 1580-1590 un essor extraordinaire en menant de pair l'amélioration de la qualité de ses produits et la concentration de la production. Les grands centres textiles de la couronne de Castille furent Ségovie, Tolède, Cuenca et Cordoue. Durant les années 1579-1584, Ségovie tissait quelque 16 000 pièces annuelles, production comparable à celle de Florence ou de Venise. La couronne d'Aragon comptait également d'importantes villes drapières (Barcelone, Valence, Perpignan, Huesca et Saragosse).

En revanche, les filatures de lin ne connurent qu'un piètre développement et l'Espagne importait de grandes quantités de tissus de Flandre et du Brabant. De même, le chanvre ne donna pas lieu à une industrie capable de couvrir les besoins de la marine nationale.

La soie constitua l'autre grande branche de l'industrie textile et son histoire est liée à celle des communautés morisques. Les cocons étaient produits dans les royaumes de Grenade, de Valence et de Murcie. Le tissage se faisait dans les mêmes régions, mais également en Nouvelle-Castille (Tolède, Talavera, Cuenca, Pastrana) et comme activité complémentaire dans les villes drapières de Vieille-Castille (Ségovie, Soria, Avila, etc.). La production se trouvait fortement concentrée dans les villes, principalement à Tolède, à Grenade, à Cordoue (tissage), à Murcie et à Valence (exportation de soie brute), mais sa commercialisation était dominée par les banquiers italiens, avant tout génois.

Le cuir fut une autre activité dérivant du savoir-faire musulman. L'arrivée des excellentes peaux américaines qui remplacèrent celles importées d'Orient, donna un nouvel essor à cette industrie, en grande partie de luxe (rappelons-nous, en particulier, les fameux gants parfumés d'Ocaña et de Ciudad Real). Ces produits jouirent d'une grande réputation en Europe, malgré les lois interdisant leur exportation.

Le XVIe siècle fut le grand siècle de l'architecture. Le secteur de la construction représenta peut-être 6 ou 7 % du produit national brut, autrement dit, il draina un volume de capitaux considérable. Des demeures des bourgeois aux grandes constructions aristocratiques, royales ou ecclésiastiques, la fièvre de la construction, commencée dès l'époque des Rois Catholiques, fit vivre un nombre très important d'artisans de toutes sortes (y compris les artistes) et engloutit, certainement, une bonne part de l'argent américain demeuré dans la péninsule. En particulier, l'essor de la céramique de Talavera de la Reina-Puente del Arzobispo (Tolède), de Manises et de Paterna (Valence), de Séville ou de Ubeda, fut lié à celui de la construction.

Le secteur minier et métallurgique a été peu étudié jusqu'ici. La fabrication du fer exigeait que les gisements fussent proches de la forêt et des cours d'eau. La zone la plus importante était la corniche cantabrique, avec la Biscaye pour principal centre. Mais il y avait aussi des fabriques de fer dans la région de Grenade, de Cuenca, dans le nord de la Catalogne et le sud de l'Aragon, dans le León et à Orense. La métallurgie fut « poussée » par la conjoncture militaire et monétaire, mais aussi navale. En 1514, le Milanais Fabricario introduisit en Biscaye l'emploi de l'énergie hydraulique. Les hauts fourneaux ne verraient leur apparition qu'au XVIIe siècle. A l'époque de Philippe II, l'Espagne devait produire 8 000 tonnes de fer par an, la moitié en provenance des 300 fabriques de Biscaye et du Guipouscoa.

❑ ***Le commerce.*** Nous ne dirons rien du monopole andalou sur le commerce avec les Indes dont nous ne retiendrons que le problème des métaux précieux, traité plus loin. Pour l'heure nous voulons décrire le commerce extérieur avec les partenaires européens.

— *Les produits pour l'exportation.* Le plus important fut la laine *merina* ou *extremeña* (celle des troupeaux ayant passé l'hiver en Extrémadure ou en Andalousie). L'autre laine, provenant des moutons ayant séjourné dans les zones plus froides de Castille, plus grossière, s'appelait *churra.* Les pays importateurs étaient la Flandre, l'Italie, la France et l'Angleterre. Ce commerce était entre les mains des marchands de Burgos et de Ségovie dans le Nord, des Génois dans le Centre, de ceux-ci et des Castillans, en étroite concurrence, à Séville. Alicante était également un grand port lainier. L'Aragon, de son côté, exportait sa laine par Tortosa.

Le sel, produit sur tout le littoral méditerranéen, était exporté en grandes quantités vers l'Europe entière, en particulier vers les Pays-Bas. Bien que le roi ne fût pas propriétaire de la totalité des salines, leur produit était stocké dans des *alfolís** afin de pouvoir en contrôler la vente.

L'huile était achetée en Andalousie et à Majorque par les Pays-Bas, la France et l'Angleterre. C'est à Séville également qu'était commercialisée la fameuse cochenille mexicaine, à la production rigoureusement surveillée par un corps spécial d'inspecteurs créé en Nouvelle-Espagne vers 1572. Elle était exportée par ces mêmes pays, avec d'autres colorants venus aussi des Indes. Ce commerce atteignit son volume le plus élevé à la fin du XVIe siècle. Au chapitre de la teinture il convient d'ajouter l'alun de Mazarrón (Carthagène), monopole des Génois.

Le fer quittait massivement la Biscaye en direction de la France malgré les interdictions répétées des pouvoirs publics. Cette contrebande seule permettait de compenser les achats de blé du Pays Basque, fort déficitaire en grains.

A toutes ces denrées fondamentales l'on pourrait ajouter une liste impressionnante de produits : la soie brute ou les bas qui concurrençaient en France et en Italie ceux de Tours ou de Naples, le coton valencien, le safran aragonais, le sucre canarien ou américain, les drogues et épices en provenance du Portugal, les cuirs et leurs dérivés manufacturés, le vin de Malaga et d'Almería, des produits alimentaires (figues et raisins secs, amandes, dattes, câpres, riz) et les chevaux pyrénéens, objet d'une contrebande lucrative avec la France que l'Inquisition d'Aragon prit sous sa juridiction.

— *Les importations.* Si l'on exclut le blé, acheté en grandes quantités aux Pays-Bas ou à l'Italie durant les époques de pénurie, les importations concernent principalement des produits manufacturés, de luxe, et les denrées chères. Le textile occupe une place de choix : cotonnades de Bruges et de Manchester et autres pièces de coton en provenance du sud de l'Allemagne ; tissus de lin (les fameux « Hollandes », « Rouens » ou « Cambrais » qui inondent le marché espagnol) ; soieries et satins de Florence ou de Bruges, velours de Gênes ; fils d'or et d'argent de Milan.

Les produits métalliques, outre le cuivre dont l'Espagne s'apprêtait à faire une consommation effrénée après 1600, furent nombreux : câbles et quincaillerie, objets de bronze et de laiton, etc. Ajoutons-y les armes, en provenance de Milan, bien sûr, de Cologne et de Malines.

Enfin, les produits de luxe, tels les meubles, les tapis ou les objets d'art destinés à la décoration des intérieurs, tant civils que religieux, sans oublier la vaisselle ou les fourrures, engloutirent une part de ce surplus de richesse qu'on constate au XVIe siècle.

LES MÉTAUX PRÉCIEUX AMÉRICAINS ET LA CONJONCTURE

Selon les termes de Pierre Chaunu, « une fois le mur franchi de l'aller-retour en un an, le système de la plantation est condamné [...]. Le précieux métal a porté presque seul le poids de l'Empire espagnol. » Au XVIe siècle, en effet, l'Amérique espagnole, c'est la mine. Source de l'argent qui allait se déverser sur l'Ancien Monde, elle est au centre des débats sur la genèse du capitalisme moderne, autrement dit, sur les facteurs ayant déclenché la « révolution des prix » en Europe.

Les importations

Pierre Chaunu distingue trois étapes dans l'économie minière : jusqu'aux années 1525-1530, ce fut l'époque de la collecte des stocks déjà constitués ; des années 1530 aux années 1560 ou 1570 selon les régions, on pratiqua une forme d'exploitation aux techniques archaïques ; après 1580 l'exploitation devint systématique et s'appuya sur des techniques bien plus perfectionnées, celle de l'amalgame en particulier.

La chronologie des importations a été établie par Earl J. Hamilton à partir des livres d'enregistrement de Séville. En voici les résultats :

Métaux précieux arrivés à Séville (en kg)

Périodes décennales	Argent	Or
1503-1510		4 965
1511-1520		9 153
1521-1530	148	4 889
1531-1540	86 193	14 466
1541-1550	177 573	24 957
1551-1560	303 121	42 260
		fin du « cycle de l'or »
1561-1570	942 858	11 530
1571-1580	1 118 591	9 429
1581-1590	2 103 027	12 101
1591-1600	2 707 626	19 451
1601-1610	2 213 631	11 764
1611-1620	2 192 255	8 855
1621-1630	2 145 339	3 889
1631-1640	1 396 759	1 240
1641-1650	1 056 430	1 549
1651-1660	443 256	469

Pour la première époque, celle de l'or, qui va jusqu'en 1520, Pierre Chaunu estime la production à une bonne trentaine de tonnes (en incluant les années 1493 à 1503, correspondant au pillage de l'or accumulé par les Indiens), provenant à 90 % des Iles. Néanmoins, en valeur et non en poids, l'or reste prédominant jusqu'en 1560. Il s'agit cette fois du métal jaune du continent américain, d'abord simplement saisi, comme cela s'était passé dans les Iles (on se rappellera la prodigieuse rançon d'Atahualpa), ensuite produit. La grande période aurifère correspondit aux années 1541-1560, époque durant laquelle il arriva à Séville 38 % de la totalité de la production.

Le spectaculaire renversement en faveur de l'argent apparu après 1560 correspond à l'introduction de l'amalgame au Mexique et à l'entrée en ligne des exploitations péruviennes. Jusqu'en 1575, l'argent mexicain domine (80 % de la production). C'est la grande époque de Zacatecas, mise en exploitation en 1546. A partir des années 1580, l'amalgame se généralise au Pérou et c'est le règne sans partage du Potosí (80 % de l'argent péruvien), associé au mercure de Huancavélica, gisement découvert en 1564. Il ressort du tableau que l'Amérique fournit à l'Europe quatre-vingt-dix fois plus d'argent que d'or. Le métal jaune importé n'augmenta que d'un cinquième le stock du vieux-continent, alors que l'afflux d'argent multiplia par trois les disponibilités occidentales, faisant du métal blanc le seul responsable de la révolution des prix.

Les bénéficiaires

❑ ***Le roi.*** La couronne n'exploita pas directement les mines (sauf les gisements de mercure) et s'attribua 20 % du métal produit, le « *quinto* ». Cet argent servait de garantie aux emprunts de la couronne et quittait rapidement l'Espagne. Mais il fut loin d'être suffisant. L'exemple des dettes de l'empereur, que Pierre Vilar reprend de Ramón Carande, est très éclairant.

Entre 1520 et 1532, Charles Quint emprunta près de 5,4 millions de ducats représentant un remboursement, intérêts compris, de 6,3 millions. Pour les années 1533-1542, les sommes sont respectivement de 5,5 et 6,5 millions. Entre 1542 et 1551, on passe à 8,4 millions empruntés entraînant un remboursement de 10,7 millions. Enfin, de 1552 à 1556, les sommes s'élèvent à 9,6 millions empruntés et 14,4 millions à rembourser. Les moyennes annuelles progressèrent de façon remarquable (413 000 ducats pour la première période contre 1 929 000 pour la dernière), tout comme le prix de l'argent prêté : on passe d'un coût de 17,6 % dans la première période à 48,8 % durant la dernière. Au total, l'empereur emprunta quelque 38 millions de ducats dont un peu plus de 33 à des banquiers allemands, flamands et italiens qui exportèrent l'argent grâce à des « *licencias de saca** » (licences d'exportation).

La dette extérieure de l'empereur afin de financer sa politique dépassa de plus de 2 millions de ducats la part du Trésor des importations métalliques américaines. Il fallut donc engager les entrées à l'avance, et même parfois puiser dans celles des particuliers en imposant des prêts forcés. Il fallut surtout avoir recours à l'impôt, dont le poids finirait par devenir écrasant.

❑ ***Les particuliers.*** Deux cas sont à distinguer :

1. Le métal des *conquistadores*, des colons ou des fonctionnaires qui rentrait à Séville pouvait repartir pour l'extérieur s'il était employé au remboursement d'un banquier étranger ayant financé l'entreprise de colonisation du particulier. Il restait en Espagne si le bailleur de fonds primitif était espagnol. C'est ainsi que dans un premier temps la découverte supposa un enrichissement des couches supérieures de la société. Il fut sans doute affecté à la consommation de luxe.

Mais à des niveaux moins élevés, toute une population à cheval sur les deux continents ou qui revenait, ou bien préparait son retour, fit entrer de l'argent en Espagne. La trace de leur enrichissement est éclatante dans l'architecture de tant de villes (nous ne parlons pas seulement de Séville, ni de Cáceres ni de Trujillo). Progrès de la consommation, du confort, un train de vie supérieur témoignent d'une prospérité évidente. L'Église profite largement de la manne et thésaurise abondamment. Enfin, les fondations pieuses, les centres de bienfaisance fleurissent.

2. Les remises des marchands (si l'on exclut la part de profit destinée à l'amélioration de l'existence ou placée en prévision d'éternité selon ce qu'on vient de dire) sont le fruit d'investissements et sont destinées à l'investissement, ce qui revient à dire qu'elles sont promptement remises en circulation. Lorsqu'il s'agit d'un marchand espagnol qui achète des produits nationaux pour les exporter vers les Indes, selon les propres termes de Pierre Vilar, « il contribue, certes, à faire hausser les prix, mais au profit du producteur espagnol. Celui-ci, encouragé, anime l'économie productrice. Le seul problème est de savoir si la hausse des salaires et celle des autres prix ne compensent pas trop vite entre deux opérations, la marge à attendre. Le pays a cependant des chances de s'enrichir dans certaines couches, tandis que des catégories sociales à revenus fixes vont gravement souffrir [...]. Temps d'inflation : l'ancien rentier est la risée du nouveau riche, et se venge par la morgue ou le rêve » (*Or et Monnaie dans l'histoire*, Paris, Flammarion, 1974, p. 185).

Dans le cas de marchands étrangers, ou de correspondants locaux travaillant pour eux, l'argent devait sortir d'Espagne. Or son exportation était interdite, sauf dans de rares moments et de façon très contrôlée. Les étrangers employèrent une part de l'argent accumulé en Espagne à l'achat de produits exportables (nous en avons dressé la liste plus haut). Il s'agissait avant tout de matières premières et alimentaires. Ce phénomène entraîna des profits momentanés mais ne fut pas générateur de richesse. De façon générale, il contribua à renchérir le prix de la main-d'œuvre et le prix de revient des produits espagnols.

Pour faire sortir l'argent, il y eut bien sûr la contrebande, constante, ainsi que la spéculation sur les lettres de change liées aux contrats passés entre la couronne et les banquiers internationaux (les *asientos**). Il y eut surtout les « *licencias de sacas* » délivrées par le roi, souvent à titre onéreux (prime de 8 à 10 %). Ces autorisations furent très nombreuses dans les années 1550, au moment de la guerre contre la France, et reprirent de plus belle après 1566, au bénéfice des guerres des Flandres.

Faire la part de ce qui resta en Espagne et de ce qui ne fit qu'y passer, parfois très vite, est tâche impossible, car il ne s'agit pas seulement de faire des comptes, même approximatifs, mais avant tout de comprendre de quelle manière, selon quelles modalités et quelles médiations, le trésor américain pénétra la société espagnole et quels effets spécifiques il y produisit. Nous pensons, avec Bartolomé Bennassar, que l'Espagne retint une partie du métal américain bien plus considérable qu'on ne l'a souvent laissé entendre et que, durant les deux premiers tiers du XVIe siècle au moins, l'afflux de capitaux permit un enrichissement à la base.

La « révolution des prix » et la conjoncture

❑ ***Un phénomène difficile à expliquer.*** La « révolution des prix » ne se cantonna pas à la seule Espagne. La hausse se fit d'abord sentir en Andalousie, puis gagna la péninsule entière, enfin le reste de l'Europe, mais selon des modalités particulières en fonction des économies et avec des effets plus ou moins atténués.

Globalement, les prix espagnols passent de l'indice 100 en 1501 à l'indice 412 en 1600. La hausse fut plus rapide durant la première moitié du siècle (107 %) que durant la seconde (98 %). C'est l'année 1562 qui marque le passage d'une tendance franchement à la hausse (2,8 % d'augmentation moyenne annuelle) à une tendance plus modérée (1,8 % par an). Les deux plus fortes hausses eurent lieu en 1506-1510 (les prix augmentent de 16 % par rapport à leur niveau de 1501-1505) et en 1521-1525 (17 % d'augmentation par rapport à 1516-1520). La comparaison des courbes à échelle arithmétique et semi-logarithmique que nous reproduisons en appendice montre bien la réalité de ce phénomène et tout particulièrement le rythme très fort de l'inflation durant les trente premières années du siècle, c'est-à-dire avant les arrivées massives d'argent.

L'afflux de métaux précieux a certes entraîné le gonflement de la masse monétaire, mais la théorie de Hamilton qui établit une corrélation entre l'importance du niveau des prix et celle de la masse monétaire ne peut pas être retenue comme entièrement satisfaisante. Si le métal précieux américain fut un facteur déterminant dans le processus inflationniste du XVIe siècle, il ne fut pas le seul. Il convient de tenir compte aussi de l'accroissement considérable de la demande produite par l'effet conjugué de l'ouverture du nouveau marché américain et de l'élargissement du marché castillan entraîné par la poussée démographique. Enfin, le rôle de l'augmentation de la dette de l'État à l'époque de l'empereur ne doit pas être négligé.

❑ ***La conjoncture.*** L'expansion du XVIe siècle n'est pas limitée à l'Espagne ; elle est un phénomène européen. Dans le cas espagnol, bien que la hausse se maintienne encore après 1600 (le trafic avec l'Amérique passe par son *maximum* durant les années 1606-1610), nous distinguerons deux phases, celle correspondant au règne de Charles Quint, de franche prospérité, et la seconde moitié du siècle, où de sombres présages se font jour.

— *L'époque de Charles Quint (1516-1556).* La phase d'expansion débute dès la fin des années 1510, sans doute stimulée par les premiers arrivages d'or des Iles. A partir de 1521, les prix enregistrèrent une forte hausse et rattrapèrent presque les salaires qui, depuis la crise frumentaire de 1505, étaient plus hauts que les prix. Cette hausse eut pour cause la guerre des Comunidades, phénomène vite relayé par l'arrivée du trésor des Aztèques, par l'accroissement de la demande intérieure et de la demande américaine et par l'essor des constructions navales.

En 1530 se produisit une nouvelle hausse coïncidant avec l'arrivée de fortes sommes d'or en provenance du Mexique et de Nouvelle-Grenade. Après une décennie de contraction (l'on notera sur la courbe le *minimum* de 1535), la hausse reprit de plus belle en 1540 et fut très rapide jusqu'en 1562, l'indice composé des prix et des salaires passant de 58 à 91 (base : moyenne de 1570 – 1580 = 100). C'est le grand quart de siècle de l'économie castillane.

— *Sous le règne de Philippe II (1556-1598)* la hausse se poursuit. En quarante ans l'indice des prix et des salaires passe de 80 à 120 et le trafic entre Séville et l'Amérique croît de même : il quadruple entre les années 1550 et les années 1590. Mais, ainsi que l'a souligné Vicens Vives, cette conjoncture à la hausse est d'une interprétation délicate pour ce qui est de la péninsule proprement dite et ne doit pas masquer la réalité d'une série de crises qui sont autant de signes d'épuisement du pays.

Il faut considérer d'abord les premières *bancarrotas del Estado* (suspensions de paiements). La dette de l'État avait pris des proportions alarmantes. En 1572 elle s'élevait à 37 millions de ducats alors que les recettes n'atteignaient pas les deux millions. Philippe II, ennemi de la mauvaise monnaie, opta pour la suspension de paiements et l'indemnisation des compagnies bancaires en titres de rente consolidée à intérêt fixe (*juros**). Il y eut recours par trois fois, en 1557 (conséquence de la guerre avec la France, nous l'avons déjà évoqué), en 1575 et en 1597. De toutes, la deuxième est celle qui porta le plus grand préjudice au crédit espagnol outre qu'elle ruina l'axe Anvers-Medina del Campo et se solda par une série de faillites dans la péninsule, en particulier à Séville.

Le second signe est social : la faim fait son apparition en Castille de manière chronique. Durant la première moitié du siècle, l'économie agraire avait suivi le développement général du pays et le prix du blé avait coïncidé avec le prix moyen des denrées agricoles (sauf durant les quelques crises frumentaires, telles celle de 1521-1522, celle de 1525-1527 ou encore celle de 1539). Mais entre 1555 et 1565, il se produisit une première forte hausse du prix du blé. Après une relative accalmie de dix ans, la baisse de la production nationale (due en partie à une série d'accidents météorologiques) et la disparition de l'approvisionnement sicilien entraînèrent de constantes et brusques oscillations aux effets catastrophiques. A partir de 1580, le drame des campagnes devient patent : mauvaises récoltes, pestes et exode s'enchaînent pour aboutir à la grande épidémie des dernières années du siècle.

Le malaise rural trouvait d'amples échos dans le monde artisanal. Dans les mêmes années, succédant à la ruine de Medina de 1575, les premiers symptômes de la crise industrielle apparaissaient. Les villes réunies aux Cortès, se firent l'écho des inquiétudes et des protestations des secteurs de la production : dépeuplement, pression fiscale, désœuvrement, concurrence étrangère, accumulation des biens de mainmorte*, réaction seigneuriale... En 1600, Martín Gozález de Cellorigo publiait son *Memorial de la política necesaria y útil restauración de la República de España* qui dresse un bilan lucide de la faillite du système philippin.

DOCUMENTS

■ Évolution des prix et des salaires (1500-1650) Base : 1570-1580 = 100

L'application de l'échelle semi-logarithmique à la courbe des indices des prix et des salaires établie par Hamilton permet de constater que la hausse fut beaucoup plus importante durant la première moitié du xvie siècle, l'année 1562 marquant le point de passage d'une tendance nettement à la hausse (pourcentage moyen de hausse annuelle pour 1501-1562 : 2,8 %) à une tendance plus modérée (pourcentage moyen de hausse annuelle pour 1563-1600 : 1,3 %).

Indices des prix et des salaires d'après Hamilton (échelle arithmétique)

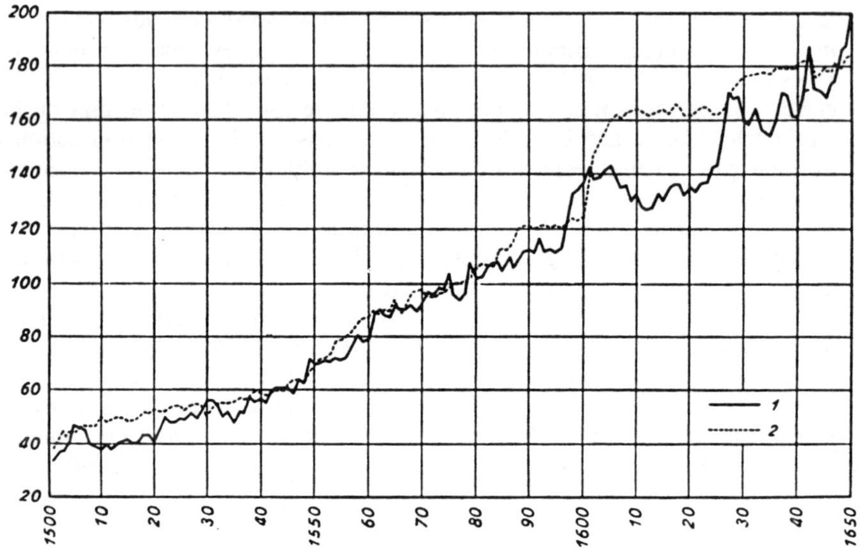

Application de l'échelle semi-logarithmique aux données du graphique ci-dessus.

____ 1 indice des prix
.... 2 indice des salaires

Vicens Vives (J.), *Historia económica de España*, Barcelone, Éd. Vicens Vives, 1975, pp. 344-346.

4
La société au Siècle d'Or

Dans l'Espagne moderne, la mentalité aristocratique domina sans partage une société dans laquelle l'écart immense existant entre les couches populaires, avant tout paysannes, et la noblesse, ne put être comblé par une bourgeoisie suffisamment développée et puissante capable d'imprégner de ses valeurs les mentalités sociales. Au contraire, c'est l'idéal de vie noble qui prima, les riches roturiers s'empressant de mille façons, généralement par des moyens économiquement improductifs, de s'assimiler aux couches dominantes. Selon F. Braudel, la bourgeoisie faillit à sa vocation, se trahit elle-même au moment où le sort lui était le plus favorable, où sa situation était la plus brillante, à savoir vers le milieu du XVI*e siècle, en se détournant de l'investissement industriel et commercial pour aller vers la terre, source de sécurité et de tout prestige social. De jeunes historiens sont en train d'introduire d'importantes nuances à ce propos, mais nous manquons d'études d'ensemble.*

LES ÉLITES

Conformément à l'échelle du prestige attribué par les sociétés d'ordres* à chacun des groupes la composant, c'est par une description du clergé que nous commencerons, qui sera suivie de celle de la noblesse. La part de l'Église dans la genèse de la civilisation de l'Espagne classique est centrale, écrasante. Formidable appareil de pouvoir, social, politique, spirituel et intellectuel, l'Église fournit à l'État l'essentiel de sa thématique unitaire et des moyens de l'imposer. Nous inclurons dans le monde des élites une troisième catégorie définie, non par son statut de privilégiée, mais par la spécificité des compétences professionnelles de ses membres : les *letrados*. Placés par les Rois Catholiques aux commandes des leviers de l'État et des différentes administrations, les *letrados*, véritable « classe » montante du XVIe siècle, entreraient rapidement dans le cercle des privilégiés.

L'Église

❑ ***L'encadrement religieux.*** Pour la couronne de Castille, nous ne disposons d'aucune source permettant d'évaluer de manière précise la population ecclésiastique avant la dernière décennie du XVIe siècle. Selon le recensement de

1591 (où ne figurent ni la Navarre ni le Pays Basque), le clergé représentait 1,3 % de la population. En voici la composition :

Clergé séculier	33 087	44,6 %
Clergé régulier		
- religieux	20 697	28 %
- religieuses	20 369	27,4 %
Total	74 153	100 %

Nous n'avons pas de chiffres pour la couronne d'Aragon, ni pour la Navarre ni le Pays Basque, mais selon Domínguez Ortiz et Felipe Ruiz Martín, le clergé dans ces contrées ne devait pas dépasser les 20 000 individus, de sorte que la population ecclésiastique espagnole totale, à la fin du XVIe siècle, dut atteindre un chiffre compris entre 92 000 et 94 000 membres, soit entre 11 et 13 religieux pour mille civils, encadrement qu'on peut qualifier de fort.

Le clergé séculier était surtout nombreux en Vieille-Castille (45,6 % du total) et devenait plus rare à mesure qu'on se déplaçait vers le Sud (34,6 % en Nouvelle-Castille et donc 19,8 % seulement dans la partie méridionale du royaume). Mais à l'intérieur de chaque région, la répartition des prêtres était fort inégale. Le clergé rural dominait en Vieille-Castille (74 %), pour diminuer sensiblement en Nouvelle-Castille (64 %) et devenir très minoritaire dans le Sud (35 %). De même, les contrastes entre régions pouvaient être extrêmes. Ainsi, l'évêché de Sigüenza possédait 505 paroisses alors que celui de Séville, incomparablement plus étendu et peuplé, n'en comptait que 200.

Le clergé régulier, en revanche, était nombreux en Andalousie. En Castille, ce sont les régions de Valladolid et de Burgos qui en comptaient le plus. Il était fortement concentré dans les villes, sauf en Extrémadure où l'on relève une légère supériorité des religieux ruraux (57 %). La présence de très nombreux édifices religieux en ville, couvents mais aussi hôpitaux, maisons de retraite, confréries, etc., marqua profondément le paysage urbain des cités castillanes et la vie de leurs habitants. La liste ci-dessous, où ne sont consignés que les couvents des villes castillanes vers 1600, est fort expressive de cette réalité :

Ville	Masculins	Féminins	Total
Madrid	35	33	68
Séville	19	21	40
Grenade	20	18	38
Tolède	19	19	38
Cordoue	16	18	34
Valladolid	13	14	27
Salamanque	15	11	26
Burgos	11	10	21
Ségovie	10	8	18

Les couvents masculins abritaient 15 membres en moyenne alors que pour les moniales le taux d'occupation était deux fois supérieur (34 religieuses par maison).

Les ordres mendiants dominent largement, totalisant 11 000 religieux (soit près de 60 % du total des réguliers), des franciscains pour plus de la moitié. Si l'on ajoute les 5 714 clarisses, l'on constate que la grande famille franciscaine compte pour près du tiers des effectifs du clergé régulier dans la couronne de Castille à la fin du XVIe siècle.

Durant la première moitié du XVIIe siècle, la population ecclésiastique connut une forte hausse, qu'on peut estimer à plus de 30 % des effectifs, alors que la population générale, nous le verrons, accusait une forte baisse. Les fondations furent nombreuses au XVIIe siècle. A Madrid on ouvrit dix-sept nouvelles maisons entre 1600 et 1650. Pour la période allant de 1580 à 1680, nous avons trouvé trace de quarante nouvelles fondations dans la couronne de Castille, sans compter celles des ordres réformés ni des nouveaux, tels les jésuites. Or ces derniers ouvrirent à eux seuls soixante-quatorze collèges ou noviciats avant 1620, et devaient connaître après cette date une expansion considérable.

L'on rapporte volontiers dans les livres d'histoire le terrible diagnostic de Sancho de Moncada (1619) pour qui « le tiers de l'Espagne [était] composé d'ecclésiastiques, tant religieux que religieuses, prêtres, béates, tertiaires, ermites et personnes ayant fait vœu de chasteté ». L'estimation est sans aucun doute exagérée, le thème étant récurrent chez les arbitristes* qui considéraient l'augmentation du clergé comme la cause essentielle du dépeuplement du pays. Elle n'en a pas moins valeur de symptôme. Plus la crise s'aggravait, plus l'Église attirait d'individus sans vocation qui cherchaient dans la carrière ecclésiastique un simple moyen d'échapper à la misère. Évidemment, tout ceci n'était pas pour améliorer le niveau intellectuel ni moral de l'institution.

❑ ***La puissance économique de l'Église.*** L'Église espagnole était riche. C'était une des raisons essentielles de son prestige et de son attrait. Il convient néanmoins d'être prudent à l'heure des évaluations, pour lesquelles nous ne disposons d'aucune étude d'ensemble. L'idée selon laquelle l'Église espagnole aurait possédé au Siècle d'Or plus du tiers des biens et des richesses nationales n'est plus soutenable aujourd'hui. Le cinquième serait un meilleur ordre de grandeur.

Le patrimoine de l'Église était composé d'objets précieux et d'œuvres d'art, de grands bâtiments à l'entretien onéreux et de propriétés agricoles cédées en général contre une rente modeste. Mais l'on sait que les terres de l'Église, quoique moins étendues que celles de la noblesse, étaient en réalité les meilleures.

Dès les premières décennies du XVIe siècle, les Cortès s'émurent de l'accroissement des biens de mainmorte et supplièrent le souverain à maintes reprises d'interdire à toutes les institutions et personnes ecclésiastiques l'acquisition ou l'héritage de biens immobiliers. Philippe II fit savoir aux villes qu'il était hostile à toute restriction en la matière. Lors des dernières Cortès du XVIe siècle, le procureur de Séville Rodrigo Sánchez Doria « déclara que le Royaume sait bien que la majeure partie des biens immobiliers sont hors juridiction royale, au pouvoir des églises, des monastères, des collèges, des hôpitaux, et le mal va croissant de telle sorte que dans les villes les plus considérables, les meilleures maisons, les vignes, les pâturages et les exploitations agricoles sont entre leurs mains ».

Bien qu'on ne soit pas en mesure de mesurer l'accroissement des biens de l'Église, il ne fait guère de doute. Mais il n'en fut pas de même des revenus, qui souffrirent un tassement à partir de la seconde moitié du XVIIe siècle, voire un recul, surtout sensible pour le haut clergé.

D'une manière générale, les revenus ecclésiastiques augmentèrent moins que ceux de la noblesse, qui possédait des rentes très supérieures à celles du clergé (mais elle était aussi dix fois plus nombreuse) : en 1554, les 55 sièges épiscopaux espagnols cumulaient une rente de 785 000 ducats, alors que la noblesse en détenait plus du double (1 787 000) ; au milieu du XVIIe siècle, l'écart s'était creusé, les évêchés atteignant un total de 1 750 000 ducats contre cinq fois plus pour la noblesse. Ceci s'explique en partie par le fait que les évêchés étaient restés à peu de chose près les mêmes, alors que le cercle aristocratique, nous allons le voir, s'agrandit de manière extraordinaire.

La richesse des évêchés était des plus inégales. Tolède, avec ses 200 000 ducats, devait être la mitre la plus opulente de la chrétienté après Rome. A l'autre extrême on trouvait des sièges misérables dont la rente oscillait entre 4 et 8 000 ducats (évêchés galiciens en dehors de Saint-Jacques, Guadix et Almería en Andalousie, certains diocèses pauvres de la couronne d'Aragon). La rente d'un évêché moyen se situait entre 10 000 et 20 000 ducats. Les bénéfices des chanoines, de même, étaient fort dissemblables. Un canonicat de Tolède ou de Séville « valait » 2 000 ducats annuels alors qu'à Almería ou à Astorga on ne dépassait guère les 300 ducats. La rente moyenne s'établissait à 800-1 000 ducats. Les plus gros bénéfices paroissiaux pouvaient atteindre 1 000 ducats, mais de nombreux curés de campagne ne parvenaient à subsister que grâce aux dons des fidèles.

Au XVIe et au XVIIe siècle, les institutions ecclésiastiques boudèrent l'investissement commercial ou industriel et placèrent l'argent dans les *juros* (obligations) et les prêts hypothécaires (les *censos**). Les *juros* des communautés religieuses, extrêmement nombreux, furent très affectés par le chaos financier du XVIIe siècle. Quant aux *censos*, une enquête de 1638 qui porte sur une bonne partie du royaume de Castille donne les résultats suivants : pour les cens supérieurs à 30 ducats, la rente annuelle globale était de 1 121 768 ducats dont 35,5 % revenait au clergé. Quant aux cens inférieurs à 30 ducats, l'Église en détenait 67 %. Pour l'ensemble des 94 397 cens enregistrés, la part de l'investissement ecclésiastique s'élève à 45 %. L'on connaît mal l'évolution de ce type de rente sur le long terme, sans doute fort différent selon les régions, mais on sait qu'elle fut loin d'être positive.

La noblesse

❑ ***Les hidalgos.*** Au sein de la noblesse, la grande ligne de partage se situait entre titrés (*títulos**) et non titrés, autrement dit entre la haute noblesse et les groupes de *caballeros* et d'*hidalgos*.

L'*hidalguía* était le plus humble mais le plus ancien grade de noblesse. Elle désignait un statut juridique : toute personne qui sans être membre de l'Église, ne payait pas de tribut au roi. Le terme s'oppose à *pechero*, celui qui est taillable et corvéable. On distinguait trois catégories d'*hidalgos*, ceux notoires ou « de sang » dont l'origine de la noblesse se perdait dans la nuit des temps, les *hidalgos* de *privilegio* (qui avaient été anoblis par le roi en récompense à de grands services) et les *hidalgos* de *ejecutoria*, qui avaient dû prouver leur noblesse, jugée suspecte, devant l'une des *Chancillerías*.

Il y avait en 1591 dans le royaume de Castille 134 223 « feux *hidalgos* », soit un peu plus de 600 000 personnes correspondant à 10,2 % de la population totale. C'est une proportion importante, si l'on songe que dans les autres pays d'Europe, la noblesse représentait entre 2 % et 3 % de la population.

Les Asturies et la Merindad de Trasmiera (la Montaña de Santander) concentraient 34,5 % de ces *hidalgos*. Leur population était presque entièrement noble : 75,9 % et 85,9 % respectivement. Près des deux tiers des *hidalgos* se trouvaient dans les deux provinces de Burgos et de León. L'Andalousie ne comptait que 6,6 % de nobles, l'Extrémadoure, 3 %, Saint-Jacques, Tuy, Guadalajara, Talavera, Avila, Huete, Jaén, en avaient moins de 3 %. Ainsi, 31 des 40 *partidos** n'atteignaient pas 10 % de nobles, 26 en comptaient moins de 5 % et 11 moins de 3 %.

L'*hidalguía* était essentiellement urbaine. 40 % des *hidalgos* vivaient à la ville, généralement dans la capitale du *partido*. A Madrid, 38 % des habitants étaient des nobles attirés par le centre du pouvoir. A Séville ils étaient 15,5 % et à Tolède, c'est le quart de la population urbaine qui était *hidalga*. Dans le Nord, là où les *hidalgos* étaient les plus nombreux, ils se trouvaient dispersés à la campagne. Nous avons donc affaire à une concentration urbaine des nobles dans le Centre et le Sud, comme c'était le cas pour les ecclésiastiques, et à une masse d'*hidalgos* ruraux dans les montagnes du Nord.

❑ ***Les caballeros.*** Avec les hidalgos, les *caballeros* constituaient la base du régime. Ils formaient une véritable couche moyenne de la noblesse. Leur influence sur la vie locale fut énorme et ils sont, à n'en pas douter, la clef essentielle du pouvoir municipal. Curieusement, ils n'ont fait à l'heure actuelle l'objet d'aucune étude particulière.

Les *caballeros* monopolisèrent les charges locales, en particulier les *regimientos* et par là les *procuradurías** aux Cortès. Ils dominaient également les chapitres des cathédrales et une bonne part du patrimoine foncier urbain se trouvait entre leurs mains. L'essentiel de leurs revenus provenait de la terre, des propriétés qu'ils possédaient autour des villes où ils résidaient. Les plus riches et les plus influents acquirent un titre de noblesse et entrèrent ainsi dans la catégorie supérieure. Mais ils étaient promptement remplacés par les membres de la bourgeoisie urbaine qui à son tour se hissaient jusqu'aux leviers de commande municipaux en s'alliant avec les *caballeros*.

❑ ***Les Grandes* et Títulos.*** Les titrés, en raison de leur position et de leur richesse, avaient fini par émerger de la masse des privilégiés et étaient devenus aux yeux de l'opinion la noblesse par excellence. Au fur et à mesure que le nombre de titres augmentait, une autre minorité, les Grands, émergeait à son tour qui venait concentrer ce que la véritable noblesse avait de meilleur. C'est ainsi que tout un courant d'ascension orienté vers la grandesse maintenait une certaine dynamique sociale : l'*hidalgo* essayait de devenir riche *caballero* et *regidor*, le *caballero* aspirait à un titre et le titré voulait devenir Grand. Pour cela il fallait de l'argent, des relations, du pouvoir (avoir une « clientèle »).

Durant le XVIe siècle, ce mouvement ascensionnel se maintint dans des limites raisonnables. En 1520 il existait en Castille 20 Grands et 35 titrés. A la fin du siècle on trouve 18 ducs, tous Grands, 38 marquis (certains d'entre eux avaient la grandesse) et 43 comtes, soit 80 % d'augmentation. Philippe III créa 20 marquis et 25 comtes. Avec Philippe IV l'augmentation fut sensible. Une liste manuscrite assez crédible du milieu du XVIIe siècle nous donne un total de 238 *Grandes y Títulos* répartis de la façon suivante :

Grandes	*Títulos*
30 ducs	69 marquis
10 marquis	114 comtes
6 comtes	9 vicomtes

Charles II agrandit démesurément le cercle, créant au moins 5 vicomtes, 78 comtes et 209 marquis. Une telle augmentation, faite, directement ou indirectement, au bénéfice de *letrados*, ou encore de banquiers qu'on souhaitait indemniser de la sorte, entama le prestige du corps.

❑ ***Les caballeros de hábito.*** A ces différentes couches de la noblesse il convient d'ajouter les chevaliers des ordres militaires, Alcántara, Calatrava et Saint-Jacques dans le royaume de Castille, Montesa dans celui de Valence. Les *caballeros de hábito* ne constituaient nullement une catégorie nobiliaire séparée, c'étaient des *hidalgos notorios*, des *caballeros* ou des *títulos*. L'intérêt d'un habit de chevalerie résidait dans sa signification : c'était une façon de dire qu'on était vieux-chrétien, et *hidalgo* cela va de soi. Plus intéressantes étaient les commanderies — les *encomiendas* —, en nombre restreint, mais qui pour certaines rapportaient gros.

Voici à titre d'exemple un inventaire daté de 1615 :

Ordre de Saint-Jacques : 94 commanderies totalisant 302 298 ducats de rente (valeur moyenne d'une commanderie : 3 216 ducats annuels) ;

Ordre de Calatrava : 50 commanderies totalisant 146 374 ducats de rente (valeur moyenne d'une commanderie : 2 927 ducats annuels) ;

Ordre d'Alcántara : 38 commanderies totalisant 118 389 ducats de rente (valeur moyenne d'une commanderie : 3 115 ducats annuels) ;

Ordre de Montesa : 13 commanderies totalisant 23 000 ducats de rente (valeur moyenne d'une commanderie : 1 769 ducats annuels).

Les valeurs moyennes que nous avons calculées dissimulent d'énormes disparités mais indiquent qu'il ne s'agissait pas d'une question purement honorifique. En réalité c'était surtout les *caballeros* et les *títulos* qui détenaient les commanderies car il fallait disposer d'importants appuis pour les obtenir et les Grands et titrés en avaient fait une tradition familiale, une sorte d'appoint d'honneur et de rente.

❑ ***Les privilèges et le pouvoir nobiliaires.*** Le privilège des privilèges était symbolique mais d'une importance sociale capitale : avoir de l'honneur. Être noble voulait dire qu'on était qualitativement différent, socialement excellent. Et c'était avoir le droit de le montrer par le port des armoiries, par des éléments de train de vie interdits à la roture.

Mais il y avait d'autres privilèges fort attirants dans la noblesse, en particulier l'exemption fiscale et la « *mitad de oficios* » : droit selon lequel les nobles disposaient de la moitié des charges municipales (un des deux *alcaldes* ordinaires, la moitié des *regimientos*, etc.). Viennent ensuite les nombreux privilèges pénaux visant à éviter le déshonneur : pas de torture, sauf pour des crimes particulièrement abominables (parricide, haute trahison, sodomie, fausse monnaie), pas de prison pour dettes, pas de peines infamantes comme les galères, pas de prison commune, pas de pendaison, mais la décapitation. Les biens étant généralement érigés en majorat, leur confiscation devenait impossible.

La haute noblesse tirait son prestige de sa puissance économique, de son pouvoir juridictionnel et de sa participation au gouvernement de la nation. Bien que la richesse ne fût point requise pour être noble, il va de soi que l'*hidalgo* misérable qui avait toutes les peines du monde à sauvegarder les apparences ne fut jamais proposé comme modèle de vertu, ne serait-ce que parce que le fait d'avoir laissé dépérir son patrimoine était une chose hautement répréhensible. Les *caballeros* étaient dans l'ensemble assez riches, et pour être *título* il fallait une fortune considérable. Les rentes nobiliaires étaient de caractère avant tout territorial (les fameux majorats, qui n'englobaient pas toute la propriété du sol) et seigneurial (les droits attachés à la juridiction seigneuriale). N'importe qui pouvait, à partir du XVIe siècle, fonder un majorat, acheter une seigneurie. De fait c'était par là qu'il fallait commencer si l'on voulait un jour recevoir la sanction institutionnelle anoblissante. L'investissement en *juros*, fréquent surtout au sein de la très haute noblesse, devint important sous Philippe II et connut sous son petit-fils de terribles avatars.

Les rentes nobiliaires augmentèrent plus vite et bien davantage que les prix durant le XVIe siècle. Leur accroissement dépassa largement celui des rentes de l'Église, ainsi que nous venons de le voir.

Dans la région de Cordoue, la population placée sous juridiction seigneuriale représentait 48 % de la population totale en 1530. A la fin du XVIe siècle, la proportion était passée à 56 % et le mouvement devait s'amplifier encore après 1600.

La trajectoire de la noblesse au XVIIe siècle pose aux historiens de délicats problèmes d'analyse : au même moment se seraient produites la crise de l'économie nobiliaire et la « réaction seigneuriale ». La plupart des grandes maisons se heurta à des difficultés considérables tandis que des dizaines de nouveaux titres étaient créés et surtout des centaines de seigneuries étaient mises sur le marché par la couronne en proie à d'insolubles problèmes de trésorerie. Les nouveaux seigneurs juridictionnels accentuèrent la pression tributaire, faisant fuir les familles paysannes et surtout les jeunes qui préféraient tenter leur chance ailleurs (en ville, à la guerre, en Amérique...)

Les letrados

❑ ***La carrière des letrados.*** Les *letrados* occupant les principales charges de la haute Administration étaient presque toujours issus des Colegios Mayores (collèges universitaires) les plus réputés de Salamanque, d'Alcalá et de Valladolid. Ils formèrent de véritables dynasties rassemblées par alliances matrimoniales en grandes clientèles au pouvoir local considérable.

D'après les chiffres fournis par Richard L. Kagan, 37 % des gradués sortis des Colegios Mayores aux XVIe et XVIIe siècles furent des *letrados* employés dans la justice et l'administration royales et 33 % firent carrière dans l'Église et dans l'Inquisition.

Le développement de l'appareil de l'État et des administrations locales fut très important au XVIe siècle et se ralentit au cours du siècle suivant. Le nombre de postes de *letrados* nommés directement par le roi quadrupla entre 1500 et 1600. A cette date, l'administration centrale était responsable de la nomination de quelque 500 *letrados* (Conseils, *Audiencias*, *Chancillerías*, *corregidores*, etc.), sans compter les postes secondaires des Indes ni les charges municipales comme les *alcaldías* souvent réservées à des *letrados* qui pour la seule Castille pouvaient bien représenter plusieurs centaines de postes supplémentaires.

Voici le pourcentage de *letrados* présents dans les deux *Chancillerías* et dans les conseils royaux :

	1517-1598	1599-1700
Chacillería de Grenade	52,5 %	58 %
Chancillería de Valladolid	53,4 %	62,2 %
Conseil de Castille	51 %	66 %
Conseil de *Cámara**	53,5 %	71,6 %
Conseil des Indes	53,6 %	53 %
Conseil des ordres de chevalerie*	70,8 %	79,6 %
Conseil de l'Inquisition	48,2 %	47 %

* 1588-1621 et 1622-1700 respectivement

Mais les *letrados* ne trouvaient pas à s'employer que dans la haute administration. Les conseils royaux, les différentes cours de justice et les municipalités offraient des centaines de postes d'avocats. Leur nombre augmenta considérablement tout au long du XVIe siècle, pour connaître une diminution sensible après 1600. La profession d'avocat offrait de nombreuses possibilités de s'enrichir. Elle était en outre réputée noble et, jouissant d'un grand prestige, devint une espèce de carrefour de l'ascension sociale. C'est pourquoi les avocats s'organisèrent en corporations (à la fin du règne de Philippe II pour la Castille, antérieurement pour la couronne d'Aragon) afin de se protéger contre les assauts d'autres professions inférieures et contre leur propre prolifération.

Au bas de l'échelle, on trouvait nombre de professions juridiques, ce que Jean-Marc Pelorson nomme « le monde infra-*letrado* » : notaires et greffiers, procureurs de causes, certains types de secrétaires. Ces offices, contrairement à celui d'avocat, étaient considérés comme vils et mécaniques. Il est vrai qu'ils impliquaient des travaux manuels d'écriture. Il conviendrait néanmoins de nuancer. Les notaires, en particulier, qui ne sont pas toujours considérés comme des *letrados*, faisaient souvent partie de l'élite économique des villes et étaient parfois très bien apparentés.

❑ ***Le prestige social des letrados.*** Les fortunes enviables qu'amassèrent bien les *letrados* étaient dues au départ à leur salaire qui était fort élevé dès qu'on se situait dans le haut de la hiérarchie (juge dans une *audiencia* et au-delà). Au salaire il faut ajouter les sommes rondelettes que ces magistrats ou fonctionnaires recevaient à titre de remerciements, dons, commissions, etc. Enfin, proches du pouvoir, ils savaient en tirer profit pour obtenir du roi des grâces de toutes sortes, telles que l'autorisation de fonder des majorats, l'octroi de commanderies d'un ordre militaire, le droit d'attacher certaines charges à leur famille, l'attribution de pensions, etc. Et par-dessus tout, la faveur royale pouvait anoblir et donner un titre, suprême but de toute famille de *letrados* arrivée à son apogée professionnelle. L'inflation de titres nobiliaires du XVIIe siècle s'explique sans doute en partie par la demande des *letrados* de vieille souche enrichis. Aux Cortès de Madrid de 1534, Charles Quint franchit un grand pas dans la voie de l'assimilation des *letrados* à la noblesse en exemptant d'impôts directs les docteurs gradués dans les universités de Bologne, de Valladolid et de Salamanque, privilège étendu plus tard aux docteurs d'Alcalá et en 1553 à ceux de la couronne d'Aragon. L'exemption d'impôts était en effet la condition indispensable pour figurer sur les listes municipales des « *exentos hijosdalgo* » (exemptés d'impôts), premier échelon de la reconnaissance officielle de la noblesse. L'argent, la carrière et les alliances feraient le reste.

Dans leur ascension, les *letrados* allaient rencontrer la noblesse. Jaloux de leur crédit, les aristocrates qui siégeaient aux Conseils et qui accaparaient les principales charges militaires et de représentation, s'élevèrent contre cette intrusion. Mais l'attrait du pouvoir et de la richesse conduisirent bien des familles titrées à s'unir à celles des *letrados*.

LA TERRE ET LA SOCIÉTÉ RURALE

Au XVIe siècle, plus de 80 % de la population vivait dans des villages ou de petits bourgs et tirait sa subsistance du travail de la terre et de l'élevage. Mais nous connaissons fort mal le monde rural, car malgré l'existence d'excellentes monographies, nous sommes loin de posséder les données suffisantes pour qu'une synthèse puisse être tentée. Notre approche de la paysannerie se fera donc plutôt à travers les problèmes de propriété du sol et de son exploitation.

La propriété du sol

❑ ***La propriété privée.*** L'on distinguera quatre sortes de propriétaires.

— Le roi possédait un important patrimoine foncier, localisé de préférence dans des zones montagneuses impropres à l'agriculture ou dans des plateaux peu fertiles. Il contrôlait également les ordres de chevalerie, gros propriétaires dans la Manche et en Extrémadoure. La couronne commença à céder au cours du XVIe siècle ses droits juridictionnels sur les terres des particuliers, faisant ainsi changer de régime des dizaines de milliers de paysans qui, on le sait, virent en général leur condition empirer. Le roi vendit aussi en grandes quantités des terres au statut particulier, les *baldíos*, que nous allons retrouver plus loin.

— Le principal bénéficiaire en fut la noblesse (ou ceux qui allaient en faire partie), propriétaire d'extensions considérables de terre, à la concentration très variable selon les régions. L'Andalousie, par exemple, était une zone de grande propriété seigneuriale. En général, la terre des nobles se trouvait près des villes où ils résidaient. Ces patrimoines, en totalité ou partiellement, se trouvaient liés par le régime du *mayorazgo* (majorat) qui, dans la plupart des cas, privilégiait l'aîné et interdisait tout démembrement. Mais la noblesse était surtout titulaire de droits juridictionnels, les *señoríos* (seigneuries*), fort rentables : impôts en argent, justice, monopoles (chasse, pêche, moulin, four, souvent la taverne, etc.), part du prélèvement ecclésiastique. L'enquête de 1797 révèle que 17 villes et le tiers (5 300) des villages de la couronne de Castille était sous régime seigneurial. Du temps de Philippe II le mouvement ne faisait que commencer, mais les trente dernières années du siècle connurent une dangereuse accélération des aliénations entraînant d'importantes baisses de la population dues au départ progressif des paysans qui préféraient vivre en terres royales.

Mais tous les nobles n'étaient pas d'immenses propriétaires. Dans la plupart des villages, seuls quelques *hidalgos* avaient des propriétés comparables à celles des laboureurs aisés, et ils les exploitaient eux-mêmes, avec quelques manœuvres. C'est le type du « laboureur noble ». Les autres *hidalgos* n'ont pour ainsi dire pas de terres et malgré leur statut de privilégiés, se trouvent dans une position inférieure de fait à celle de nombre de laboureurs roturiers.

— L'Église, nous l'avons dit, était une grande propriétaire terrienne (par exemple, le septième du sol de la région de Castille-León lui appartenait en 1760) et détenait également des droits seigneuriaux (sur le sixième des lieux habités de la couronne de Castille en 1797, soit deux fois moins que la noblesse).

— Les particuliers non privilégiés. Ils sont de deux sortes : les propriétaires bourgeois et les paysans. Au XVIe siècle (c'est un phénomène européen), on assiste à un accroissement de l'investissement agraire de la part des habitants des villes. La possession de la terre symbolisait le prestige social, la richesse et la sécurité. D'ailleurs, la croissance démographique avait entraîné une hausse des prix agricoles qui rendit l'investissement attrayant. Ce mouvement toucha avant tout les territoires situés à proximité des villes, grandes ou moyennes. L'investissement bourgeois dans la terre donna lieu à une agriculture orientée vers le marché (vignes et oliviers, surtout en Andalousie) et eut pour conséquence la concentration de la population rurale et la disparition de nombreux hameaux. Les nouveaux propriétaires citadins et les riches laboureurs constituèrent cette sorte de classe intermédiaire entre noblesse et roture appelée à l'époque « les puissants » (*los poderosos**). Il ne semble pas, toutefois, que cet investissement citadin fût tourné vers l'augmentation de la productivité, mais plutôt vers l'acquisition de titres de noblesse.

La propriété paysanne se caractérisa au XVIe siècle par son exiguïté, son extrême morcellement et sa dispersion. La crise présente à partir du règne de Philippe III aurait pour effet une importante concentration de la propriété. Avant cette date, il existait une forte proportion de paysans propriétaires au moins d'une ou deux petites vignes et d'une parcelle de terre irriguée (*huerta*), également fort étroite. Les spécialistes sont d'accord pour estimer qu'environ le cinquième des terres labourables de la couronne de Castille se trouvait entre les mains de la paysannerie. Mais compte tenu de l'importance des disparités, tant locales que régionales, une telle évaluation ne signifie pas grand-chose du point de vue de la richesse des paysans.

❑ ***La propriété collective.*** Tous les centres de peuplement castillans possédaient des terres municipales à usage collectif, cédées par la couronne au moment de la Reconquête, ou postérieurement à titre de grâce particulière, ainsi que par les seigneurs. Les communes eurent tendance à agrandir leur domaine en s'appropriant de fait des portions de terres « *baldías* » (terres vacantes, stériles ou incultes, souvent montagneuses) qui de droit appartenaient au roi. Le patrimoine des municipalités consistait en deux sortes de propriétés au statut distinct : les « *propios** » et les « *comunes** ».

Les *propios* étaient des terres, ou des biens d'un tout autre type (auberge, moulin, etc.), qui appartenaient à la municipalité en tant qu'entité juridique. Les conseils municipaux les affermaient pour de courtes périodes à des particuliers par le moyen d'enchères publiques dont étaient exclus les fonctionnaires municipaux ainsi que les « *poderosos* ». La plupart du temps, les *propios* étaient des terrains destinés aux cultures ou à l'élevage dont la rente, souvent importante, constituait un des recours financiers fondamentaux des municipalités.

Les terres communes étaient inaliénables et, en principe, utilisables par tous les habitants sans paiement aucun. Il y avait d'abord l'*ejido*, situé, comme l'indique son étymologie (du latin *exire*, sortir, *exitum*, sortie) à la sortie du village. C'était le terrain communal par excellence et il servait à de multiples usages.

Nous trouvons ensuite les pâturages, *dehesas* et *cotos* principalement, qui étaient des terrains clos. Parmi les premières, il y en avait toujours une, la *dehesa boyal*, qui servait d'enclos pour les bêtes de trait du lieu. Les *cotos* pouvaient être aussi destinés au labour. Les *montes* (bois communautaires) pouvaient être en partie inclus dans les *cotos* ou les *dehesas*. Ils fournissaient les glands, denrée à l'importance considérable, ainsi que de nombreux produits indispensables, tel le bois de chauffage. Les terrains communaux destinés au labour faisaient l'objet d'une réglementation fort précise afin d'éviter toute injustice. L'eau était aussi considérée comme un bien public et se trouvait sous le contrôle de la municipalité.

Si l'on ajoute à tout cela les autres droits collectifs, tels que la vaine pâture, la pêche ou la chasse, on comprendra toute l'importance des biens communautaires pour les paysans. Nombre d'entre eux n'auraient pas pu subsister sans leur existence.

Le monde paysan

❑ ***Le régime de l'arrendamiento* (la rente).*** Les paysans, dans leur grande majorité, n'étaient pas propriétaires de toutes les terres qu'ils cultivaient. Ils affermaient les terres des seigneurs, nobles ou ecclésiastiques, et des propriétaires bourgeois, moyennant le paiement d'une rente. Deux cas sont à distinguer.

Les plus anciens contrats d'affermage, datant de la fin du XVᵉ siècle pour la plupart (ils sont en tout cas toujours antérieurs aux années 1550), étaient les plus favorables : c'était le cens emphytéotique, peu onéreux, à la durée pratiquement illimitée, qui faisait du paysan le quasi-propriétaire de la terre (il pouvait la vendre, la transmettre en héritage, l'échanger et l'hypothéquer). Ce régime fut courant en Catalogne, fréquent dans le Nord. Nous n'avons à l'heure actuelle aucun moyen d'évaluer la proportion d'emphytéoses dans l'ensemble de la rente foncière.

Mais le système qui prévalut sans aucun doute fut l'*arrendamiento* : la cession de l'exploitation de la terre selon des contrats à durée déterminée (trois, quatre ans) contre une rente souvent fort lourde. Celle-ci dut vraisemblablement atteindre, en moyenne, le quart de la récolte.

A ceci il convient d'ajouter l'intervention du capital bourgeois dans le financement agricole par le moyen des prêts en liquide aux paysans suivant la technique du cens (*censo al quitar*) qui impliquait l'hypothèque des biens du bénéficiaire. Les arbitristes dénoncèrent l'affermage et la spéculation comme étant les principales causes du dépeuplement des campagnes.

❑ ***Laboureurs et journaliers.*** Les *labradores** (possédant au moins un attelage et un araire) et les *jornaleros** (ouvriers agricoles) sont les deux catégories fondamentales de paysans retenues par les textes d'époque, mais la réalité offre d'innombrables nuances. De nombreux journaliers étaient propriétaires de petites parcelles et de quelques vignes, ainsi que d'une ou deux *huertas*. A l'inverse, bien des laboureurs possédaient fort peu de terre et travaillaient pour d'autres propriétaires, soit durant toute l'année, soit, et c'était le plus courant, au moment de certains travaux. D'autre part, les sources montrent l'existence de *labradores* qui louaient l'attelage. Il vaudrait mieux par conséquent définir le laboureur comme un agriculteur indépendant, vivant de la production de la terre qu'il cultivait lui-même, que celle-ci fût ou non à lui.

D'après la fameuse enquête demandée par Philippe II en 1572-1575, il ressort qu'en Nouvelle-Castille, les journaliers représentaient près de 60 % de la population rurale et les laboureurs, le quart. Mais cette enquête semble fausser la réalité par un excès de pessimisme (les paysans devaient se méfier d'une telle curiosité administrative) car ailleurs les proportions paraissent fort différentes. Pour plusieurs zones de Vieille-Castille, les laboureurs représentent toujours entre 45 et 55 % de la population, les journaliers, entre 6 et 20 %. Nous retrouvons les mêmes ordres de grandeur en Andalousie. L'on retiendra donc qu'au XVIe siècle il y avait en Castille un pourcentage significatif de paysans indépendants qui vivaient, pour une bonne part, dans une aisance certaine.

Au sommet de la société paysanne on trouvait les riches laboureurs, ces « *labradores ricos* » présents dans la littérature, choyés par la *comedia* de Lope de Vega. Certains pouvaient avoir une fortune évaluée à 5 000 ducats ou plus, mais c'était une élite très restreinte. En fait, on était considéré comme riche à partir de 600 ou 700 ducats de biens, niveau que ne devaient pas atteindre plus de 15 % des paysans. A l'autre extrémité, les journaliers sont presque toujours qualifiés de pauvres (« *jornalero pobre* »), parfois même de « très pauvres », « n'ayant pas de quoi subsister », etc. Ceci aussi est relatif. Néanmoins, les enquêtes les plus sérieuses nous permettent d'affirmer que d'une manière générale, la pauvreté rurale (au sens d'indigence) dut toucher quelque 8 % de la population campagnarde durant la première moitié du XVIe siècle, pourcentage qui devait doubler entre 1550 et 1590. Ces journaliers pauvres, très vulnérables, étaient les principales victimes des crises de subsistances et étaient les premiers à prendre la route des villes lors des mauvaises périodes.

❑ ***Le malaise paysan de la fin du siècle.*** La seconde moitié du XVIe siècle connut une profonde dégradation de la vie rurale, à la chronologie difficile à établir, mais qui se traduisit par la paupérisation massive de secteurs entiers de la société rurale et l'abandon des campagnes.

L'augmentation du coût de production agricole entraînée par la hausse des prix et des salaires, jointe à la baisse de la demande américaine, produisit un effondrement du rendement qui conduisit à la faillite les paysans incapables de rembourser les dettes. Seules certaines régions d'Andalousie, comme Ubeda ou Baeza, à l'agriculture industrielle liée au commerce avec les Indes (vin et huile), échappèrent à la dépression. D'autre part, les problèmes de trésorerie de la couronne ne firent qu'accentuer le déséquilibre par un accroissement considérable de la pression fiscale, par des ventes massives de terres *baldías* qui mirent en danger les biens communaux, par la vente, enfin, de la juridiction de nombreux villages à ces nouveaux « seigneurs de vassaux » sur le sentier de l'anoblissement qui augmentèrent de leur côté les redevances.

LES GRANDES CLASSES D'EXCLUS

La société espagnole des XVIe et XVIIe siècles se caractérisa par une intolérance extrême dans un siècle d'intolérance généralisée. Le trait le plus saillant en fut la discrimination raciale qui affecta les descendants des juifs et des musulmans. Dirigé principalement contre les premiers, ce principe d'exclusion des « impurs » souillés par la tache (« *mancha** ») indélébile de l'origine, allait contraindre les familles menacées dans leur position à masquer l'ascendance inavouable par des moyens souvent fort risqués (subornation de témoins, falsification des généalogies). La société ibérique était en outre fortement esclavagiste.

La pureté de sang

❑ ***Le triomphe des « statuts de pureté de sang ».*** Être vieux-chrétien, c'était pouvoir prouver qu'on ne comptait parmi ses ascendants aucun juif ni musulman (ou un de leurs descendants nouvellement converti au christianisme). Une telle pureté n'avait rien à voir avec le fait d'être noble, et encore moins d'appartenir à la haute noblesse, volontiers soupçonnée d'avoir mêlé son sang à celui des grands argentiers médiévaux convertis au christianisme par calcul. Elle était plutôt l'apanage du bon laboureur sédentaire, roturier et vilain par statut, mais justement dépositaire d'un honneur très sacré, celui d'être catholique et Espagnol.

Les statuts de pureté de sang sont des clauses restrictives introduites dans les règlements régissant le fonctionnement des associations et des diverses institutions, tant publiques que privées, excluant les descendants des nouveaux-convertis. Le premier statut de pureté de sang fut celui adopté par le conseil municipal de Tolède en 1449 afin de chasser les judéo-convers des offices municipaux. Cette mesure, désavouée peu après par le pouvoir royal et par Rome (bulle *Humani generis inimicus* de Nicolas V), fut prise dans un climat de guerre civile et de troubles municipaux sanglants, dirigés contre les judéo-convers, également perceptible dans d'autres villes importantes de Castille et d'Andalousie. L'acharnement des vieux-chrétiens à exclure les néophytes des offices ne fléchit pas pour autant, provoquant de graves séditions dans les dernières décennies du siècle, notamment à Tolède, en 1467, et à Cordoue, en 1473, où de nombreux judéo-convers trouvèrent la mort.

L'apparition de l'Inquisition en 1480 allait créer un dangereux amalgame entre l'impureté de sang et l'hérésie. Le Saint-Office, en effet, en application du droit canon, excluait des charges publiques les proches parents des hérétiques (on appelait cela l'inhabilitation*). Les Rois Catholiques sanctionnèrent cette norme en 1501, étendant l'inhabilitation aux fils et petits-fils des condamnés par la ligne masculine et seulement aux fils par la ligne féminine. Ainsi, compte tenu du fait qu'à cette époque l'immense majorité des hérétiques poursuivis étaient de nouveaux-chrétiens judaïsants, l'opinion put-elle établir dès l'origine un lien fatal entre l'hérésie et l'ascendance judéo-converse. Les descendants des juifs seraient infailliblement soupçonnés d'être de faux chrétiens ou du moins des catholiques fort tièdes. La discrimination sociale introduite par les statuts de pureté de sang, se doublait alors d'une discrimination religieuse recouvrant de fait de forts préjugés raciaux.

Dès 1473, les vieux-chrétiens de Cordoue fondèrent une confrérie d'où se trouvaient exclus les nouveaux-chrétiens. Parmi les premières institutions importantes qui adoptèrent un statut de pureté de sang, on trouve les *Colegios Mayores* universitaires, en particulier les plus prestigieux, comme celui de San Bartolomé, de Salamanque, en 1482, ou encore celui de Santa Cruz, de Valladolid, en 1488, au moment de sa fondation. D'autres suivirent (San Antonio, de Sigüenza, en 1497 ; San Ildefonso, en 1519). L'ordre d'Alcántara fut le premier ordre de chevalerie à s'en munir. Les ordres religieux s'en dotèrent rapidement, hiéronymites en tête (1486), mais aussi les dominicains, dès 1489, puis les franciscains, en 1525. Les jésuites, en principe opposés aux statuts finirent par céder, tard il est vrai, en 1593. Les cathédrales sont également gagnées par le mouvement : Badajoz (1511), Séville (1515), Cordoue (1530).

L'adoption de statuts atteignit son apogée en 1556, date à laquelle le Conseil de Castille approuva celui de la cathédrale de Tolède, introduit en fait dès 1547. Ce statut, arraché de haute lutte par l'archevêque Silíceo contre les adversaires de cette forme d'exclusion, connut un retentissement énorme et souleva mainte controverse. Le roi contraignit bientôt les détracteurs des statuts au silence et la seconde moitié du XVIe siècle vit partout le triomphe de la discrimination raciale.

Les statuts devinrent si rigoureux et tracassiers, que Philippe II finit par convoquer en 1596 une Junte présidée par l'inquisiteur général Portocarrero afin d'étudier les moyens d'atténuer leurs effets. Il fut alors élaboré un plan prévoyant que les enquêtes ne remonteraient pas au-delà de cent ans de lignée. Mais à la mort du monarque le projet fut abandonné.

Le comte-duc d'Olivarès, désireux d'attirer les capitaux marranes portugais, fut l'inspirateur du décret du 10 février 1623 modifiant la portée des statuts de pureté de sang. Ce texte invalidait, en particulier, les dénonciations anonymes, pénalisait lourdement la circulation des fameux livres *Verdes* ou *de Becerro* contenant des listes infamantes de familles « impures », instituait le principe des « Trois actes positifs » qui sanctionnait définitivement comme pure toute généalogie ayant par trois fois été prouvée. Mais le soulèvement du Portugal en 1640 et la chute d'Olivarès en 1643, eurent pour effet l'annulation, dans la pratique, de ce décret.

❑ ***Signification de la pureté de sang.*** Par les connexions qu'elle établit avec l'honneur des lignages et la valeur de l'opinion publique — la *fama** —, la pureté de sang apparaît bel et bien comme la pièce centrale d'un système d'intégration extrêmement retors où le « casticisme » des purs — les membres de la caste des vieux-chrétiens — est opposé à l'impureté des races, autrement dit, les lignages contaminés par le sang d'ascendants juifs ou musulmans. Sebastián de Covarrubias, dans son *Tesoro de la Lengua Castellana o Española* (1611), établit clairement la distinction :

« CASTE. Signifie lignage noble et pur (*castizo*), de bonne souche et descendance [...]. L'on nomme purs (*castizos*) ceux qui appartiennent à un bon lignage ou à une bonne caste. »
« RACE [...]. S'agissant des lignages, ce terme est pris en mauvaise part, pour dire qu'on est à quelque titre de race maure ou juive. ».

La race, c'était donc la terrible tache, la *mácula** ou *mancha** qu'il fallait à tout prix tenir secrète aux yeux de l'opinion. Ainsi, la pureté de sang, en détournant les solidarités traditionnelles à dominante hiérarchique — les lignages, les clans et les clientèles — au profit d'un système de discrimination raciale, transforma-t-elle radicalement les rapports sociaux dans l'Espagne classique. Elle introduisait en effet une nouvelle ligne de démarcation dans le système de l'honneur entre ceux qui pouvaient se prévaloir d'une ascendance sans tache et les autres, qui se trouvaient être justement les membres de l'élite politique, économique ou culturelle. L'on savait que les plus grandes familles avaient, à des époques reculées (au XIIIe et au XIVe siècle principalement), contracté des alliances avec de riches représentants des milieux juifs convertis. Dès lors, l'honneur et le prestige social des puissants de ce monde étaient concurrencés par ceux que revendiquaient les couches populaires, essentiellement paysannes, du seul fait d'avoir du sang pur. L'on se rappellera ce savoureux échange entre don Quichotte et Sancho Pança : « Je suis vieux-chrétien [dit Sancho] et pour être comte c'est assez. — C'est même trop, dit don Quichotte. »

C'est pour cette raison que, selon José Antonio Maravall, la pureté de sang peut être comprise comme un recours, une barrière, dressés par les clientèles aristocratiques détenant le pouvoir, aux origines peut-être suspectes, comme on vient de l'exposer, mais de toutes façons anciennes, afin d'exclure la nouvelle élite provenant du monde du commerce et de la haute finance qui, à l'aube du XVIIe siècle, avait réussi à s'introduire dans les sphères du pouvoir, tant locales que nationales, alors que ces nouveaux venus étaient souvent connus pour leur ascendance nouvelle-chrétienne.

Nous avons vu qu'il y eut, parmi les plus violents détracteurs des judéoconvers, plusieurs descendants de juifs. Mais ceux-ci furent surtout nombreux à s'opposer aux statuts de pureté de sang et pas seulement pour des raisons d'opportunisme social étroit. D'autres voix, vieilles-chrétiennes, s'unirent aux leurs (parmi les plus illustres, rappelons celle de Francisco de Vitoria, d'Arias Montano, de Melchor Cano, du Père Mariana ou de Baltasar Gracián). Il va sans dire que les sages arguments avancés par ces hommes de pensée, tous inspirés par le plus pur esprit de concorde chrétien, n'eurent que peu d'effet sur une pratique sociale aux profondes racines irrationnelles.

Les esclaves

Les esclaves constituaient le groupe le plus radicalement marginalisé, puisqu'ils étaient exclus non seulement de fait, en raison de leur condition misérable et vile, mais aussi de droit. Dépourvus de toute capacité légale, ils étaient un objet qu'on pouvait vendre, échanger, léguer, donner en caution ou en paiement d'une dette. Ils ne pouvaient se déplacer, ni se marier, ni travailler sans la permission de leur maître. L'on connaît l'ampleur du problème des esclaves dans les colonies espagnoles et portugaises, les débats passionnés auxquels il donna lieu dès le début du XVIe siècle, ainsi que les horreurs de la traite des Noirs. Mais on oublie souvent que la Péninsule ibérique fut esclavagiste durant toute l'époque moderne, Séville, Lisbonne et Valence étant les grands centres du marché d'esclaves.

Il n'est pas aisé de déterminer le nombre d'esclaves résidant en Espagne. Ils furent sans doute très nombreux à la fin du XVe siècle et au début du siècle suivant, surtout dans la partie méridionale de la péninsule et dans le Levant. Sous les Rois Catholiques, il y avait dans la ville de Valence 10,5 % d'esclaves, le taux le plus élevé de la Péninsule. A la fin du XVIe siècle, leur nombre devait être compris entre 50 000 et 80 000, l'Andalousie en détenant plus de 60 %. Vers 1600, Séville comptait au moins 6 000 esclaves, soit 8 % de sa population, alors qu'à Malaga, ils représentaient sans doute un bon dixième. Leur nombre décrut au XVIIe siècle. Une étude récente portant sur le sud de l'Extrémadoure montre que les esclaves représentaient, en moyenne, 3,3 % de la population urbaine au XVIe siècle contre 1,3 % au siècle suivant.

Dans le prix de vente d'un esclave entraient de nombreux facteurs tels que l'âge, le sexe, la finalité de l'acquisition, l'histoire de l'individu, son caractère, ses compétences. Globalement, le prix moyen subit une très forte augmentation durant le XVIe siècle, passant de 23 ducats entre 1500 et 1515, à 85 ducats pour la période comprise entre 1590 et 1600, soit 270 % de hausse. Celle-ci se maintint néanmoins en dessous de l'augmentation générale des prix, qui atteignit 315 %.

Il y avait deux sources d'approvisionnement d'esclaves : les guerres contre les pouvoirs musulmans et l'entreprise coloniale, celle-ci prenant le relais de celle-là au XVIIe siècle. Les esclaves blancs (musulmans ou morisques pour la plupart) avaient la faveur des acheteurs, mais ils devinrent de plus en plus rares. En fait, globalement, les noirs ou *loros** (bruns, foncés ou basanés) représentèrent environ 70 % de la population esclave. Les femmes furent plus cotées que les hommes, mais à partir de la quarantaine, ceux-ci devenaient plus chers. L'âge optimal de vente était de 20-29 ans pour les hommes et de 18-25 ans pour les femmes.

Les esclaves devaient être baptisés dès leur arrivée dans la Péninsule, mais n'en retrouvaient pas la liberté pour autant. Celle-ci intervenait soit par décision généreuse du propriétaire (c'est le cas des testaments, en particulier) soit le plus souvent par rachat individuel. Les esclaves qui travaillaient contre un salaire pouvaient en effet verser petit à petit, au terme d'un accord préalable, le montant de leur rachat à leur maître. Ces esclaves libérés, *horros** ou *cortados**, selon la terminologie de l'époque, allaient en général grossir les rangs de la population inquiète et misérable des villes. Ils furent très nombreux.

Contrairement à ce qu'a avancé l'historiographie traditionnelle, les esclaves dans la Péninsule ibérique ne furent pas un simple objet somptuaire et improductif attaché au train de maison de la haute noblesse ou des grands prélats. Ils travaillèrent dur la plupart du temps et représentèrent par conséquent une force de travail non négligeable, même si, de toutes façons, leur rôle économique restait très inférieur à celui de leurs frères des Indes. De récentes études portant sur les principales villes d'Andalousie permettent de fixer la répartition suivante selon les propriétaires : Église, 12,4 % ; noblesse, 10,7 % ; militaires et agents de l'administration, 20 % ; professions libérales, 11,6 %, artisans et commerçants, enfin, 36,5 %. Ainsi, près de 40 % des esclaves étaient entre les mains des artisans qui les utilisaient comme main-d'œuvre.

Les brigands

❑ ***Un phénomène complexe.*** Le nombre et l'agressivité des *bandoleros** allèrent en augmentant à partir de la seconde moitié du XVIe siècle, au rythme de l'accroissement de la crise économique, un des facteurs de la genèse du banditisme considéré comme essentiel par la tradition historiographique. Mais il n'est pas le seul. L'origine du terme le montre déjà : *bandolero* signifie membre d'un *bando*, partialité ou faction, constituée autour d'une famille (ou d'un clan) noble en lutte contre une autre famille rivale. Cette définition étroite s'applique surtout à la réalité des pays de la couronne d'Aragon où le terme est né, dans les années 1520. Mais il gagna rapidement en extension et finit par désigner toutes les catégories de bandits des grands chemins.

Le banditisme péninsulaire de l'époque moderne, selon l'analyse de Fernand Braudel, se rattache à un phénomène méditerranéen plus général, perceptible également en Italie, en Yougoslavie ou en Roumanie, phénomène qui doit être en partie compris comme la revanche, la résistance de certains milieux ou de certaines cultures, contre l'organisation étatique. En fait, de récentes études tendraient à montrer, pour la Catalogne et pour Valence, que le banditisme entretenait des relations de type maffieux avec certaines clientèles du pouvoir et que son essor serait dû à des facteurs complexes fort étrangers aux problèmes de paupérisation ou de réaction féodale avancés le plus souvent.

❑ ***Les monfíes* du royaume de Grenade.*** La dimension contestataire est fort présente dans le cas de « bandits » morisques, considérés comme des guerriers saints et des martyrs par la tradition musulmane. Les plus représentatifs et aussi les plus connus, ce sont les *monfíes* d'Andalousie orientale, apparus au lendemain même de la reconquête du royaume de Grenade (les premières mesures répressives prises à leur encontre datent du 30 septembre 1492). Leur nom, *monfí*, vient de l'arabe *munfi* qui signifie homme banni, exilé. D'après Bernard Vincent, les *monfíes* connurent leur apogée durant les années 1570, au moment où les bandes d'El Joraique, El Meliche ou El Seniz semèrent la terreur et entrèrent dans la légende. Cette flambée de violence, portée, en quelque sorte, par le soulèvement, puis la défaite et la déportation des morisques grenadins, s'estompa après 1580. Après cette date, ce fut au tour des Valenciens de reprendre le flambeau de la résistance morisque. En étroite liaison avec les villes musulmanes du Maghreb et avec la guerre de course, ces « bandits » ou « guerriers » morisques suivirent une trajectoire au sens politique de plus en plus affirmé, au point que les vice-rois de Valence des dernières décennies du XVIe siècle les désignaient volontiers dans leurs rapports sous le nom d'agents du pouvoir ottoman. La réalité semble néanmoins plus nuancée et par plus d'un trait, ces hommes de la frontière se rattachent à ce « banditisme social » dont Eric J. Hobsbawm a établi la typologie. Néanmoins, les registres inquisitoriaux valenciens permettent de saisir, pour certains individus isolés (Ali Caxet, Lope de la Paridera, par exemple) ou pour de véritables clans familiaux installés à la fois à Alger et dans le Levant péninsulaire (les Izquierdo, les

Benazar), une dimension nationale (morisque) et religieuse (musulmane) qui ferait de ce type de banditisme un cas à part, fort différent de celui des *bandolers* vieux-chrétiens contemporains présents dans les mêmes régions.

❑ ***La couronne d'Aragon.*** La plus importante catégorie de brigands péninsulaires, la plus enracinée et celle qui a laissé le plus de traces dans la mémoire collective, ce sont les *bandolers* de la couronne d'Aragon, extrêmement actifs en Catalogne et en terre valencienne à l'époque de Philippe III. Le banditisme pyrénéen ne s'expliquerait pas sans le morcellement du territoire en d'innombrables seigneuries juridictionnelles rivales et donc sans l'appui prêté par la noblesse catalane et par les ecclésiastiques. En fait il y avait de nombreux nobles dans les bandes armées, peut-être les cadets, ou bien les plus pauvres. En principe une bande agissait pour le compte d'un seigneur qui était en lutte contre un autre seigneur.

Mais ce qui donna au banditisme catalan son nouvel essor et sa nouvelle dimension, ce fut l'établissement, au milieu du XVIe siècle, des voies de transport du métal précieux à travers la couronne d'Aragon. L'argent empruntait deux routes qui se rejoignaient à Barcelone. L'une passait par Saragosse et Lérida, l'autre par Valence et Tortosa. Le premier vol important se produisit en 1583, près de Cervera. En 1587, la bande d'El Minyó de Montellá s'empara de la cargaison de monnaie royale près de Sidemunt. En 1613, au col de la Panadella (entre Cervera et Igualada), la bande de l'Italien Barbeta, aidée par la population du lieu, s'empara de la moitié de la cargaison d'argent que le Génois Nicolao Balvi faisait passer en Flandres, soit 180 000 ducats.

Les bandes les plus importantes, comme celle de Joan de Serrallonga ou encore celle de Perot Rocaguinarda, immortalisée par Cervantes, comptaient de 300 à 500 hommes. Vers 1611, certains des plus farouches *bandolers*, Rocaguinarda en tête, demandèrent à bénéficier des édits de grâce promulgués par les vice-rois et vinrent servir le roi dans les *tercios* stationnés en Italie ou aux Pays-Bas. Mais le banditisme devait reprendre de plus belle au début du règne de Philippe IV, sous l'impulsion de la grande personnalité de Joan Salla ou « Serrallonga ». L'exécution de ce dernier, en janvier 1634, ne laissa qu'un court répit aux autorités : dès 1638, le vice-roi de Catalogne Santa Coloma reconnut son impuissance à extirper le fléau.

Dans le royaume de Valence, le dépouillement des registres criminels de la vice-royauté montre une chronologie du phénomène fort semblable à celle de la voisine Catalogne :

	Nombre d'affaires	Nombre de bandits capturés
1572-1583	12	21
1584-1595	52	136
1596-1607	36	85
1608-1619	57	208
1648-1657	35	191

Les Gitans

Les *gitanos*, ou *egipcianos** constituèrent une catégorie de marginaux bien particulière dans la mesure où l'exclusion dont ils étaient l'objet se doublait d'une volonté farouche de non-assimilation, ou du moins, de refus des voies d'assimilation proposées par les pouvoirs. Les Gitans étaient considérés comme des êtres indésirables. « Ce sont gens de perdition, vagabonds, fauteurs de troubles, menteurs et escrocs », s'écrie Covarribias dans son dictionnaire.

Les Gitans furent sans doute nombreux dans l'Espagne moderne, si l'on en juge par l'abondante législation les concernant et par les constantes protestations des Cortès. Organisés en tribus nomades, ils échappaient à tout contrôle de la part des autorités, qui essayèrent par tous les moyens de les sédentariser. Les raisons d'une telle défiance étaient multiples. Il y avait d'abord des motifs religieux. Il fallait éviter que les « superstitions des Gitans » ne se propagent parmi les populations vieilles-chrétiennes (l'on connaît l'audience dont jouissaient les femmes gitanes, diseuses de bonne aventure, pourvoyeuses de toutes sortes d'expédients magiques à des fins économiques, amoureuses ou médicales). La défiance politique à leur endroit n'était pas moindre : les Gitans étaient volontiers soupçonnés de servir d'espions à la solde du Turc, des protestants, des morisques ou des Français. L'on trouve enfin des raisons légales de droit commun : l'on craignait qu'ils n'aillent grossir les rangs des *bandoleros* et l'on voulait supprimer les transactions frauduleuses de bétail dont les paysans se plaignaient d'être les innocentes victimes.

Cet arsenal de motifs qui est comme l'envers négatif de la radicale originalité du peuple gitan (qu'on se rappelle l'étonnante *Petite Gitane* de Cervantes), ne reposait pas seulement sur un préjugé fort ancien visant à faire de tous les Gitans des voleurs sans foi ni loi. Il est à mettre sur le compte de la nouvelle volonté de l'État moderne de fixer, d'uniformiser et de contrôler toutes les populations. C'est ainsi que la première grande série de mesures contraignantes à l'endroit des Gitans fut prise par les Rois Catholiques en 1499 en pleine époque de réorganisation intérieure du royaume, et est à rapprocher de l'édit de conversion forcée des Mudéjares de la couronne de Castille de 1502. Les dispositions de 1499 furent reprises par Charles Quint, puis par Philippe II. A chaque nouvelle promulgation, les lois contre les Gitans s'enrichirent d'interdictions supplémentaires, telles la défense de parler leur langue ou de porter leurs vêtements traditionnels, ou l'obligation de résider dans des villes de plus de mille habitants, ou encore d'exercer le seul métier de laboureur. Toutes ces prescriptions correspondaient aux souhaits des villes représentées aux Cortès, lesquelles de leur côté prenaient périodiquement les mesures les plus extrêmes contre les Gitans vivant dans leurs murs.

Rien n'y fit : en 1619, Philippe III signa un décret d'expulsion générale et définitive des Gitans, à l'instar de celle qui venait de frapper les morisques. Mais cette mesure ne dut avoir que peu d'effet, car les lois contre les « nomades, vagabonds et voleurs » s'accumulèrent durant tout le XVIIe siècle. La sédentarisation des Gitans n'eut effectivement lieu qu'au XVIIIe siècle.

LA SOCIÉTÉ COLONIALE AUX XVIe ET XVIIe SIÈCLES

Il n'y eut pas, dans les Indes espagnoles, de véritable société américaine, mais un amalgame résultant de mélanges biologiques et culturels complexes et régi par des préjugés et des habitudes ayant force de loi. Issue de l'espagnole, la société américaine en reproduirait le principe de dominance hiérarchique fondé sur les privilèges auquel viendrait se superposer le système des castes. Au sommet de la hiérarchie, la société des Blancs ou *indianos* (la « *República de los españoles* ») était composée du clergé, des *conquistadores* et des fonctionnaires royaux. Face à cette minorité qui détenait le pouvoir et la richesse, la société indienne (la « *República de los indios* »), aux structures et à la culture brisées par les conquérants, sombra dans une dépression démographique catastrophique dont elle ne commencerait à sortir qu'à la fin du XVIIe siècle. Ce siècle, capital pour l'Amérique et encore mal étudié, vit l'émergence de la société créole qui devait prendre en main les destinées du continent à l'époque des Lumières. Nous suivons dans notre exposé Guillermo Céspedes del Castillo, sauf pour les chiffres de population.

Aperçu sur l'évolution démographique

Le trait saillant, nous l'avons déjà souligné plus haut (cf. chap. 1), fut l'effondrement de la population indienne qui posa aux colonisateurs de graves problèmes de manque à gagner et entraîna la recherche de solutions de rechange.

Vers 1570, il y avait en Amérique quelque 150 000 Blancs, espagnols ou créoles (1,7 % de la population), 250 000 Noirs, métis et mulâtres (2,8 %) et 8 500 000 Indiens (95,5 %). Mais les populations nouvelles venues étaient en expansion démographique et, en outre, bénéficiaient d'apports extérieurs constants. Ainsi, vers 1650, les Blancs étaient six fois plus nombreux, environ 750 000, soit 10,7 % de la population, les Noirs avaient triplé, pour atteindre le même chiffre de 750 000. Les métis et mulâtres et autres *castas**, avec 1 000 000 d'âmes représentant 14,3 % de la population, étaient en pleine explosion démographique. Les Indiens, quant à eux, n'étaient plus que quelque 4 500 000 (64,3 %) et avaient par conséquent perdu presque la moitié de leurs effectifs. Entre 1670 et 1790, la population indienne doubla, atteignant à cette dernière date la dizaine de millions.

La communauté des Blancs

❑ ***Les conquistadores et les premiers colonisateurs.*** Ils furent les plus nombreux et ceux qui donnèrent à la société coloniale ses caractéristiques les plus marquantes. Se considérant comme une caste supérieure, érigeant en valeurs suprêmes les vertus guerrières et le mépris du travail manuel, ils aspiraient à devenir nobles, propriétaires terriens et seigneurs de vassaux. Car la haute noblesse fut absente de la conquête. Tous les partants (même si certains étaient des *hidalgos* ou les cadets de familles nobles) furent des gens désargentés mus par l'appât du gain, symbolisé par la première collecte des métaux précieux thésaurisés par les Indiens. Mais cette cupidité, cause des pires cruautés, se doubla chez les *conquistadores* d'un orgueil de caste et d'un esprit de croisade très accusés qui devaient donner à l'entreprise sa couleur particulière.

Sous les *conquistadores*, pour ainsi dire, se trouvaient les premiers colons (*primeros pobladores*) qui n'étaient pas des combattants, mais des fondateurs de villes et les initiateurs de la colonisation. Venaient ensuite les *vecinos* (citoyens), arrivés plus tard, mais qui possédaient maison et biens. Enfin, les simples résidents (*moradores**) sont les derniers venus, gens qui ne parviennent pas à une position de premier plan, mineurs, artisans ou commerçants, désireux de devenir citoyens. Mais tous, même pauvres, par le fait d'être blancs, étaient des privilégiés. Cette espèce d'égalitarisme *hidalgo* entre tous les Espagnols d'Amérique est une des grandes originalités du système implanté outre-Atlantique.

Au XVIe siècle, le courant migratoire fut dominé par les Andalous et par les Extrémadouriens. Ce n'est qu'au siècle suivant que la personnalité des Galiciens, des Asturiens et des Basques prendrait un relief tout particulier. Ces derniers devaient jouer un rôle de premier plan dans le commerce et l'industrie minière.

Les *conquistadores*, assoiffés de gloire, échouèrent dans leur tentative d'obtenir des titres de noblesse et de s'ériger en oligarchie militaire omnipuissante. Ils n'en adoptèrent pas moins le style de vie de l'aristocratie péninsulaire, exagérant hyperboliquement les signes de richesse et de pouvoir. Tous leurs efforts tendirent désormais à rendre perpétuelles les *encomiendas*, fondement de leur puissance. Ils échouèrent ici aussi. La promesse royale de 1528 de procéder à un partage général des Indiens agrémenté de droits juridictionnels pour les détenteurs d'*encomiendas*, ne fut pas tenue. En 1536, les *conquistadores* obtinrent néanmoins que celles-ci, à la mort du premier héritier, retournassent à la couronne qui pourrait les donner à qui bon lui semblerait. Mais des considérations politiques aussi bien qu'humanitaires (campagne des défenseurs des Indiens) aboutirent à la promulgation des *Leyes Nuevas* de 1542 qui interdisaient toute transmission des *encomiendas*. Il s'ensuivit une vague de révoltes et finalement ces lois furent abrogées en 1546 et les *encomiendas* purent être transmises à un troisième, et même à un quatrième héritier. Mais elles ne seraient pas perpétuelles et du reste le système, que plus rien ne justifiait, avait entamé son irrémissible décadence.

Vint alors le tour des grands domaines, les *haciendas**. La concentration de terres entre les mains des conquérants commença durant la seconde moitié du XVIe siècle, de façon souvent illégale et subreptice, car tel n'était pas le souhait de la couronne. Mais la situation catastrophique des finances allait entraîner dès la fin du siècle des ventes massives de terres à des particuliers, puis, au XVIIe siècle, l'expédient de la *composición de tierras*. Par ce moyen était légalisée contre de l'argent la propriété de terres occupées au prix de violences, d'usurpations et de fraudes. Les petits propriétaires diminuèrent considérablement et les communautés rurales d'Indiens, sans autre protection que celle des religieux, ne parvinrent à résister que très partiellement.

La *hacienda*, cellule économique et sociale autonome fondée sur la culture et l'élevage, atteindrait son apogée à la fin du XVIIe siècle. Face à l'univers de la ville, siège du pouvoir politique et administratif, le système des *haciendas*, d'un dynamisme démographique et économique indéniable, symbole de la puissance (rurale) des grands propriétaires, allait marquer très profondément l'histoire américaine.

❑ ***Le clergé et les fonctionnaires royaux.*** Ce fut d'abord le clergé régulier qui entra en scène, mû par l'idéal d'évangélisation des Indiens, ce qui conduisit les missionnaires à les protéger contre les excès des *conquistadores*. Lorsque ceux-ci comprendraient que l'évangélisation constituait la principale justification de la conquête, ils admettraient le principe d'une coexistence pacifique des deux « Républiques », celle des Blancs et celle des Indiens (milieu du XVIe siècle).

Les franciscains, les dominicains et les augustins s'établissent dans les Indes entre 1523 et 1533. A partir de 1534, ces ordres, et d'autres encore, se répandent à travers le Pérou. La première Église américaine fut donc marquée par l'esprit missionnaire et par celui des ordres mendiants. L'épopée des missions, les conflits terribles qui opposèrent colons et évangélisateurs, les réussites et les échecs des religieux, tout ceci a été conté et le sera encore. Nous voudrions attirer l'attention sur le fait que les pères, convaincus d'être l'avant-garde spirituelle d'une monarchie missionnaire choisie par Dieu pour l'extirpation de toutes les fausses croyances, détruisirent vigoureusement la culture païenne et prirent en charge la totalité de la réalité indienne, ce qui les entraîna très loin de leurs primitives compétences spirituelles. Ils furent des colonisateurs et des civilisateurs, des organisateurs et des transcripteurs.

Tout allait changer à partir des années 1568-1572, avec l'arrivée des jésuites, l'expansion du clergé séculier, l'organisation du Saint-Office. Le clergé séculier (ainsi que les mercédaires) adopta volontiers une posture « hispaniste », en accord avec les intérêts des colons, et géra des *encomiendas* sans de trop grands scrupules, par opposition au point de vue des missionnaires, soucieux de préserver les populations indigènes, qu'on qualifiera « d'indigéniste ».

Au XVIIe siècle, l'Église, prodigieusement enrichie selon des voies et des mécanismes de gestion faciles à concevoir, eut recours elle aussi à la *composición de tierras* afin de légitimer ses immenses propriétés. Les ordres féminins et le clergé séculier opta de son côté pour l'investissement tranquille et l'on vit proliférer les cens ecclésiastiques et les chapellenies. Ce fut l'époque de ces vastes constructions au luxe fou qui aujourd'hui encore rythment le profil des villes coloniales. Qu'on se rappelle le mot, exagéré, sans doute, de Gómez de Cervantes qui s'écriait en 1599 : « La moitié de la Nouvelle-Espagne est aujourd'hui au pouvoir des religieux. »

Les franciscains se tinrent assez à l'écart de tant de richesse ; les jésuites en firent un usage particulier. Ils décidèrent de rentabiliser leur patrimoine et devinrent des chefs d'entreprise redoutables et entreprenants.

La prodigieuse accumulation de biens par l'Église fut le fait décisif du XVIIe siècle qui allait avoir des répercussions jusqu'à notre époque.

Les fonctionnaires représentaient les intérêts de l'État espagnol. Centralisateur et catholique, ce dernier appuya l'esprit missionnaire et enjoignit ses représentants de défendre le clergé et les intérêts des Indiens ainsi que de veiller à ce que ne se constituât point en Amérique une noblesse « féodale » trop puissante. Leur pouvoir se fit effectivement sentir à partir de la création des vice-royautés, en 1535 pour la Nouvelle-Espagne et en 1543 pour le Pérou.

Mais malgré les efforts de la couronne pour éviter que les fonctionnaires ne fussent gagnés par la mentalité corrompue des colons, rien n'y fit. Au pouvoir fort de l'époque de Philippe II, symbolisé par les vice-royautés de don Martín Enríquez au Mexique et surtout de don Francisco de Toledo au Pérou (1568-1580), succéda, dès la fin du règne du Roi Prudent, une politique de vénalité des charges généralisée (seules les plus hautes charges politiques et judiciaires y échappèrent) qui aurait pour résultat l'accaparement des offices par l'oligarchie créole.

❑ ***La société créole.*** Les Créoles sont les Blancs nés en Amérique. A l'origine, bien des familles créoles furent métisses, descendantes des enfants des premiers mariages mixtes. C'est au XVIIe siècle qu'ils commencèrent à prendre toute leur importance, créant une scission au sein de la « communauté espagnole » dont ils se distinguaient par plus d'un trait, culturel, linguistique ou « national ». Car il n'y eut pas une société créole, mais des sociétés cubaines, chiliennes, mexicaines, etc. Au XVIIIe siècle, ils se désigneront volontiers comme *americanos** et représenteront un peu plus de 3 millions d'habitants.

Les Créoles devinrent durant le XVIIe siècle les maîtres de tous les ressorts vitaux des Indes : les grandes *haciendas*, les mines, le grand commerce, les charges politiques et administratives. Même le prestige de la sanction nobiliaire officielle, si longtemps désiré, leur fut enfin accordé par une monarchie aux abois qui, de même qu'elle vendait les charges et les reconnaissances de propriété, mit sur le marché les titres de noblesse.

Les Indiens

❑ ***L'exploitation de la main-d'œuvre indigène.*** Dès les premiers jours de la conquête, les Indiens, nous l'avons vu, furent soumis au régime de *l'encomienda* et du tribut. Toute leur structure sociale, leur culture, ainsi que tous les fondements de leur solidarité s'en trouvèrent détruits, entraînant la disparition des communautés elles-mêmes. Les efforts intentés par certains (les hiéronymites et le licencié Figueroa dans l'île Española, Las Casas sur la côte de Paria, Vasco de Quiroga au Mexique) pour préserver les unités de peuplement échouèrent. Seules les missions purent se prévaloir de quelques résultats, les plus spectaculaires ayant été ceux obtenus par les jésuites dans leurs fameuses réductions.

Les campagnes de sensibilisation des pouvoirs menées en Espagne en faveur des Indiens, ainsi que la volonté politique de la couronne de limiter le pouvoir des patrons d'*encomiendas*, furent à l'origine des lois interdisant la vente des terres indiennes aux colons et aussi des « *reducciones* ».

Le système des réductions* (peu importe pour l'heure qu'elles finissent par échouer) visait à reconstituer des communautés indiennes agraires et à les doter de terres et d'une gestion autonome. Le but était à la fois économique (en faire des unités d'exploitation de type européen) et spirituel (évangéliser). Les réductions furent confiées à des missionnaires ou à des *corregidores* d'Indiens, mais elles furent surtout représentatives des zones de missions.

Entre 1550 et 1580, l'ancien régime du travail gratuit et illimité des Indiens fut remplacé par un système de travail obligatoire et rétribué, aux racines préhispaniques et aux mécanismes complexes qu'on n'exposera pas ici. Il s'agit essentiellement de la *mita** péruvienne et du *cuatequil** mexicain. Les bénéficiaires pouvaient en être les colons, les autorités, le clergé ou les caciques indiens. Le type de travail dépendait des besoins du moment ou de l'économie locale : construction de routes, ateliers de fabrication textile, par exemple. La *mita* du Potosi, la plus tristement célèbre, employa par lots de 11 000 personnes intervenant à tour de rôle, un total de 80 000 Indiens.

Le travail obligatoire et rémunéré (mais à des taux bien inférieurs de ceux pratiqués pour le travail libre) ne représenta qu'un piètre progrès par rapport à la terrible époque des premières *encomiendas*. Les abus, les illégalités et les extorsions furent monnaie courante. Les Indiens, déracinés, paupérisés, furent de plus en plus nombreux à s'inscrire comme ouvriers libres durant les périodes où ils n'étaient pas astreints au travail obligatoire. Ainsi prit naissance, dès le début du XVIIe siècle, un véritable prolétariat indien, totalement démuni et vulnérable malgré l'imposant appareil de lois dictées pour sa protection.

❑ ***La noblesse indigène.*** Lorsqu'elles opposèrent une résistance, les élites indiennes furent exterminées. Elles ne furent respectées qu'à condition de se soumettre aux *conquistadores* et de s'hispaniser. Les lois déclarèrent les descendants des rois et des hauts dignitaires indigènes égaux en droits aux Espagnols. Cette haute noblesse autochtone, extrêmement fière de ses origines, se fondit dans la société des *conquistadores* et posséda de riches patrimoines. Mais elle perdit tout rôle politique.

En revanche, la petite noblesse et les chefs indiens locaux continuèrent d'exercer leurs fonctions de domination sur les populations indigènes, mais pour le compte et sous l'autorité des Espagnols. Il s'agit des caciques (nom antillais étendu à tout le continent) ou des *curacas** (pour l'ancien empire inca). Les caciques, nommés par les *encomenderos*, jouirent d'un pouvoir considérable et s'identifièrent aux intérêts de ces derniers. Lorsque la couronne parvint à asseoir son autorité, les caciques furent placés sous l'autorité des *corregidores*. La charge devint héréditaire, ses titulaires furent exemptés du tribut et de la *mita*, purent bénéficier du traitement honorifique de « *don** » et s'assimilèrent en tout aux *hidalgos* espagnols. Des collèges pour fils de caciques furent créés. Au XVIIe siècle commença l'évolution politique des caciques, qui avaient acquis richesse et culture et prirent conscience du rôle qu'ils pouvaient jouer en tant que défenseurs des intérêts des Indiens.

Les esclaves et les castas

❑ ***L'esclavage indien.*** Jusqu'à 1495, les Rois Catholiques autorisèrent l'envoi dans la Péninsule ibérique de chargements d'esclaves capturés en Amérique. En 1500, les Indiens furent déclarés libres, seules certaines populations aux coutumes féroces ou à l'agressivité particulière pouvant légitimement être réduites à l'esclavage. C'est ce qu'on s'empressa de faire, par exemple, pour les Indiens caraïbes, taxés d'anthropophagie. En réalité, l'esclavage continua sous divers prétextes jusqu'en 1542 où il fut aboli sans restrictions. Néanmoins, on continua de le pratiquer clandestinement (au Chili en particulier) et ce n'est qu'à partir du début du XVIIe siècle qu'il disparaîtrait.

❑ ***Les esclaves noirs.*** L'importation d'esclaves noirs aux Indes fut autorisée pour la première fois en 1501 afin de fournir aux colonisateurs une main-d'œuvre plus efficace que celle des Indiens antillais. Mais le comportement des nouveaux arrivés posant de nombreux problèmes de sécurité (insubordination, fuite et résistance dans les montagnes), leur nombre fut assez limité durant deux décennies. C'est seulement durant les années 1520 que, le besoin de main-d'œuvre devenant urgent dans plusieurs régions des Caraïbes en raison de la chute vertigineuse de la population indigène, l'importation prit son véritable essor. Dans un souci de contrôle (mais aussi de profit), la couronne d'Espagne se réserva le monopole du commerce d'esclaves mais ne l'assura pas directement et, à partir de 1518, le roi délivra des licences d'importation à des particuliers spécialistes de la traite des Noirs. Ce furent d'abord des Flamands et des Allemands qui l'assurèrent, puis des Génois. Sous le règne de Philippe II, la traite fut presque exclusivement entre les mains des Portugais.

L'on distinguait trois types d'esclaves. Ceux appelés domestiques (*domésticos**) étaient employés au service de la maison. Ils furent très nombreux partout en Amérique, principalement dans les villes. Ils furent de loin les mieux traités. Les esclaves « *de tala** » étaient employés aux champs, dans les plantations de canne à sucre où ils étaient maintenus dans un régime de travail et de vie très inhumains. Durant les moments creux, les patrons les louaient à d'autres contre le paiement d'un salaire journalier (esclaves *jornaleros*). Ils étaient souvent déplacés pour ce faire et, bénéficiant d'une surveillance moins étroite, ces esclaves journaliers furent souvent happés par les sollicitations peu recommandables des bas-fonds. Il existait une dernière catégorie d'esclaves, les Noirs *cimarrones*, c'est-à-dire ceux qui cherchèrent la liberté en s'enfuyant dans des régions sauvages.

Les esclaves noirs n'avaient un rendement supérieur aux Indiens que dans les zones tropicales, c'est pourquoi leur présence ne fut massive qu'aux Antilles et dans les terres basses du Venezuela, où ils revêtaient une importance économique certaine. Dans les régions à forte population indienne, c'étaient les *peones** natifs qui étaient préférés aux esclaves. D'autre part, les affranchissements furent fréquents, ainsi que les rachats. Ces Noirs libres allèrent grossir le contingent des *castas*.

❑ ***Les castas.*** Ce sont les fruits du brassage ethnique : métis (*mestizos**) pour les unions entre Blancs et Indiens, mulâtres (*mulatos**) pour celles se produisant entre Blancs et Noirs, *zambos** enfin, pour les rejetons des couples formés entre Noirs et Indiens. La croissance des *castas* fut spectaculaire durant le XVIIe siècle, celle des métis en particulier, et c'est à cette époque qu'elles apparurent comme des secteurs sociaux différenciés. Le phénomène des *castas* atteindrait son apogée au XVIIIe siècle.

Ce sont les métis qui revêtirent une réelle importance sociale, par leur importante insertion dans le monde du travail libre, leur rôle dans le petit commerce et dans l'encadrement des populations rurales des *haciendas*. Redoutés et méprisés par les Blancs, ils furent stratégiquement marginalisés par les créoles, lesquels, à mesure que leur antagonisme avec les « Européens » ou *chapetones** croissait, tendaient à exagérer leur orgueil racial de Blancs. Les mariages mixtes se firent rares, les reconnaissances de paternité aussi, les métis peu à peu se trouvèrent évincés des charges publiques et des honneurs sociaux.

Les mulâtres et les *zambos*, bien moins nombreux, fruit presque toujours d'unions illégales, et sur lesquelles pesait d'une manière ou d'une autre l'infamie de l'esclavage, furent marginalisés, méprisés, légalement inférieurs. A mesure que tous ces groupes se mêlaient à leur tour, dans les couches les plus modestes de la société, apparaissaient d'innombrables types nouveaux désignés au moyen de termes aussi pittoresques que descriptifs rendant compte de telle ou telle caractéristique « ethnique » (il n'y avait rien de scientifique là-dedans, on s'en doute, mais seulement une volonté de discrimination sociale) : *moriscos**, *albinos**, *cambujos**, *chinos**, *jenízaros**, *albarazados**, etc.

DOCUMENTS

■ Les *letrados* à l'époque de Philippe II

En Espagne, où nous le connaissons mieux qu'ailleurs, le fonctionnaire est issu du petit peuple des villes, voire de familles paysannes, ce qui ne l'empêche pas, au contraire, de se dire descendant d'hidalgo : en Espagne, qui ne prétend l'être ? En tout cas, leur montée sociale n'échappe à personne, surtout pas à l'un de leurs ennemis déclarés, avocat de la grande aristocratie militaire, Diego Hurtado de Mendoza qui note, dans sa *Guerre de Grenade* : « Les Rois Catholiques ont placé le gouvernement de la justice et des affaires publiques entre les mains des *letrados*, gens de condition moyenne, entre grands et petits, ne portant offense ni aux uns ni aux autres, et dont la profession était d'étudier le droit » [...]. Dans sa haine qui le rend lucide, Hurtado de Mendoza évoque leur troupe entière, *oidores* des affaires civiles, *alcaldes* des causes criminelles, *presidentes*, membres des *Audiencias*, autant dire nos Parlements, et couronnant le tout la congrégation suprême du *Consejo Real*... Car leur compétence, à ce qu'ils croient, est universelle, ni plus ni moins que la *ciencia de lo que es justo y injusto*. Ils sont envieux des charges d'autrui et toujours prêts à empiéter sur la compétence des militaires (au fond des grandes familles aristocratiques). Et ce fléau n'est pas circonscrit à l'Espagne : « cette manière de gouverner s'est étendue par toute la Chrétienté et se trouve aujourd'hui au sommet de sa puissance et de son autorité ». En quoi Hurtado de Mendoza n'a pas tort. A côté des *letrados* arrivés, comptons en imagination ceux qui s'apprêtent à entrer dans la carrière et qui, de plus en plus, encombrent les Universités d'Espagne (et bientôt celles du Nouveau Monde) : 70 000 étudiants pour le moins, compte avec mauvaise humeur, au début du siècle suivant, Rodrigo Vivero, marquis del Valle, autre grand seigneur et créole de Nouvelle-Espagne ; parmi eux, des fils de savetier et de laboureurs ! A qui la faute, si ce n'est à l'État et à l'Église qui, offrant des places et prébendes, peuplent les Universités autant que le désir de savoir ? Tous ces *letrados* ont souvent pris leurs grades à Alcalá de Henares ou à Salamanque. Quoi qu'il en soit, et même si l'on pense que le chiffre de 70 000 étudiants, énorme aux yeux de Rodrigo Vivero, est modeste eu égard à la population de l'Espagne, il est certain que cette poussée sociale est d'une grosse importance politique, dès l'époque constructive des Rois Catholiques. Déjà apparaissent les « commis royaux » de très modeste origine, ainsi ce Palacios Rubios, rédacteur des *Leyes de Indias*, et qui n'est même pas fils d'hidalgo ! Ainsi plus tard, sous Charles Quint, le secrétaire Gonzalo Pérez, cet humble que l'on soupçonnera d'être d'ascendance juive.

Braudel (F.), *La Méditerranée et le monde méditerranéen à l'époque de Philippe II*, t. 2, Paris, Armand Colin, 1979, pp. 29-30.

■ Les pícaros*

Les villes capitales anciennes ou nouvelles : Valladolid, Tolède et Madrid, furent des lieux élus du picarisme. A Valladolid, par exemple, en septembre 1578, la municipalité se préoccupe vivement des vols en tout genre assortis d'agressions et des meurtres qui désolent la ville au point que les trois alguazils ordinaires sont débordés. En 1592 le Flamand Henri Cock constate que *pícaros* et prostituées y abondent. Parmi les 150 criminels poursuivis pour des délits graves de 1570 à 1572 : assassinats, adultères compliqués de rapts, vols avec effraction, on trouve des gens de toute condition : des apprentis, des artisans, mais aussi de nombreux étudiants, en droit canon ou en théologie aussi bien qu'en médecine, un notaire, deux prêtres, une dizaine d'*hidalgos*...

La diversité sociale des *pícaros* fait problème et les spécialistes du picaresque ne l'ont évidemment pas éludé. Le refus de l'honneur ou même la dérision de l'honneur dont témoignent les *pícaros* et qui, dans la littérature, va jusqu'à la provocation, pourrait être l'effet de l'exclusivisme aristocratique qui se renforce dès la fin du XVIe siècle. L'honneur, les possibilités de fortune ou de culture se trouvent subordonnées à la naissance et l'ignominie dont sont taxés les *conversos* par l'exigence croissante de pureté du sang les exclut de la société honorable. Le commerce des marchandises et celui de l'argent qui pourraient être la chance des non-nobles se trouvent frappés de mépris. Dès lors les activités productrices sont entachées de soupçon. Le refus du travail devient la conséquence du préjugé aristocratique : le pauvre et le *pícaro* sont les deux visages d'une même réalité. En suscitant le maintien du paupérisme et du picarisme, l'orgueil aristocratique rejoint, paradoxalement, les chemins de l'idéal évangélique.

Bennassar (B.), *Un Siècle d'Or espagnol,*
Paris, Robert Laffont, 1982, pp. 214-215.

■ Saint-Simon en Espagne (1721-1722)

Impudence monacale

Je ne vis jamais moines si gros, si grands, si grossiers, si rogues. L'orgueil leur sortait par les yeux et de toute leur contenance. La présence de Leurs Majestés ne l'affoiblissoit point, même en leur parlant ; je dis pour l'air, les manières, le ton ; car ils ne parlaient qu'espagnol, que je n'entendois pas. Ce qui me surprit, à n'en pas croire mes yeux la première fois que je le vis, fut l'arrogance et l'effronterie jusqu'à la brutalité avec laquelle ces maîtres moines poussoient leurs coudes dans le nez de ces dames, et dans celui de la camarera-mayor comme les autres, qui toutes à ce signal leur faisoient une profonde révérence, baisoient humblement leur manche, redoubloient après leur révérence, sans que le moine branlât le moins du monde, qui rarement après leur disoit quelque mot d'un air audacieux, et sans marquer la civilité la plus légère, à quoi, lorsque cela arrivoit, ces dames répondoient le plus respectueusement du monde, à leur ton et à toute leur contenance. J'ai vu quelquefois quelque seigneur leur baiser aussi la manche, mais comme à la dérobée, d'un air honteux et pressé, mais jamais les moines la présenter à pas un d'eux.

Jésuites tout-puissants, mais tous ignorants en Espagne, et pourquoi

Je ne les trouvai pas en Espagne moins puissants qu'ils ne se le sont rendus partout ailleurs, pénétrant partout, imposant partout, et d'amour ou de crainte se mêlant de tout. Les dominicains, autrefois si puissants en Espagne, y étoient devenus de petits compagnons auprès d'eux, et dans l'Inquisition même, où les jésuites s'étoient saisis de la pluralité des places, et des plus importantes. Mais quels pays que ceux d'Inquisition ! Les jésuites, savants partout et en tout genre de science, ce qui ne leur est pas même disputé par leurs ennemis, les jésuites, dis-je, sont ignorants en

Espagne, mais d'une ignorance à surprendre. Ce sont les PP. Daubenton et de Laubrussel qui me l'ont dit, et plusieurs fois, qui ne pouvoient s'accoutumer à ce qu'ils en voyoient. C'est que l'Inquisition furette tout, s'alarme de tout, sévit sur tout avec la dernière attention et cruauté. Elle éteint toute instruction, tout fruit d'étude, toute liberté d'esprit, la plus religieuse même et la plus mesurée. Elle veut régner et dominer sur les esprits ; elle veut régner et dominer sans mesure, encore moins sans contradiction, et sans même de plaintes ; elle veut une obéissance aveugle sans oser réfléchir ni raisonner sur rien ; par conséquent elle abhorre toute lumière, toute science, tout usage de son esprit ; elle ne veut que l'ignorance, et l'ignorance la plus grossière ; la stupidité dans les chrétiens est sa qualité favorite, et ce qu'elle s'applique le plus soigneusement d'établir partout, comme la plus sûre voie du salut, la plus essentielle, parce qu'elle est le fondement le plus solide de son règne et de la tranquillité de sa domination.

Saint-Simon, *Mémoires*, t. 17, p. 29 et t. 16, pp. 484-485,
Paris, Éd. Ramsay, 1979.

■ La ville de Mexico en 1697 d'après le voyageur italien Gemelli Careri

On peut dire qu'elle le dispute aux meilleures d'Italie pour la beauté des édifices et les ornements des églises, et l'emporte pour la beauté des dames qui sont charmantes et très bien faites. Elles aiment fort les Européens, qu'elles appellent *gachupines**, et les préfèrent pour maris, quelque pauvres qu'ils soient, aux créoles les plus riches, parce que ceux-ci ont plus de goût pour les femmes mulâtres et qu'ils en ont pris les mauvaises coutumes, en suçant leur lait. Cela fait que les créoles ont si fort en aversion les Européens qu'ils s'en moquent en les voyant passer dans la rue [...].

Mexico peut avoir cent mille habitants, mais la plus grande partie noirs et mulâtres, à cause de tant d'esclaves qu'on y a amenés. Cela vient aussi de ce que tous les biens étant entre les mains des ecclésiastiques, les Espagnols et autres Européens, ne trouvant pas moyen de se faire quelque fonds assuré, ne se marient pas si facilement et, à la fin, se font eux-mêmes religieux. Et quoiqu'il y ait dans la ville vingt-deux couvents de filles et vingt-neuf d'hommes de différents ordres, ils sont tous beaucoup plus riches qu'il ne faut [...].

L'habillement des Indiens d'aujourd'hui consiste en un pourpoint court et de larges haut-de-chausses. Ils portent sur les épaules un manteau de diverses couleurs, qu'ils appellent *tilmatli* ; il passe sous le bras droit et se lie sur l'épaule gauche avec les extrémités ; ils se servent de socques, au lieu de souliers. Les femmes portent le *huipil*, qui est comme un sac, sous la *cobija*, fine étoffe de toile de coton ; à quoi elles en ajoutent un autre sur les épaules, quand elles vont quelque part, et qu'elles se mettent sur la tête lorsqu'elles sont à l'église. Leurs jupes sont étroites, remplies de figures de lions, d'oiseaux, et d'autres choses et ornées de belles plumes de canards, qu'elles appellent *xilotepec*.

Ils sont tous, tant hommes que femmes, d'une couleur brune, quoiqu'ils s'attachent à se conserver les joues du froid, en les frottant avec des herbes pilées. Ils ont coutume aussi de se barbouiller avec de la terre liquide telle que celle dont on se sert dans les bâtiments, croyant que cela leur rafraîchit la tête et leur rend les cheveux noirs et doux, en sorte qu'on voit par la ville quantité de paysannes en ce sale équipage. Les femmes des métis, des mulâtres et des Noirs (qui font la plus grande partie de Mexico), ne pouvant porter de voiles ni être habillées à l'espagnole, et méprisant d'un autre côté l'habillement indien, sont habillées d'une manière ridicule, portant une espèce de jupe en travers sur les épaules ou sur la tête en guise de manteau, qui les fait paraître comme autant de diablesses.

Tous les Noirs et les mulâtres sont insolents au souverain degré et s'estiment autant que les Espagnols, dont ils ont pris l'habillement : ils s'honorent entre eux du titre de capitaine, quoiqu'ils ne le soient pas, et il ne peut pas y en avoir beaucoup dans Mexico, qui n'a qu'une seule compagnie d'Espagnols et peu d'artisans en cas de besoin. Cette canaille de Noirs et de gens au teint brûlé, comme disent les Espagnols, s'est si fort accrue que l'on craint qu'ils ne se révoltent un jour et ne se rendent maîtres du pays, si l'on n'empêche l'entrée de tant de Noirs, en mettant une taxe dessus [...].

Les Américains sont naturellement fort timides, mais cruels à l'excès, quand ils sont soutenus, les vices que les Espagnols leur attribuent communément sont premièrement de vivre sans honneur, puisqu'ils se l'ôtent l'un à l'autre tour à tour et qu'ils commettent des incestes avec leur mère et leur sœur ; de manger comme des bêtes jusqu'à crever ; de coucher sur la terre et de mourir sans aucun sentiment ; d'être fort grands voleurs, trompeurs et imposteurs : cela regarde surtout les mulâtres, parmi lesquels à peine en trouve-t-on un sur cent qui ait de la probité. D'un autre côté, ils sont plus malheureux cent fois que les esclaves, parce qu'il n'y a qu'eux qui travaillent aux mines : et le pis est que tout ce qu'ils y gagnent leur est enlevé par les gouverneurs et autres officiers, malgré toutes les défenses et menaces que la cour fait tous les jours à ceux-ci.

Le Mexique à la fin du XVII*e siècle vu par un voyageur italien, Gemelli Careri*, éd. de J.P. Berthe, Paris, Calmann-Lévy, 1968, p. 96 et pp. 123-124.

5

Le Siècle d'Or des arts et de la pensée

Définir « un Siècle d'Or espagnol », ainsi que l'a expliqué Bartolomé Bennassar dans un ouvrage qui porte justement ce titre, n'est pas chose facile. Si tout le monde est d'accord pour considérer qu'à la fin des années 1660, seul Calderón de la Barca demeure et témoigne jusqu'à sa disparition tardive, en 1681, de l'éclat d'une grandeur à jamais défunte, il n'en va pas de même à l'heure de fixer le début de la période. En réalité il y a au moins deux Siècles d'Or. Celui des penseurs et des spirituels, des architectes et des musiciens, c'est le XVIe siècle. Il correspond aussi à l'apogée de la puissance espagnole, tant politique qu'économique. Celui des peintres et des écrivains ne commence pas avant les années 1580-1590 et porte les stigmates d'une amère prise de conscience. Le prestige des lettres et de la peinture, les créations géniales de Cervantes et de Velázquez, ont conduit les spécialistes à considérer comme le Siècle d'Or par excellence les règnes de Philippe III et de Philippe IV auxquels la crise économique ainsi que les revers politiques et militaires apporteraient leur thématique dissonante bien particulière.

LA CULTURE ÉCRITE ET LE LIVRE

Dans l'Espagne classique, la culture de la majorité de la population était une culture orale. Fondée sur la mémoire collective, le folklore et les traditions pòpulaires, cette culture connut dans la péninsule ibérique des développements fort brillants dont témoigne, par exemple, le *Romancero* oral qui inspira les plus grands auteurs classiques. Mais le fait essentiel qu'il convient de souligner d'emblée concerne la culture écrite. Celle-ci bénéficia au cours du XVIe siècle d'une expansion considérable résultant de l'impact conjugué de la diffusion de l'imprimé, des nouveaux idéaux défendus par l'humanisme, de l'essor des *letrados* et de l'œuvre de christianisation menée par l'Église dans sa lutte contre la Réforme.

L'alphabétisation

Dans l'état actuel de nos connaissances, il est impossible de tirer des conclusions définitives et générales sur le niveau d'alphabétisation de la population dans son ensemble au cours des XVIe et XVIIe siècles. Nous ne disposons que d'échantillons partiels, élaborés à partir de sources souvent peu comparables et fort dispersées dans le temps. Néanmoins, le sentiment que partagent la plupart des spécialistes est que le retard de l'Espagne par rapport aux autres grandes nations européennes observable au XVIIIe siècle ne résulterait pas d'une carence structurelle remontant à la Renaissance, mais d'une détérioration survenue après le Siècle d'Or.

Pour nous en tenir à l'époque proprement classique (1550-1650), le pourcentage global d'analphabètes le plus raisonnable que nous pouvons avancer est de 80 % (pourcentage *maximum* retenu, à juste titre pensons-nous, par Bartolomé Bennassar, mais considéré comme un *minimum* par Richard Kagan). Ce niveau est comparable à celui atteint dans les principaux pays d'Europe, à l'exception toutefois de l'Angleterre et des Pays-Bas où il était inférieur. Mais de tels pourcentages globaux ne sont pas très expressifs des réalités concrètes de l'analphabétisme qui dépend du niveau social des individus, de la profession, du sexe et du rapport ville-campagne. En suivant la synthèse proposée par Bartolomé Bennassar dans *Un Siècle d'Or espagnol*, nous pouvons avancer que la totalité des membres du clergé savait lire et écrire, ainsi que les *letrados* et toutes les professions supposant des études plus ou moins avancées, auxquels il convient d'ajouter l'élite des marchands et des financiers, la haute bourgeoisie en somme. De même, plus de 90 % des nobles savaient lire et écrire (mais ce pourcentage devait être bien plus faible au sein de la « masse » des *hidalgos* du Nord au train de vie plus que modeste). Parmi les membres de l'artisanat et du petit commence urbains on devait compter entre 50 et 70 % d'analphabètes, tout comme en milieu paysan aisé ou moyennement aisé (les laboureurs). Enfin, les couches inférieures de la société, les journaliers et les manœuvres en particulier, devaient être presque totalement analphabètes.

Les femmes, on s'en doute, furent moins bien loties que les hommes, même au sein de la noblesse où la plupart savaient sans doute lire, mais où quelque 50 % seulement devaient être capables d'écrire, pour ne pas parler des femmes d'artisans ou des membres des professions libérales pour lesquelles ce pourcentage se situait probablement entre 10 et 15 % et encore ce chiffre est-il optimiste.

Précisons pour finir que les milieux urbains étaient très en avance sur les campagnes où l'alphabétisation progressait fort lentement. Dans la région de Murcie, par exemple, l'écart est considérable : en 1586, 41 % des artisans et des commerçants de Carthagène savent signer contre 6 à 10 % seulement dans le bourg de Fortuna. Dans la campagne de Burgos ou dans celle de Ségovie, les pourcentages d'alphabétisation masculine sont un peu plus élevés, mais restent comparables à ceux qu'on vient de citer : entre 10 et 15 %.

Cette réalité s'explique par la carence totale, à l'époque, d'une politique d'enseignement public.

L'éducation

❑ ***L'enseignement primaire.*** Par éducation nous entendrons, non le système du précepteur privé travaillant à domicile qui, en raison de son coût, était réservé à une élite économique étroite, mais les conditions de possibilité d'instruction de la population dans son ensemble.

L'enseignement primaire ne constitua pas une préoccupation pour les groupes dirigeants avant le XVIIIe siècle. Dans l'Espagne des Habsbourg, l'instruction élémentaire des enfants (des garçons presque exclusivement) était le fait d'ecclésiastiques ou de maîtres d'école payés par les municipalités. L'Église concevait l'alphabétisation comme un moyen pastoral pouvant aider à la catéchisation des fidèles et comme une œuvre charitable. Du reste, de nombreuses constitutions synodales insistent sur le fait que les sacristains doivent prendre soin d'enseigner la lecture et l'écriture aux enfants des villages. Certains ordres religieux, comme les capucins, déployèrent également une importante activité d'enseignement. Mais dans l'ensemble, les résultats s'avérèrent plus que partiels et décevants. Il en fut de même pour les écoles municipales, trop rares, surpeuplées, manquant de moyens et de personnel. L'enseignement qu'on y dispensait était fort rudimentaire : outre les fondements de la doctrine chrétienne, il se réduisait à l'apprentissage de la lecture, de l'écriture, et des opérations arithmétiques de base. Et encore, même lorsque la municipalité le finançait, se trouvait-il hors de portée de l'immense majorité des classes laborieuses. Il fallait en effet compter deux réaux mensuels pour la lecture, quatre pour la lecture et l'écriture, six en y ajoutant l'arithmétique, or l'année scolaire durait 11 mois... Néanmoins, et malgré toutes les réserves que nous venons de formuler, l'effort de nombreuses municipalités pour développer l'enseignement primaire fut considérable, en consentant, notamment, d'excellents salaires aux maîtres ce qui rendait la profession fort séduisante. A la fin du XVIe siècle, toutes les villes, grandes et petites, ainsi que la plupart des bourgs possèdent au moins une école.

❑ ***L'enseignement secondaire.*** En revanche, l'enseignement secondaire, dispensé dans les traditionnelles écoles de Grammaire (*Escuelas de Gramática*), connut au XVIe siècle un essor spectaculaire en raison de l'intérêt pour ces centres manifesté par les représentants des couches urbaines moyennes et aisées dans la mesure où ils permettaient l'accès aux carrières universitaires et ecclésiastiques. L'enseignement était fondé sur le latin, mais il comportait aussi accessoirement des cours de géographie, d'histoire, de mathématiques, de philosophie (scolastique) et de rhétorique. Cette formation se prolongeait durant quelque huit ans et prenait fin lorsque l'écolier avait atteint ses dix-sept ans. Le système des écoles de Grammaire connut son apogée à la fin du XVIe siècle. Vers 1600, il devait y avoir dans la seule couronne de Castille au moins 3 000 de ces centres regroupant vraisemblablement quelque 60 000 apprentis latinistes. Mais malgré leur succès, ces écoles furent vivement critiquées par les arbitristes qui leur reprochaient de détourner la jeunesse d'occupations plus directement productives et urgentes compte tenu de la crise démographique, agricole et industrielle que connaissait le pays. En 1623, Philippe IV signa un décret limitant l'existence des écoles de grammaire aux seules villes possédant un *corregidor* (mesure qui marque pour certains historiens le début de la décadence de l'enseignement en Espagne).

A partir du milieu du XVIe siècle, l'enseignement secondaire fut marqué par les jésuites qui exercèrent rapidement dans bien des localités un véritable monopole en matière d'éducation. Au début du XVIIe siècle, la Compagnie de Jésus régentait en Espagne 118 collèges dont 92 étaient localisés dans la couronne de Castille.

❑ ***L'enseignement supérieur.*** Les Rois Catholiques donnèrent une impulsion décisive aux études supérieures, qui allait se confirmer durant le XVIe siècle, véritable âge d'or de l'université classique espagnole. Avant 1500 l'on trouvait tout juste neuf universités dans les deux couronnes de Castille et d'Aragon, Perpignan comprise. Entre 1500 et 1600, vingt-quatre nouvelles fondations virent le jour (sans compter celles des Indes, au nombre de quatre). Mais cet essor fulgurant fut suivi d'une décadence tout aussi spectaculaire : entre 1600 et 1800 l'on n'ouvre plus que cinq universités en Espagne et encore quatre de celles-ci furent-elles créées entre 1600 et 1624 (neuf universités ouvrirent également leurs portes dans les colonies entre 1613 et 1791). Le déclin est encore plus perceptible au vu des chiffres d'inscrits. L'exemple de Salamanque, la plus prestigieuse des universités péninsulaires, suffira : alors que le nombre annuel moyen d'étudiants inscrits se situe durant toute la seconde moitié du XVIe siècle aux alentours de 5 000 (avec un maximum de 6 778 étudiants pour l'année 1584-1585), en 1700 il n'est plus que de 865.

La fondation des universités relevait d'impératifs et d'initiatives fort divers. Celle-ci pouvait être royale, épiscopale, monastique, municipale ou privée. Les universités de la couronne d'Aragon furent en général municipales. Celle de Grenade fut créée par Charles Quint en 1526, afin de doter la ville d'un centre susceptible d'accélérer la christianisation des morisques. De nombreuses universités fondées au XVIe siècle correspondirent à de petits centres monastiques où n'étaient admis que très peu de séculiers. Les grandes universités, celles qui jouirent d'un grand prestige, d'un afflux considérable d'étudiants et attirèrent des professeurs éminents sont celle, ancienne, de Salamanque (fondée au XIIIe siècle) et celle, nouvelle, d'Alcalá de Henares (fondée par le cardinal Cisneros en 1499 mais ouverte à partir de 1508) que nous avons déjà rencontrée dans le chapitre 1. Toutes deux jouèrent un rôle de premier plan dans la vie spirituelle et intellectuelle de l'Espagne de la Renaissance mais la seconde, devenue rapidement le centre de diffusion de l'humanisme le plus avancé, revêtit une importance particulière en tant que foyer péninsulaire de l'érasmisme dont nous dirons plus loin quelques mots. L'université de Valladolid, d'une antiquité vénérable (1346), jouissait également d'une grande réputation. En quatrième position, pour ainsi dire, on trouvait celle de Séville (1502-1516).

La vie universitaire de l'Espagne moderne est inséparable de celle des collèges (*Colegios Universitarios*), fondés au XVe et au XVIe siècle (mais surtout après 1500) par des mécènes afin de subvenir aux besoins d'un nombre fixe d'étudiants pauvres pour leur permettre de s'instruire. Une hiérarchie s'établit parmi les collèges entre les « grands » (*Colegios mayores*) et les « petits » (*Colegios menores*). Les premiers étaient ainsi nommés en raison des privilèges particuliers dont ils bénéficiaient, parce qu'ils réservaient leurs bourses aux étudiants bacheliers des Facultés supérieures, qu'ils étaient placés sous protection royale et que ceux qui en sortaient étaient sûrs de faire une grande carrière. Ces *Colegios mayores* étaient au nombre de six, quatre pour Salamanque (celui de San Bartolomé, le plus prestigieux de tous, celui « de Cuenca », celui de San Salvador de Oviedo, celui, enfin, « de l'Archevêque »), un pour Alcalá (San Ildefonso) et un pour Valladolid (Santa Cruz, le second en importance après celui de San Bartolomé). Il en exista en réalité un septième, doyen et modèle des précédents, mais il était situé hors de la péninsule : le collège espagnol de Bologne (Saint-Clément) où les jeunes Espagnols pourront continuer de se rendre après que Philippe II aura interdit les études à l'étranger.

L'Université formait avant tout des ecclésiastiques et des fonctionnaires en accord avec la demande essentielle, religieuse et politique, de la société de l'époque (former de bons professionnels de la pastorale et de l'administration). C'est pour cette raison que les deux chaires les plus fréquentées étaient celles de Théologie et de Droit civil. Les étudiants de Médecine étaient infiniment moins nombreux. Les études scientifiques et techniques ne relevèrent d'aucun cursus universitaire spécifique et furent au contraire instaurées par les pouvoirs publics (l'État, les municipalités) hors de l'Université. L'exemple le plus connu est sans doute la création par Philippe II de l'Académie des Mathématiques (*Academia de Matemáticas*) afin de promouvoir, outre les mathématiques nécessaires pour la navigation et pour l'art militaire, les études de génie civil les plus variées. Néanmoins, les centres non universitaires de formation scientifique et technique furent rares, les académies scientifiques en particulier (alors que les académies littéraires fleurirent un peu partout), contrairement à ce qui eut cours dans les principaux pays européens. Une telle carence n'a pas manqué d'étonner les spécialistes et nombreux ont été ceux qui, dès le XVIIIe siècle, y ont vu une des causes de ce qu'on a appelé « le retard scientifique de l'Espagne ».

Le livre

Si le niveau moyen d'alphabétisation dans l'Espagne du XVIe siècle apparaît comme fort honorable et comparable à celui des autres nations cultivées d'Europe (quoique inférieur à ceux atteints en Angleterre et aux Pays-Bas), si dans le domaine universitaire on peut faire état de grandes réussites telles qu'Alcalá de Henares, il n'en va pas de même à l'heure d'apprécier l'importance de la lecture et de la diffusion de l'écrit. Ici encore, le XVIIe siècle marque une rupture essentielle suivie d'un recul considérable. Nous reprenons dans les pages qui suivent les informations fournies principalement par Bartolomé Bennassar et par Ricardo García Cárcel.

❑ ***La production éditoriale.*** La diffusion de l'imprimerie à travers les principales villes de l'Europe du Nord, d'Italie et de France fut très rapide entre 1460 et 1470. Elle parvint en Espagne à la fin de cette période, le premier incunable ibérique ayant probablement été imprimé à Barcelone en 1474. Dès l'année suivante, nous trouvons des imprimeries à Saragosse et à Valence. Le premier texte édité à Séville parut en 1476, et en 1480 l'on comptait 8 imprimeurs en Espagne (contre 43 en Italie, 28 en Allemagne, 13 aux Pays-Bas, 10 en France et 4 en Angleterre). A partir de cette date, la nouvelle technique gagna rapidement les principales villes d'Espagne, Valladolid en 1481, Tolède en 1483, etc. La plupart de ces imprimeurs étaient allemands et avaient fait un séjour en Italie avant de venir dans la péninsule.

Avant 1500, la production éditoriale espagnole, avec un millier d'incunables, représenterait 3 % des impressions européennes. Le XVIe siècle, avec quelque 10 000 titres (7 % de la production européenne) témoigne d'un essor considérable mais, nous le voyons, le niveau espagnol demeure relativement modeste. La loi des Rois Catholiques de 1480, très libérale (en particulier, elle exemptait de droits d'entrée les livres importés), favorisa la diffusion de l'imprimé en Espagne. La loi de juillet 1502 imposant un système de licences d'impression en théorie tatillon et rigide, ne changea pas. Le climat devait changer à partir des années 1550 en raison de la lutte contre les idées réformées, le décret du 7 septembre 1558 marquant le tournant décisif : le Conseil de Castille centralisa les permis d'imprimer, l'examen des manuscrits et le contrôle des livres importés devinrent très étroits. Ces dispositions furent renforcées par de nouvelles restrictions en 1569, puis en 1627. L'Inquisition, dont le premier *Index* date, nous l'avons vu, de 1559, joua un rôle de premier plan dans tout ceci, créant une efficace police des livres qui coûta parfois fort cher aux libraires.

Malgré tout, la production éditoriale se maintint en Espagne à un niveau moyen jusqu'au milieu des années 1620. Durant le XVIe siècle, Séville imprima un minimum de 751 titres, Tolède 419 et Valladolid, 396. Au début du XVIIe siècle, Séville imprimait quelque 30 titres annuels, Valladolid une vingtaine et Madrid, où l'activité éditoriale était récente (1566) mais portée par l'expansion de la capitale, dépassa les 100 titres annuels entre 1621 et 1626, pour voir ensuite décroître rapidement sa production. Le déclin fut en réalité général après 1625. Les raisons en sont nombreuses : coût élevé de la production, manque de papier, concurrence des livres en castillan imprimés à l'étranger (à Paris, Anvers, Lyon, Rome, Venise, etc.), concession de monopoles. Un des plus importants fut celui accordé dans les années 1560 par Philippe II à la famille Plantin, anversoise, pour l'approvisionnement de la totalité des domaines du roi d'Espagne en livres liturgiques.

La crise fut surtout sensible dans le domaine scientifique, déjà fort déficitaire du temps de la Renaissance. Ainsi, les éditions d'ouvrages scientifiques passèrent, à Séville, de 19 % de la production éditoriale totale du XVIe siècle à 5,7 % pour le siècle suivant et à Madrid, de 14,4 % à 5,8 %.

❑ ***Les bibliothèques.*** Mesurer la lecture grâce à l'étude des inventaires des bibliothèques rassemblées par les particuliers n'est pas une méthode parfaite, mais c'est la seule dont on dispose. En effet, avoir des livres ne signifie pas qu'on les lise et la lecture n'implique pas automatiquement la possession d'ouvrages, pour ne pas parler des lectures publiques, en plus ou moins grand comité, si fréquentes à l'époque. Voici néanmoins quelques indications tirées des analyses d'inventaires.

La possession de livres est le fait d'une minorité représentant entre le cinquième et le tiers des individus compris dans l'échantillon d'inventaires envisagé : 17,6 % à Valladolid (1533-1599), 18,1 % à Cuenca (1545-1610), 26 % en Catalogne au XVIe siècle, 28,2 % à Valence (1474-1560). Les grandes bibliothèques de plus de 500 volumes étaient extrêmement rares et seuls quelques personnages importants, bibliophiles éclairés, en possédaient plus de 1 500, tels don Diego de Arce y Reinoso, évêque de Plasencia et Inquisiteur général qui en avait 3 880 en 1665, ou le comte-duc d'Olivarès qui en rassembla plus de 2 500 ou encore l'évêque et vice-roi de Valence, don Juan de Ribera, qui en avait 1 990 en 1611. D'après les travaux de Anastasio Rojo Vego, on peut classer comme suit les 124 « bibliothèques » inventoriées à Valladolid au XVIIe siècle : plus de 500 volumes, 7,2 % ; entre 100 et 499 volumes, 17 % ; entre 5 et 99 volumes, 42,7 % ; moins de cinq volumes enfin, 33,1 %. Les femmes représentent le quart des « lecteurs », mais seulement 6 des 32 détentrices de livres en possédaient plus de 10. Ces chiffres parlent par eux-mêmes. De même à Valence durant les deux premiers tiers du XVIe siècle, selon Philippe Berger, les bibliothèques masculines (83 % du total) comptaient 20 volumes en moyenne et celles appartenant à des femmes, seulement 3,2.

La sociologie de la lecture dans la Valence de la Renaissance établie par Philippe Berger (*Libro y lectura en la Valencia del Renacimiento*, Valence, Alfons et Magnànim, 1987), confirmée dans ses grandes lignes par d'autres sondages plus étroits, peut nous servir de modèle. D'après ses travaux, 702 inventaires sur 2 489 (soit 28,2 %) comportent des livres. La répartition professionnelle de ces 30 % de lecteurs est assez harmonieuse : les artisans représentant 17,8 % des lecteurs et le secteur tertiaire, 17,3 %. Les professions libérales totalisent 16,6 % des lecteurs, avec une nette prédominance du droit (71,5 % du groupe), le clergé, 21,3 % et la noblesse, 20,8 %. Si l'on détermine à présent le pourcentage de lecteurs par rapport à ceux qui ne possèdent pas de livres dans chaque catégorie professionnelle, l'on trouve que le clergé est le groupe qui lit le plus (88,3 %), suivi des professions libérales (61,2 %). La noblesse vient logiquement en troisième position (55 %). Les professions du secteur tertiaire tombent à 25,8 % et celles manuelles à 11 %. Déterminons enfin le nombre de livres possédé par chaque secteur professionnel : sur un total de 10 168 ouvrages, les professions libérales en détiennent 4 036, soit près de 40 % (les professions juridiques représentent 63 % du sous-total), le clergé en possède 3 559, soit 35 %, la noblesse 1 462, soit 14,4 %, ce qui revient à dire que près de 90 % des livres se trouvaient entre les mains des *letrados*, des gens d'Église et de la noblesse. Les professions manuelles totalisent en effet 439 livres (4,3 % du total) et le secteur tertiaire, 558 (5,5 %).

❑ ***Que lisait-on ?*** Les bibliothèques les plus conséquentes figurant dans les inventaires sont, lorsqu'elles n'ont pas été rassemblées par des bibliophiles ou des curieux (nous pensons en particulier à Hernando Colón et sa fameuse « Colombine », ou à Olivarès), des bibliothèques spécialisées dans le droit, la médecine, etc., donc professionnelles. Dans celles-ci le latin domine incontestablement, mais pas les livres religieux, sauf dans le cas des bibliothèques de théologie, cela va de soi. Or, l'on pense habituellement que la production éditoriale espagnole fut essentiellement religieuse. Un simple sondage à partir de l'important catalogue de la production hispanique des XVIe et XVIIe siècles élaboré par Nicolás Antonio, la *Bibliotheca hispana nova* (1670) semble le prouver : sur 9 756 titres recensés, 5 835 (60 %) concernent la religion, alors que la médecine, la chimie, la pharmacologie et l'art vétérinaire ne sont représentés que par 490 titres (5 %), pour ne pas parler des mathématiques, de la cosmologie, les arts appliqués et les beaux-arts qui n'en totalisent que 393 (4 %). D'après l'étude de Philippe Berger que nous avons déjà utilisée, il ressort que 50 % environ des 700 titres parus à Valence entre 1473 et 1572 étaient à sujet religieux, le latin représentant 32 % de cet ensemble. Enfin, le répertoire bibliographique de 3 442 premières éditions du XVIIe siècle en castillan composé par Simón Díaz (*Impresos del siglo XVII*, Madrid, CSIC, 1972) donne 40 % de publications à thème religieux, ce qui est considérable si l'on songe qu'il manque les ouvrages en latin (environ 15 % supplémentaires, ce qui nous fait atteindre, et même dépasser, le seuil des 50 %). Mais il est vrai que le XVIIe siècle, dans sa dépression éditoriale, connut une augmentation des publications religieuses. A Madrid, la proportion des livres religieux édités est de 32 % entre 1566 et 1600 pour passer à 42 % de 1601 à 1625. A Valladolid, d'après les listes fournies par le travail d'Anastasio Rojo Vega, la proportion de littérature sacrée dans les bibliothèques passe de 23 % au XVIe siècle à 34 % au siècle suivant. Cette production religieuse, majoritairement en langue vulgaire, était surtout faite d'ouvrages de piété à large visée sociale (pour ne pas dire populaire, puisque, on l'a dit, la lecture ne l'était pas), de vies de saints, de fables et de « Relations véritables » visant à l'édification par l'exemple et exaltant les thèmes du catholicisme national sur lesquels était fondée la propagande antiprotestante, de méditations ascético-morales. Souvent de piètre qualité, ces écrits et brochures diverses durent connaître une diffusion considérable.

Les livres scientifiques, rares dans la production nationale, étaient importés. L'activité éditoriale scientifique des hommes du cercle de Juan de Herrera et de l'Académie des Mathématiques (voir plus loin) fut loin de suffire aux besoins de la demande intérieure. Les livres venus de l'étranger étaient chers, mais d'excellente qualité. Leur abondance est clairement attestée par les analyses des bibliothèques des médecins, des architectes, des juristes. A Valladolid, en chiffres globaux, 80 % des livres spécialisés provenaient de l'étranger, Lyon occupant une place prépondérante parmi les fournisseurs. Il en va de même à Barcelone à la fin du XVIe siècle.

Reste le problème de la littérature de création, la vraie en somme. Si l'on exclut la littérature classique en latin (le grec, bien entendu, était réservé à l'élite des élites) et celle en langue étrangère moderne (en italien d'abord, puis, loin derrière, en français), ensemble qui représente un pourcentage non négligeable dans certaines bibliothèques de la haute noblesse, l'on demeure étonné de la faible part des œuvres nationales, y compris de celles réputées à la mode, telles que les romans de chevalerie ou le roman pastoral. Nous en avons trouvé, à Cuenca (ville moyenne mais important centre lainier et drapier) durant la seconde moitié du XVIe siècle, en possession de l'élite municipale (*caballeros*, notaires, riches commerçants, bijoutiers). A Valladolid, toujours d'après l'étude citée plus haut, la littérature de création est très peu présente : 6 % des titres recensés au XVIe siècle et 5,4 % de ceux du XVIIe siècle. Les écrivains espagnols représentent quant à eux 4,3 % et 3,2 % des titres respectivement.

HUMANISTES ET MYSTIQUES

Le XVIe siècle représente une période de maturation très féconde sans laquelle les grands chefs-d'œuvre de l'époque du fils et du petit-fils de Philippe II ne seraient pas envisageables. Mais le XVIe siècle n'est pas un. A la « première Renaissance », laquelle atteignit son apogée sous Charles Quint, marquée par la multiplicité de contacts, par l'humanisme, la vitalité et l'inquiétude spirituelle, succéda la « Renaissance chrétienne » ou « seconde Renaissance » qui, sous le signe de l'*Escorial* et du Saint-Office, vit l'épanouissement de la littérature religieuse. Ce fut le temps du renoncement ascétique et des grands saints, Ignace de Loyola (1491-1556), Thérèse d'Avila (1515-1582), Jean de la Croix (1524-1591). Mais temps aussi du déséquilibre et de l'insécurité, en quelque sorte conjurés, exorcisés par le refuge dans une esthétique classique dont le style horatien de Luis de León (1527-1591) et celui, « sévère », de l'architecte Juan de Herrera (1530-1597), demeurent les plus beaux exemples.

Aspects de l'humanisme

❑ ***Les humanistes.*** L'influence des courants italiens commença à se faire sentir en Espagne dès le milieu du XVe siècle. Mais jusqu'à Nebrija, elle ne fut perceptible que dans les domaines de la grammaire et de la rhétorique.

L'humanisme ne s'implante réellement qu'à la fin du siècle, avec l'enseignement du grec. Le premier titulaire de la chaire à Salamanque fut un Portugais élève de Politien, Arias Barbosa. Son successeur, Hernán Núñez Pinciano (mort en 1553), fut le plus grand helléniste d'Espagne, bien que son savoir philologique éclatât surtout dans son édition de Sénèque (1536) et dans ses corrections au texte de Pline (1542).

Le grand humaniste est Antonio de Nebrija (1444-1522). Il avait séjourné dix ans en Italie où il s'était familiarisé avec le grec et où il avait appris la nouvelle science philologique auprès des disciples directs de Valla (1407-1457). L'œuvre de Nebrija résume à elle seule le programme des humanistes : la philologie biblique (*Quincagenae*), la grammaire latine (*Introductiones in latinam grammaticam*), le droit (*Lexicon iuris civilis*), la pédagogie (*De libris educandis*), la langue vulgaire (*Gramática castellana*), l'archéologie enfin (*Antigüedades de España*). Nebrija qui, avant Érasme (1469-1536), s'était penché sur les règles de prononciation du grec, consacra cependant tous ses efforts à l'étude de la Bible. Ses deux premiers essais sur le texte sacré furent interdits par l'Inquisition. Le troisième (les *Quincagenae*), imprimé en 1508, est une révision philologique de la Vulgate dans la ligne de Valla.

Cisneros lui confia la supervision de la Bible polyglotte de l'université d'Alcalá, le centre de l'hellénisme péninsulaire. Le Grec Demetrius Duca, qui avait travaillé avec Alde Manuce y enseigna entre 1512 et 1518. Avec lui, Hernán Núñez Pinciano et Diego Zúñiga préparèrent l'édition de la fameuse *Bible* dont les textes de l'Ancien Testament furent contrôlés par des savants judéo-convers.

Cisneros avait conçu un autre grand projet : une nouvelle édition en grec et en latin, complète, des œuvres d'Aristote. Son secrétaire Juan de Vergara (le plus fervent des érasmistes espagnols) traduisit trois ouvrages, puis le projet fut abandonné. Hernán Núñez Pinciano, qui établit d'importantes éditions d'auteurs classiques, fut aussi le premier à consacrer un commentaire philologique à une œuvre écrite en langue castillane, *Las Trescientas* de Juan de Mena. Parmi les humanistes importants qui enseignèrent à Alcalá, il convient de citer également Cipriano de Huerga qui compta au nombre de ses élèves plusieurs des plus grands esprits du siècle, tels Juan de Valdés, Arias Montano ou Luis de León.

Mais les humanistes ne restèrent pas enfermés dans l'enceinte très professionnelle de l'université d'Alcalá ou de celle de Salamanque, sa rivale. Le plus moderne de tous, Juan Luis Vives, fut un exilé. Il naquit en 1492 à Valence, au sein d'une famille de juifs convertis qui eut à souffrir de la répression inquisitoriale (son père eut deux procès et il ne fut pas le seul à passer devant les juges). Il mourut à Bruges en 1540. Parti en 1508 pour Paris afin d'y finir ses études, il se fixa ensuite en Flandre où il fut précepteur de Guillaume de Croy. Son éloignement d'Espagne et son refus d'y retourner, même pour occuper à Alcalá la prestigieuse chaire laissée vacante par la mort de Nebrija, ne s'expliquent pas uniquement par l'oppressante atmosphère inquisitoriale qui régnait dans la péninsule. Il faut songer aussi que dans le Nord, les disciplines humanistes offraient des perspectives sociales, économiques et de rayonnement scientifique bien plus attirantes qu'en Espagne. De fait, Juan Luis Vives jouit d'une réputation immense et fut l'ami des plus grands humanistes du temps, Érasme et Budé en tête. Thomas More l'attira quelque temps en Angleterre où il rédigea un traité d'éducation pour Marie Tudor (*De institutione feminae christianae*).

La pensée de Vives est profondément érasmiste et liée à l'humanisme chrétien nordique, fort différent de l'italien. Esprit universel préoccupé par les choses profanes aussi bien que par les choses sacrées, il laissa, à côté d'importantes œuvres de théologie (dont le brillant traité apologétique *De Veritate Fidei christianae* édité à Bâle, après sa mort, en 1543), de très intéressants ouvrages de philosophie, de politique ou sur des problèmes sociaux, à l'esprit étonnamment moderne et qui font son intérêt actuel. Sur la question de l'assistance aux pauvres, en particulier, son *De subventione pauperum*, écrit en 1526 à la demande de la ville de Bruges, allait poser les fondements d'une réflexion économique et laïque sur les rapports entre pauvreté et travail d'une grande fécondité. Du point de vue politique, enfin, ses traités (*De pace inter Caesarem et Franciscum Galliarum Regem*, 1525, ou *De Europae disidiis et bello turcico*, 1526) expriment des conceptions pacifistes proches de celles qui devaient animer, un demi-siècle plus tard, certains courants d'opposition à la politique de Philippe II en Flandre.

❑ ***L'érasmisme.*** L'on a parfois voulu réduire la Renaissance culturelle espagnole au courant érasmiste, faisant fi de la tradition des ordres monastiques ainsi que l'apport italien. Proche de la spiritualité hétérodoxe des *alumbrados** (illuminés) et de celle, orthodoxe, des *recogidos** (recueillement, caractéristique des franciscains), l'érasmisme synthétise et clarifie, en quelque sorte, des courants et des aspirations aux origines diverses (biblisme des milieux hébraïsants et judéo-convers, spiritualité franciscaine, réformisme italien) et peut apparaître comme la philosophie de la pré-réforme catholique.

L'éramisme connut son heure de gloire en Espagne entre 1526, date de la parution en castillan de l'*Enchiridion* ou *Manuel du chevalier chrétien*, et le début des années 1540. Peu après, les écrits d'Érasme seraient taxés d'hérétiques et ses défenseurs poursuivis. Les centres de diffusion de l'érasmisme furent l'université d'Alcalá, certains milieux humanistes et spirituels de Séville et la Chancellerie impériale du temps de Gattinara. On peut caractériser ainsi l'érasmisme espagnol :

— Il est fondé, tout d'abord, sur une critique de la corruption du clergé. Les pasteurs ont oublié leurs devoirs et nous vivons dans le paganisme. Rome devient la nouvelle Babylone et le pape, l'image de l'Antéchrist. Cette thématique, fort diffusée dans les milieux luthériens, se nourrit de courants messianiques et prophétiques très agissants dans la chrétienté de l'époque.

— Sa caractéristique essentielle est le christianisme intérieur, fils de la spiritualité de l'*Imitation du Christ.* Les aspects formels, extérieurs, rituels, sont rejetés, ainsi que la pompe ecclésiastique, l'excès de décoration des temples, d'images, et le culte des reliques. L'Église est la simple réunion d'hommes soudés par la foi du Christ. La vie religieuse doit se réduire à une certaine attitude spirituelle intérieure fondée sur la confiance et l'espoir. Le modèle du chrétien érasmiste c'est le « *varón espiritual* », sorte de saint laïque pas très riche, humble et charitable. La religion étant principe d'amour entre les hommes, l'érasmiste place au centre de sa foi l'exaltation de la paix.

— La pensée érasmiste est fondée sur l'idée de la « Philosophie du Christ », exprimée par la métaphore du corps mystique : nous sommes tous membres d'un même corps dont la tête est le Christ et devons par conséquent maintenir avec Lui la même relation qu'entretiennent les membres du corps avec la tête. Cette idée d'unité organique se double d'une perception égalitaire des rapports entre les individus, les membres du corps mystique se trouvant en tant que tels sur un pied d'égalité.

— Enfin, l'érasmisme possède une dimension politique capitale. Érasme avait exposé son idéal politique dans un traité adressé au futur Charles Quint, l'*Institutio principis christiani* (Bâle, 1516). Alfonso de Valdés en reprendrait l'argumentation dans ses deux dialogues de justification de la politique de l'empereur, le *Diálogo de Mercurio y Carón* et le *Diálogo de las cosas ocurridas en Roma*. Érasme défendait une idée du prince résolument opposée à celle proposée par Machiavel : le prince chrétien doit gouverner en accord avec la « *Philosophia Christi* », c'est-à-dire qu'il doit veiller avant tout au maintien de la justice et de la paix. La guerre contre le pouvoir ottoman est justifiée dans la mesure où ce dernier est ennemi de la chrétienté. C'est le fondement de ce que José Antonio Maravall a appelé « l'utopie du bon pasteur », l'empereur apparaissant comme le chef spirituel de l'*universitas christiana* et le garant de la concorde entre les nations, fonctions, on le voit, fort voisines de celles du pape. La réflexion érasmiste aurait de la sorte spiritualisé la conception classique de l'Empire comme Monarchie universelle en faisant de l'empereur, plutôt que le maître politique du monde — un tyran en puissance —, son guide spirituel à l'aura fortement évangélique.

L'érasmisme fut un courant de pensée aux contours peu définis, une attitude spirituelle, une façon de vivre sa foi, mais en aucun cas il ne constitua un système philosophique. C'est ce qui explique les rapports étroits qu'il entretint, durant la première moitié du XVIe siècle, avec les courants spirituels à tendance mystique.

La mystique

❑ ***Périodisation.*** La littérature mystique espagnole atteint son plus haut degré de perfection durant le règne de Philippe II. Ce grand moment est préparé par deux étapes de formation. La première, correspondant aux deux dernières décennies du XVe siècle, se caractérise par la traduction et la diffusion d'écrits étrangers (il n'y avait pas de tradition mystique médiévale espagnole) et par l'apparition d'une production nationale de plus en plus tournée vers la doctrine contemplative. La deuxième étape, de 1500 à 1560, est une période d'assimilation en profondeur, marquée, entre autres, par les œuvres de Francisco de Osuna, de Alejo de Venegas, de Bernardino de Laredo et du bienheureux Juan de Avila. La personnalité de Luis de Granada, grand artiste autant que grand spirituel, marque la transition entre cette étape et la période de la plénitude. Celle-ci va des années 1560 à 1600. C'est le moment proprement espagnol, dominé par l'école carmélitaine, mais où les autres tendances connurent également leur apogée, en particulier la mystique franciscaine (Juan de los Angeles et Diego de Estella) et l'augustinienne, avec deux écrivains de premier ordre, Malón de Chaide et surtout Luis de León.

La mystique carmélitaine opère une synthèse entre la voie affective chère aux franciscains et aux augustins et la voie intellectuelle, appelée aussi scolastique, propre aux jésuites et aux dominicains. La voie carmélitaine, éclectique, fait aller de pair la connaissance et l'amour : l'élan mystique résulte de l'action de deux puissances, l'intelligence et l'affectivité. C'est ce qui apparaît dans l'œuvre de sainte Thérèse.

❑ ***La sainte d'Avila.*** Teresa de Cepeda y Ahumada naquit à Avila en 1515. L'ascendance juive de sa famille (Juan Sánchez de Toledo, son grand-père, fut pénitencié par l'Inquisition en 1485), dont l'importance ne doit pas être exagérée, est cependant à prendre en considération, et la sainte elle-même fait dans ses écrits de fréquentes allusions plus ou moins voilées au problème épineux de la marginalisation des judéo-convers. En 1535, contre l'avis de son père, elle décida de devenir religieuse et entra chez les carmélites de la Encarnación où elle prononcerait ses vœux solennels deux ans plus tard. C'est là qu'elle prit la décision de réformer l'Ordre afin d'y restaurer toute la rigueur de la règle primitive, tâche à laquelle elle voua son existence et qui lui valut d'incessants déboires en raison de l'opposition des autorités religieuses.

Elle fonda le premier couvent réformé, celui de San José d'Avila, en 1562. Dès lors, et jusqu'à la fin de ses jours, livrant bataille après bataille avec une énergie hors du commun, elle ne cessa de répandre la réforme à travers la Castille et l'Andalousie, ainsi qu'elle en fait elle-même le récit détaillé dans son Libro de las fundaciones (*Livre des fondations*) tout en collaborant à la réforme de la branche masculine de l'Ordre que menait saint Jean de la Croix. Thérèse d'Avila s'éteignit à Alba de Tormes le 4 octobre 1582. Elle fut canonisée en 1622 et proclamée docteur de l'Église en 1970.

On aurait tort d'enfermer sainte Thérèse dans son rôle de réformatrice. Son opiniâtreté dans la lutte, ses qualités de femme d'entreprise et d'action, son sens parfait du quotidien et du concret, ne doivent pas faire oublier qu'elle fut avant tout une contemplative et que son écriture est nourrie du désir de rendre compréhensible l'expérience indicible de l'union avec Dieu. Outre le *Livre des fondations* auquel nous venons de faire allusion, trois œuvres de la sainte méritent une attention particulière : le *Libro de la vida*, le *Camino de perfección* et les *Moradas* ou *Castillo interior*.

Le récit de sa vie, destiné à ses confesseurs et mis définitivement en forme durant les années 1564-1565, fut publié à Salamanque en 1588 par Luis de León. C'est une œuvre à la fois autobiographique et didactico-spirituelle. Les chapitres relatifs à la vie extérieure contiennent ces détails si souvent commentés : le désir de martyre en terres d'islam et la fugue pour y parvenir, les romans de chevalerie, le vain attrait du monde et du gentil cousin, la maladie affreuse, les portes de la mort et la découverte de Francisco de Osuna.

Mais les développements sur la vie intérieure, où la sainte essaie de rendre accessibles au lecteur les plus hautes expériences mystiques, sont du plus grand intérêt en raison du langage métaphorique et allégorique auquel elle a recours. La chose n'est pas nouvelle : tous les mystiques, pour rendre communicable ce qui ne l'est que difficilement, utilisent des images et des comparaisons qui, par degrés successifs d'affinement sémantique et d'enchâssement rhétorique parviennent, ou non, à nous rendre visible l'invisible, présente et palpable l'expérience d'autrui. Chez sainte Thérèse, le désir de montrer — d'enseigner —, qui est d'abord désir de se connaître, va de pair avec de tels moyens d'écriture, une telle science de l'image et du concret, qu'elle mérite amplement la gloire en tant qu'écrivain. On se rappellera, parmi les nombreuses associations sur des thèmes végétaux, le passage horticole où les quatre degrés de l'oraison sont quatre formes d'arrosage.

Des deux traités d'ascétique et de mystique, c'est les *Demeures* le plus important. Le livre fut écrit en 1577, au cours d'une fort mauvaise période pour la réforme et pour elle-même. La sainte y charpente la géométrie sublime de l'âme à travers une sorte d'ascension centripète dont chaque étape est une des sept demeures de la forteresse intérieure. On y pénètre par l'oraison, clef de voûte de sa doctrine spirituelle. Les épousailles divines ont lieu dans la septième demeure, au centre le plus profond de l'âme.

Sainte Thérèse écrivit pour comprendre et pour placer sa science sous le contrôle de directeurs de conscience capables de l'empêcher de s'égarer. Ceci est capital. « Avec sainte Thérèse et saint Jean de la Croix, explique Joseph Pérez, la lutte contre le formalisme religieux, qui constituait l'essence intime de l'illuminisme espagnol, est assumée, dépassée et réintégrée dans le cadre de l'orthodoxie catholique telle qu'elle avait été réaffirmée par le Concile de Trente : tout ce qu'il y avait d'instinctif, de confus, de vague et obscure affectivité dans les tendances illuministes, se trouve à présent soumis au contrôle de la raison, de l'analyse rigoureuse, à la lumière de la théologie scolastique ; désormais, les expériences individuelles ne semblent plus irréconciliables avec la vie collective de l'Église ni avec les aspects sociaux du dogme » (*Historia de la literatura española*, Madrid, Cátedra, 1990, p. 474, traduit par nous).

PHILIPPE II ET LE « STYLE SÉVÈRE »

Dans l'Espagne de Philippe II, la mystique fut plus qu'un courant spirituel d'une importance particulière en parfaite harmonie avec une société singulièrement imprégnée de religion. Cet élan vers le Créateur, ce désir éperdu de divin qui mettait du sacré sur toute chose, ne furent pas l'apanage des professionnels du salut. Nous les trouvons d'abord dans les plus grandes réalisations artistiques du siècle, que ce soit la sculpture polychrome, à laquelle est attaché le nom d'Alonso de Berruguete (1488-1561), ou les œuvres des trois plus grands musiciens de l'Espagne des Habsbourg, Cristóbal de Morales (v. 1500-1553), Francisco Guerrero (1527 ou 1528-1599) et Tomás Luis de Victoria (v. 1548-1611), artistes voués corps et âme à la célébration des mystères divins qui jamais ne composèrent de musique profane. Nous les trouvons dans les écrits et dans les réalisations de l'architecte Juan de Herrera. Mais une telle tension spirituelle, si visible, si « naturellement » en harmonie avec l'austère et expressive grandeur de ces œuvres, dépasse le domaine religieux. Elle implique une dimension symbolique fondamentale pour le pouvoir. En d'autres termes, elle nous apparaît comme politique dans sa substance car elle fut avant tout le fait du prince et dit le désir du souverain. C'est dans le programme architectural du roi Philippe qu'elle trouva son aboutissement et son expression la plus achevée. La visée esthétique et métaphysique de Juan de Herrera est inséparable de la volonté du roi de fixer un centre du pouvoir fondé sur une idée de palais, donc d'architecture comme représentation de la Monarchie catholique.

Juan de Herrera (1532-1597)

❑ ***Un architecte homme de science et philosophe.*** Rien ne disposait celui qui allait devenir le créateur du style classique espagnol par excellence à l'emploi d'architecte. Issu d'une famille noble de la Montagne (Santander), il commença par entreprendre une carrière de militaire et de courtisan, quoique après un bref passage par l'université de Valladolid. C'est ainsi qu'âgé d'environ dix-huit ans il rejoignit à Barcelone la suite du prince Philippe qui prenait le chemin des Flandres. Herrera demeura à Bruxelles jusqu'en 1551, appliqué à des études scientifiques (il serait le prototype espagnol de l'ingénieur-architecte de la Renaissance). Revenu dans la péninsule ibérique, il s'engagea dans l'armée en 1553 et partit pour l'Italie avec la compagnie du capitaine Medinilla. Après les campagnes italiennes, où il se distingua, il y eut celles des Flandres et à la fin, affecté à la garde personnelle de l'empereur, il le suivit jusqu'au monastère de Yuste en Extrémadure où il resta jusqu'à la mort de ce dernier (1558). Herrera, fort pénétré de son orgueil de caste et encore plus soucieux d'augmenter sa maison, réussit sa vie mondaine, au moyen, en particulier, d'un mariage extrêmement avantageux. Mais ceci nous intéresse moins que la réussite de sa carrière, fondée sur la confiance absolue du souverain qui ne se démentit jamais au cours de plus de vingt ans de très étroite collaboration.

Cette carrière fut avant tout celle d'un homme de science. C'est sur son initiative que Philippe II fonda en 1582 l'Académie des Mathématiques de Madrid dont nous avons parlé et dont il fut le directeur. C'est lui qui fit traduire et éditer les grands classiques tels qu'Euclide ou Archimède, éditions fort coûteuses en raison de leur abondante illustration et qu'il subventionna parfois personnellement. Herrera sut s'entourer d'un cercle de savants et d'ingénieurs (Lastanosa, Lavaña, Juanelo, Cristóbal de Rojas, etc.) qui représentèrent ce qu'il y eut de meilleur dans la science espagnole classique et qui surent donner au second XVIe siècle une dimension théorique d'un certain niveau. Continuant l'œuvre de diffusion de Francisco de Villalpando qui, en 1552, avait traduit les *Livres* III et IV du grand traité d'architecture de Sebastiano Serlio (1475-1554), Herrera fit traduire en 1582 le *De architectura* de Vitruve et le *De re aedificatoria* de Leon Battista Alberti (1404-1472). En 1593 fut traduite la fondamentale *Regola degli cinque ordini d'architettura*, composée par Vignole en 1562.

Herrera fut un architecte intellectuel, un homme de cabinet formé par la lecture plutôt que par l'expérience directe acquise sur le terrain. Nous avons vu qu'il connaissait l'Italie et les Flandres, les deux sources essentielles de l'inspiration architecturale hispanique. Excellent dessinateur (ce qui a son importance à une époque où les bâtiments étaient primordialement tracés sur le papier, l'exécution ne devant introduire aucun changement par rapport au dessin), mathématicien réputé et philosophe, c'est de cette double inclination pour l'activité spéculative que provient sans doute l'extrême abstraction de son langage formel. Sa bibliothèque, riche de plus de 400 volumes et de très nombreux manuscrits scientifiques ou d'architecture, nous donne la mesure de son érudition et une des clés de sa personnalité. L'on peut en effet regrouper les volumes selon trois domaines culturels. Les traités de génie civil, de géométrie, etc. en font un représentant typique de ces architectes-ingénieurs qui commencent à apparaître au tournant du demi-siècle. D'autre part, les œuvres théoriques sur l'architecture (il possédait tous les traités fondamentaux, aussi bien anciens que modernes, y compris les écrits de Philibert Delorme en français) sont caractéristiques de l'artiste humaniste qu'il était. Enfin, la présence dans sa bibliothèque de 118 titres de Raymond Lulle en plusieurs langues donne à Herrera une dimension, plus complexe et fort intéressante, d'esprit attentif aux causes dernières, à l'hermétisme et au formalisme abstrait, à la spéculation supraratonnelle. C'est de cette triple influence que résulteraient pour une bonne part la configuration architecturale de l'*Escorial* ainsi que les orientations essentielles du nouveau classicisme proposé par Herrera.

❑ ***L'œuvre de Juan de Herrera.*** C'est à une date relativement tardive, en 1563, qu'on trouve pour la première fois le nom de Herrera associé au métier d'architecte. Il est alors nommé, avec Juan de Valencia, collaborateur de Juan

Bautista de Toledo, que Philippe II a fait venir d'Italie en 1559 avec le titre « d'architecte du roi », titre que Herrera ne portera pas lorsque, à la mort de Toledo survenue en 1567, il lui succèdera en quelque sorte à la tête du chantier de l'*Escorial*, car c'est le roi en personne qui désormais tiendra à assurer la direction des travaux. Cependant, en 1572, une instruction royale concernant le monument plaçait sous la responsabilité de Herrera une bonne partie des décisions, non seulement techniques, mais concernant aussi bien le programme que les choix esthétiques. Enfin, en 1579 Philippe II le nommait en même temps *Aposentador de Palacio* (maréchal du palais) et architecte du roi. Il prit alors à son tour deux collaborateurs. L'un d'eux, Francisco de Mora, son plus important disciple, devait lui succéder en 1590 et perpétuer ainsi le style herrérien en Espagne.

Outre son intervention dans le monastère de l'*Escorial*, que nous verrons plus loin, Juan de Herrera fut l'auteur de nombreux édifices (souvent finis par d'autres sur ses plans, ou jamais terminés) et le continuateur de grands projets royaux laissés inachevés du temps de Charles Quint, de sorte que son génie, en parfaite adéquation avec le goût de Philippe II, marqua profondément l'architecture péninsulaire et donna au style classique espagnol sa personnalité sévère, sa sobre grandeur.

Herrera travailla à la continuation ou au réaménagement de monuments auxquels Juan Bautista de Toledo, qui mourut écrasé par la besogne et n'eut le temps de rien mener à terme, avait déjà mis la main : le palais de Charles Quint dans l'Alhambra de Grenade (commencé par Pedro Machuca en 1527 et resté inachevé en 1550, date de la mort du maître), le château médiéval de Simancas, près de Valladolid, où Philippe II entendait installer les archives centrales de la monarchie, mais surtout le palais d'Aranjuez, dans la plaisante vallée du Tage au sud de Madrid et l'*alcazar* de Tolède, monument auquel le roi attachait une importance particulière en tant que grand symbole impérial lié à la gloire de son père.

En dehors de la commande royale directe, le plus important bâtiment civil conçu par Herrera, outre l'hôtel de ville de Tolède, est la *Lonja* (Loge des marchands) de Séville, dessinée en 1572 mais dont la construction fut menée à bien par Juan de Minjares à partir de 1583. A Madrid, Herrera intervient également dans les réalisations du nouvel urbanisme avec le pont de Ségovie (*la puente segoviana*), terminé vers 1588, et le dessin pour la Plaza Mayor, au cœur de la vieille ville, exécuté avant 1586 mais réalisé, avec des changements, seulement au début du XVIIe siècle et largement modifié au XVIIIe siècle après un incendie.

Dans le domaine religieux, Herrera, qui ne dessina pas toutes ces églises castillanes au style sévère qu'on lui attribua jadis sans bien les regarder, conçut néanmoins d'importants projets, dont la grandiose construction de la cathédrale de Valladolid, démesurée, d'une sérialité, d'une horizontalité et d'une symétrie absolues. Elle fut dessinée par Herrera vers 1580. Commencée plus tard, elle resta inachevée, le départ de la cour pour Madrid ayant porté un coup fatal à la ville.

Mais c'est à l'*Escorial* qu'est associé, avec juste raison, le nom d'Herrera. C'est ce monument qui consacre l'implantation en Espagne du style classique et qui crée la série de modèles fondamentaux de l'architecture à venir : façades, tours, éléments de couverture et ornements symboliques (sphères et pyramides).

Le monastère de l'Escorial (1563-1585)

❑ ***Un bâtiment aux multiples fonctions.*** L'*Escorial* est le plus grandiose projet architectural conçu par Philippe II et le seul qui soit demeuré à peu près intact à travers les siècles. Le bâtiment devait être à la fois un mausolée (la « nouvelle pyramide »), un temple, un palais, un monastère et un centre d'études en accord avec les dispositions du Concile de Trente. Cette pluralité de fonctions entraîna l'apparition de programmes particuliers devant s'intégrer dans le programme d'ensemble, ce qui ne manqua pas de poser de sérieux problèmes. On peut suivre, par exemple, l'intéressante promotion de l'idée de savoir et de formation à travers les choix successifs d'emplacement de la bibliothèque qui finira par occuper l'étage central au-dessus du porche de l'entrée principale, sous l'effigie du saint et les armes royales, trait d'union entre le collège et le couvent, à cheval exactement sur l'axe recteur de l'édifice et pendant symbolique de la salle du trône occupant une position symétrique à l'extrémité orientale de cet axe.

L'aspect funéraire était primordial pour Philippe II qui voulait que le nouveau monument, où devaient reposer les restes mortels de son père tant admiré, dît avant tout la gloire de l'empereur et de sa propre dynastie. Ceci explique le caractère extrêmement funèbre et solennel de cette architecture dépourvue d'ornements, ponctuée de pyramides funéraires (qui devaient même trôner sur la façade principale de l'église, selon le projet primitif), sis à l'écart de toute agitation mondaine. Du reste, l'association de la résidence royale, du tombeau et du couvent était traditionnelle dans les monarchies ibériques, comme l'était la protection vouée par les souverains castillans à l'ordre de Saint-Jérôme (auquel le couvent était destiné) que la retraite de l'empereur dans le monastère hiéronymite de Yuste venait de confirmer encore une fois. Enfin, le fait de placer l'édifice sous l'invocation de saint Laurent, correspondant au jour de la victoire de Saint-Quentin, s'inscrit également dans une longue tradition de commémoration éternelle par le moyen d'une fondation religieuse (il suffit de songer à celle des Rois Catholiques, San Juan de los Reyes, à Tolède, en perpétuelle mémoire de la prise de Grenade). Quant au plan « en forme de gril » disant le supplice du diacre Laurent en 258, il découle plutôt de la volonté de géométrisme ayant présidé à la conception de l'édifice, conjuguée à la nécessité de rythmer les volumes à l'intérieur de cet immense quadrilatère par le moyen d'un système de cours. Le choix du site, enfin (à 50 km au nord-ouest de Madrid, sur les contreforts méridionaux de la sierra de Guadarrama, près d'un hameau minuscule où avait jadis fonctionné une fonderie, d'où le nom « d'*escorial* », « amas de scories »), qui peut sembler aussi très original, est d'une rationalité parfaite. L'endroit était abondamment pourvu d'eau, de bois et de très belle pierre, l'air y était pur et le climat salubre, la nouvelle capitale, Madrid (depuis 1561) était facilement accessible par une route aisée et enfin, le palais-mausolée, centre du pouvoir, serait placé à la limite centrale entre les deux Castilles.

❑ ***De Juan Bautista de Toledo à Juan de Herrera.*** Philippe II prit pour premier directeur de son architecture Juan Bautista de Toledo (nommé le 12 août 1561) qui était à Naples, d'où il était venu de Rome. Dans la ville éternelle il avait travaillé avec Sangallo le Jeune (1483-1546), puis sous la direction de Michel-Ange à Saint-Pierre. Il importa en Espagne le style classique du premier en l'adaptant au goût très sobre du souverain, mais en conservant les valeurs plastiques du décor classique, ainsi que cela est clairement affirmé dans le cloître des Évangélistes ou dans les corridors du Soleil. Le plan conçu par Juan Bautista de Toledo articulait, autour de l'église centrale couronnée par un dôme et flanquée de quatre tours, deux volumes inégaux : la partie occidentale (collège et couvent), où était placée la porte principale, ne comportait que deux étages, alors que la partie orientale (palais) en avait trois. Un tel étagement permettait de rompre la monotonie d'un bâtiment aux très grandes proportions tout en permettant au volume de l'église d'émerger.

Mais en 1564, la décision de doubler le nombre de religieux destiné à être accueilli dans le monastère (il passait de 50 à 100) entraîna un changement radical du projet aux conséquences esthétiques considérables : la surface habitable de la moitié occidentale du monument fut doublée grâce à l'ajout d'un étage, ce qui mettait tout le bâtiment à la même hauteur, lui donnant cet aspect d'immense parallélépipède rectangle isolé, d'autant plus écrasant que le système assez complexe des tours projeté par Toledo (en particulier celles devant couper en leur centre les façades Nord et Sud) fut abandonné.

Herrera assuma cette géométrie rigoureuse et massive et l'accentua même en imposant aux murs extérieurs des façades nord, est et sud, résolument plates, une sérialité implacable ordonnée selon la ligne horizontale des fenêtres, dépourvues de tout ornement, que souligne le jeu des corniches. Le langage de Herrera, fondé sur les proportions mathématiques et sur les figures géométriques, « renonce à la richesse visuelle et iconographique de la culture antique qui baignait le style classique du XVIe siècle. Mais [...] son système ornemental schématique, presque désincarné, pouvait engendrer un nouveau traitement de l'architecture » (Catherine Wilkinson-Zerner).

Les spécialistes ont depuis longtemps souligné que l'*Escorial* de Herrera et de Philippe II, par sa parcimonieuse utilisation des ordres, par son refus de l'ornementation et par l'accent mis sur les aspects volumétriques, est traité avec la même rigueur géométrique que l'architecture militaire et de fait prend des allures évidentes de forteresse. Ceci a conduit jusqu'à une piste interprétative symbolique et ésotérique qui a fait couler beaucoup d'encre et qui se fonde sur le *Discours sur la figure cubique* (*Discurso de la figura cúbica*) de Herrera lui-même, sur les commentaires du P. José de Sigüenza (début du XVIIe siècle) à propos des correspondances existant entre l'*Escorial* et le Temple de Jérusalem, sur les rapports, enfin, qu'entretinrent notre architecte et le roi avec les jésuites Prado et Villalpando, auteurs d'un traité sur le Temple de Salomon (publié à Rome en 1596 et 1604). Nous ne pouvons pas ouvrir ici ce dossier passionnant. Nous retiendrons l'appartenance de Herrera à un courant (important parmi les théoriciens espagnols de l'architecture des dernières décennies du XVIe siècle) caractérisé par la recherche des règles de l'architecture parfaite, celle révélée par Dieu, tendant à christianiser le langage païen du classicisme de Vitruve.

Pour Fernando Checa, et ce sera notre conclusion, « Herrera prétend fonder l'architecture sur une nouvelle lecture du classicisme qui devrait intégrer et résumer les moments essentiels de l'Histoire. Le passé classique et le passé chrétien, les valeurs rationnelles et celles magiques, pouvaient converger sur un moment privilégié et se concrétiser dans le monastère de l'*Escorial* ». Mais, conclut-il, ce qui fait toute l'importance de Herrera et sa supériorité sur les théoriciens utopiques, c'est qu'il fut avant tout un architecte, autrement dit, que pour lui, les fonctions symboliques du nouveau classicisme faisaient partie intégrante du langage propre de l'architecture et ne venaient pas s'y superposer comme autant de significations plaquées.

L'APOGÉE DES LETTRES ET DE LA PEINTURE : CERVANTES ET VELÁZQUEZ

Le Siècle d'Or est donc littéraire et pictural. Et il l'est selon une double modalité qui n'est contradictoire qu'en apparence : un art national et populaire mais aussi un art obscur et élitiste. Notre propos n'est pas d'esquisser ici un essai sur l'esthétique (ou les esthétiques) du Siècle d'Or. Nous avons choisi de présenter simplement les deux génies les plus complexes parce que les plus transparents, les plus savants parce que les plus naturels, ceux qui représentent le mieux, selon les mots de Julián Gállego « ces quelques années où l'artiste avait quelque chose à dire et savait de quelle façon le dire, à la fois à tout le monde et à quelques-uns, avec ce désir d'opposition des contraires qui [nous] semble être un des caractères les plus typiques de la plus haute culture espagnole : Tout ou Rien ».

Cervantes (1547-1616)

❑ ***Une vie entre deux époques.*** Miguel de Cervantes naquit à Alcalá de Henares en 1547. On ne sait rien de son enfance ni de son adolescence. Ses premiers poèmes datent de 1567. L'on sait que l'année suivante il était, à

Madrid, l'élève d'un humaniste attardé, Juan López de Hoyos. En décembre 1569, il se trouvait à Rome, où il entrerait au service du cardinal Acquaviva. En 1571, il participe à la bataille navale de Lépante, à bord de la galère Marquesa, où il reçoit la blessure qui le prive de l'usage de la main gauche. En 1572 et en 1573, il fait partie des expéditions menées par don Juan d'Autriche contre Corfou et Modon, puis contre Tunis. Embarqué à Naples pour l'Espagne en 1575, il tombe entre les mains du corsaire Arnaut Mami et est emmené à Alger dont il essaie de s'échapper à quatre reprises, sans succès. Au bout de cinq années de captivité, il est enfin racheté par les trinitaires et arrive à Madrid en décembre 1580.

Alors commence pour lui une existence faite d'étroitesse économique et de déboires de toutes sortes, tant privés que publics. Durant ses premières années madrilènes il écrit des pièces de théâtre dans une manière classique peu en accord avec ce qui allait devenir le goût dominant, incarné par Lope de Vega. Il travaille également à un roman pastoral dont il publie la première partie (la seule jamais écrite) en 1585. L'année précédente il avait épousé à Esquivias, entre Madrid et Tolède, une jeune fille de dix-neuf ans, doña Catalina de Salazar y Palacios, mais cette union, guidée par l'intérêt, se solderait pour Cervantes par une nouvelle frustration. Un mois à peine avant de se marier, il avait eu, avec une comédienne, une fille illégitime qu'il devait reconnaître plus tard sous le nom d'Isabel de Saavedra et qui ne devait pas lui donner que des satisfactions.

La carrière professionnelle de Cervantes, tant dans l'approvisionnement des galères que dans la collecte d'impôts, ne fut pas brillante ni exempte de complications — il fut même incarcéré dans la célèbre prison de Séville (1597) à la suite de problèmes de comptabilité ; elle ne fut jamais à la hauteur de ses aspirations, tout comme sa carrière littéraire.

Celle-ci se concrétise surtout durant les années de vieillesse : première partie du *Quichotte* en 1605, *Nouvelles exemplaires* en 1613, la seconde partie du *Quichotte* deux ans plus tard, peu après la publication des *Huit Comedies et huit intermèdes jamais représentés*. Les *Travaux de Persiles et Sigismunda*, achevés *in articulo mortis*, parurent en 1617, un an après sa mort.

Au moment où il publie sa première œuvre importante, *La Galatea* (1585), Cervantes a trente-huit ans. Il naît au monde des lettres en laissant derrière lui un autre monde, voyageur et guerrier, aventureux, qui l'aura marqué à jamais : la juteuse Italie, Lépante et la blessure héroïque, la captivité algéroise. La coupure est si nette, aux résonances symboliques si pertinentes que la critique a placé d'emblée notre écrivain à la croisée des chemins d'une Espagne qui change. D'un côté l'héroïsme, l'élan tout impérial d'un pays traversé par mille utopies chevaleresques ; de l'autre l'écriture, le retour sur soi, l'amère réflexion sur ce qui fut sans être. Dans le domaine de la littérature, Cervantes a de même été placé à la charnière entre ce qu'on appelle commodément la Renaissance et le Baroque, entre un monde littéraire arrivé à maturité et un autre qui pointe et qui sera celui du Siècle d'Or. C'est dire que Cervantes était le plus à même de réaliser la synthèse : c'est le *Don Quichotte*.

❑ ***Le grand roman cervantin.*** On connaît l'histoire de *Don Quichotte* ; un *hidalgo* de la Manche, originaire d'un bourg dont l'auteur ne veut pas se rappeler le nom, sec, sobre, amant platonique et grand lecteur de livres de chevalerie, est pris soudainement d'une bien plaisante folie : restaurer l'âge des chevaliers errants et s'en aller de par le monde en quête d'aventures qui couvriront son nom d'une gloire immortelle. Son but est aussi généreux qu'anachronique : protéger le faible, la veuve et l'orphelin, défendre la justice et le bon droit tout en débarrassant la surface de la terre des esprits maléfiques et autres géants à la nocivité démontrée. Le choc avec « la réalité » sera brutal, mais il faut prendre garde que le sujet du livre n'est pas la victoire de cette dernière sur les inquiétants débordements de l'imagination débridée, mais « un déchiffrement du monde », selon l'expression de Michel Foucault, qui continue en ces termes : « *Don Quichotte* est la première des œuvres modernes puisqu'on y voit la raison cruelle des identités et des différences se jouer à l'infini des signes et des similitudes ; puisque le langage y rompt sa vieille parenté avec les choses, pour entrer dans cette souveraineté solitaire d'où il ne réapparaîtra, en son être abrupt, que devenu littérature ». C'est ce que dit, après la mort du héros, le « premier auteur » de son histoire, Cid Hamet Ben Engeli : « Pour moi seul, naquit don Quichotte, et moi pour lui. Il sut agir, moi écrire. »

Conformément à la figure (littéraire) qu'il s'est fixée pour modèle, Don Quichotte œuvrera à l'exaltation universelle de la dame de ses pensées, la douce Dulcinée, transposition poétique de la très réelle Aldonza Lorenzo, paysanne du Toboso, moustachue, forte en gueule et sentant l'ail. De même, afin de correspondre au mieux à son être livresque, il s'attachera dès sa deuxième sortie guerrière les services d'un écuyer, le fameux Sancho Panza, dont l'iconographie quichottesque a fixé l'image, en parfaite opposition avec celle de son maître, sous les traits d'un vilain courtaud et rondouillard alors que le roman nous le dépeint corpulent et aux longues jambes. Rien d'étonnant à cela dans la mesure où la simplification réductrice visant à faire de Sancho (couard, gourmand, ignorant, intéressé, terre-à-terre, solaire, etc.) l'exacte antithèse du chevalier à la Triste Figure (courageux, tempéré, cultivé, généreux, idéaliste, lunaire, etc.), se doit de passer par une perception plastique à l'impact considérable : l'inoubliable solitude des silhouettes de Daumier se détachant sur un horizon crépusculaire, bleu de poignante poésie.

Mais la chose, on s'en doute, est plus complexe dans le roman où le couple éternel du maître et du valet est au contraire fondé sur la dynamique du rapport unité-dualité. Leur profondeur, leur vérité, provient de l'énigmatique ambiguïté d'un désir nourri de son propre démenti. En d'autres termes, si Don Quichotte et Sancho sont unis par ce qui les oppose, au fur et à mesure que la *Seconde partie* avance, le premier se « sanchise » alors que le second se « quichottise » (pour reprendre la terminologie employée par Miguel de Unamuno) et lorsque Sancho Panza, qui ignore ce « qu'insularité » veut dire, devient le sage et éphémère gouverneur de l'île Barataria où il a mis les pieds sans quitter la terre ferme, son désir dit le désir de don Quichotte. Nous n'irons pas plus loin dans l'exploration thématique d'une œuvre particulièrement riche et servie par une critique abondante et de qualité. Nous nous bornerons à exposer trois paradoxes cervantins qui, à notre sens, permettent une première approche nuancée de l'univers particulièrement complexe du plus grand romancier espagnol classique.

❑ ***Les armes et les lettres.*** Don Quichotte à sa nièce et à sa gouvernante : « Mes filles, il y a deux chemins par où les hommes peuvent devenir riches et honorés : l'un est celui des lettres et l'autre celui des armes » (II, 6, traduction de Rosset-Cassou). Paradoxale affirmation dès lors qu'on sait que Cervantes, lui, ne s'enrichit ni par l'un ni par l'autre. Et qu'il ne fut pas indifférent à cette ingratitude du sort. Ainsi la première des ambiguïtés que nous voudrions déceler dans la personnalité de Cervantes unit-elle l'héroïsme et la désillusion dans un rapport inextricable d'exclusion et de complémentarité. Certains critiques l'ont signalé : la vie de Cervantes, ce serait en quelque sorte la revanche de la réalité sur l'exaltation de l'héroïsme. Mais transposée en création littéraire, cette tension aurait produit l'expression esthétique la plus saisissante de la prise de conscience du basculement de la réalité dans la fiction. Puissance de l'intuition cervantine : Don Quichotte, c'est la réalité, celle-là même d'une société qui refuse de se rendre compte qu'elle vit dans la fiction. Mais à l'inverse, et simultanément, Don Quichotte est poésie (notre *hidalgo* est tout entier du côté du devoir-être, il est, dans son essence, poétique) : revanche de l'idée.

❑ ***La religion de Cervantes.*** La seconde tension, la seconde ambiguïté, souvent commentée elle aussi par les biographes, concerne la religiosité de Cervantes. L'interprétation des textes reste délicate. Il y a les positions extrêmes, qui font de notre auteur aussi bien un tenant farouche des idéaux de la Contre-Réforme qu'un « habile hypocrite » (Américo Castro). Nous pensons que rien n'est plus éloigné de l'univers spirituel de l'auteur du *Don Quichotte* que les extrêmes.

Bien des phrases dans son œuvre (certaines sont devenues très célèbres), bien des situations semblent inviter le lecteur à une réception critique, à double sens. A l'inverse, et Marcel Bataillon l'a démontré, Cervantes illustre abondamment la défense du mariage chrétien, programme contre-réformiste s'il en est. On sait qu'à la fin de sa vie il devint membre du tiers ordre franciscain, fut très lié aux trinitaires et prit certainement part aux querelles opposant mendiants et prêcheurs. Il est hors de doute toutefois que sans être un anticlérical s'exprimant à mots couverts en raison de la censure, comme certains ont voulu le voir, Cervantes est très éloigné d'une certaine religiosité toute extérieure, faite de superstitions et qui était traditionnelle à son époque sans être l'apanage des seules couches populaires. Dès lors qu'il prend ce genre de distances, il semble rejoindre le courant humaniste, ou ce qu'il en reste, pour se situer dans le prolongement de cette sensibilité érasmienne que nous avons déjà décrite, faite d'intériorité et d'indépendance d'esprit.

❑ ***Ni réalisme ni rêve : une vision positive de la réalité.*** Nous avons gardé pour la fin la tension entre l'idéalisme et le réalisme car c'est elle qui a fait couler le plus d'encre, elle qui a nourri, à travers des associations diverses de couples antithétiques (poésie et vérité, réalité et apparence, illusion et désenchantement, etc) la réflexion « philosophique » sur le texte cervantin, elle enfin qui, au prix d'une simplification proprement divulgatrice, est demeurée dans tous les esprits comme énonçant la quintessence du « message » du grand romancier : Don Quichotte-Sancho-Dulcinée, les moulins à vent et l'île Barataria, ou l'expression géniale du tréfonds de l'âme humaine.

Ce n'est pas de cela que nous voulons parler ici, ou du moins pas de cette manière. Songeons d'abord qu'aux portes de la mort (« Déjà le pied à l'étrier... ») Cervantes dédicaçait son œuvre ultime, fruit de longues années d'élaboration, qu'il tenait pour la plus parfaite qu'il eût jamais écrite, *Los Trabajos de Persiles y Sigismunda*. Roman « septentrional », roman « byzantin », roman d'aventures en tout cas, où le merveilleux tient une grande place, ce récit ramenait Cervantes à ses premières amours, à l'univers idéalisé de *La Galatea* qu'il prétendait du reste compléter par une seconde partie jamais écrite. Au fond de cette permanence il faut placer l'attachement de Cervantes au platonisme. La théorie de l'amour exposée au livre IV de *La Galatea* doit beaucoup aux *Dialogues d'Amour* de Léon l'Hébreu, auteur qu'il cite dans son fameux prologue du *Quichotte*. La connaissance qu'il avait des *Dialogues*, ou du *Courtisan*, ou d'autres textes néo-platoniciens, ne saurait être mise sur le compte de l'air du temps, mais sur celui d'une affinité plus profonde.

Cervantes cite aussi Héliodore à propos de son *Persiles*. Agustín González de Amezúa a fort bien défini ce qui en Héliodore attirait les Espagnols : il y voit d'un côté le goût de l'aventure, de l'inconnu, du merveilleux ; de l'autre l'aspiration idéaliste à un monde idyllique et le culte des vertus et des sentiments les plus nobles de l'homme (la constance en amour, sa pureté, l'esprit de sacrifice, la fidélité à ses idées). Tel est l'esprit du *Persiles*, fuite dans un monde idéal peuplé d'êtres parfaits. En ce sens, Cervantes renouait avec celui des romans de chevalerie. Le *Persiles* dit le triomphe de l'effort héroïque. Était-ce une manière de racheter l'héroïque défaite de Don Quichotte ?

Américo Castro a souvent affirmé que la vérité du chevalier de la Triste Figure était solidaire de celle de *Galatea* et de celle de *Persiles*. Car le débat sur les armes et les lettres qui, ainsi que l'a récemment établi Michel Moner, parcourt en filigrane tout le *Quichotte* est inséparable de la vision contrastive de l'idéal chevaleresque et de l'utopie de l'Age d'Or. Selon José Antonio Maravall, le chef-d'œuvre de Cervantes prend tout son sens, entendez un sens global, si on le saisit comme la révélation du contraste existant entre l'utopie humaniste et l'acceptation du monde moderne tout en recherchant les possibilités qu'offre ce dernier d'être corrigé, amélioré. Au centre de la signification du *Quichotte* serait en œuvre une pensée réformatrice particulièrement attentive au problème de l'attitude utopique.

La mission de Don Quichotte c'est de restaurer l'Age d'Or. Son but est le perfectionnement humain, d'arriver à se changer soi-même, d'où le recours cervantin à la pédagogie de l'échec. La restauration quichottesque de la chevalerie dit le retour à un monde idéal situé dans le cadre idéal de la solitude relative du village de la Manche où le sage chevalier du Vert Caban a sa maison. Le mythe chevaleresque et le mythe pastoral ne sont que deux modalités d'une même image idéale de la société. Le *Quichotte*, en fait, c'est une réponse non idéalisée : l'effondrement du mythe chevaleresque et du mythe pastoral. Mais demeure la confiance en la possibilité qu'a l'homme de s'améliorer, demeure cet esprit optimiste de réforme qui une fois de plus rend Cervantes tributaire, d'une manière ou d'une autre et selon les voies ou les relais les plus directs ou les plus complexes, du meilleur esprit humaniste du XVIe siècle.

Pour Ortega y Gasset, la synthèse cervantine trouve son exact pendant plastique dans l'œuvre de Velázquez. Car on peut aisément déceler chez tous deux un même *tempo* douloureux né du désenchantement du monde, un même esprit d'analyse et de clarté, une même science du raccourci essentiel, la même force d'un tempérament artiste sachant préserver l'impact de la sensation, de l'émotion. Cervantes et Velázquez, les grands poètes du vrai.

Velázquez (1599-1660)

❑ ***La période sévillane.*** Diego Velázquez naquit à Séville, un des principaux centres artistiques de la péninsule, d'un père portugais, Juan Rodríguez da Silva et d'une mère sévillane, Jerónima Velázquez, tous deux d'origine *hidalga*. A douze ans, après un bref passage par l'atelier de l'irascible Herrera le Vieux, il entre dans celui de Francisco Pacheco, plus connu pour son traité sur la peinture que pour ses œuvres. Mais c'était un excellent pédagogue et dans sa maison il organisait des cénacles fréquentés par les plus grands esprits de la ville, musiciens, poètes, spirituels. En 1617, Velázquez obtint sa licence de peintre et l'année suivante il épousa la fille de son maître, Jeanne.

L'époque sévillane du peintre, jusqu'en 1623, date à laquelle il est appelé à la cour par Olivarès, se caractérise par de riches expériences sur le naturalisme et l'éclairage qui coïncident avec celles menées à la même époque en Flandre et en Italie. Son désir de peindre à partir de la réalité le conduisit à composer des tableaux de genre où figurent les êtres et les objets les plus humbles (*Vieille femme faisant cuire des œufs* du musée d'Edimbourg ou l'*Aguador de Séville* de la collection Wellington de Londres). C'est à Séville également que Velázquez s'essaye dans le genre religieux, qu'il ne cultivera guère (*Le Christ chez Marthe et Marie*, 1618, Londres, National Gallery, *Adoration des mages*, 1619, Madrid, Prado) et dans le portrait, où il excellera (*Pacheco* et *Doña Jerónima de la Fuente*, 1620, Prado). La rareté des tableaux à sujet religieux et la manière froide, dépassionnée si l'on peut dire, qu'il a de les traiter, ont conduit certains critiques à postuler chez le peintre une tiédeur religieuse que rien ne permet d'affirmer, mais que rien non plus n'autorise à nier. Néanmoins, que Velázquez refuse une certaine rhétorique, une certaine trépidation surnaturelle de surface, ne veut pas dire qu'il fût sceptique ou libre penseur, chose impensable pour mille raisons qu'il est oisif de reproduire ici. Nous pourrions dire de lui ce que nous venons de signaler pour Cervantes : ce grand ennemi des extrêmes prend aux sources d'une foi simple, intérieure, profonde sans doute et équilibrée. C'est ce que nous croyons déceler dans le si fameux *Christ en croix* du Prado (1632), corps merveilleux d'Apollon saignant discrètement, à l'irradiation reposante et concentrée. Et au milieu de tant de sérénité, le désordre de la chevelure du Christ, voilant avec pudeur la tragique agonie terrestre, est un cri de douleur concrète, pleine, insupportable. Velázquez se situe à l'opposé du chahut mystique du Gréco.

❑ ***Le peintre de cour.*** Son premier portrait de *Philippe IV* (1623, Prado) trouva un accueil triomphal qui allait décider de sa vie : il devint peintre du roi, d'un roi sensiblement plus jeune que lui et qui lui voua une amitié sincère, quoique royale. Devenu peintre et courtisan, fort soucieux de son ascension sociale, il partagera son temps entre la peinture, qu'il put exercer dans une complète liberté de création, et les diverses tâches afférentes aux charges successives dont il fut honoré. Il devint en effet huissier de la chambre en 1627, puis valet de la garde-robe (1636), ensuite valet de chambre, assistant des *Obras Reales**, grand maréchal du palais. Et à la fin, le 28 novembre 1659, il voyait sa noblesse (et donc la noblesse de la peinture) reconnue en devenant chevalier de Saint-Jacques. Car socialement parlant, les peintres, les sculpteurs et même les architectes étaient des artisans qui de leurs mains exerçaient un métier mécanique, incompatible avec la qualité de noble. Dans l'Espagne très formaliste et sclérosée de Philippe IV, malgré l'appui que celui-ci apporta à son peintre favori, une telle dérogation était impensable. En ceci réside, pour Ortega y Gasset, la clé de l'explication biographique de Velázquez : il ne voulait pas être peintre, mais gentilhomme et courtisan, c'est pourquoi il peignit si peu, et de cette manière, « abrégée », « inachevée ». « Théorie par trop courtoise pour expliquer ce que l'art de Velázquez a de révolutionnaire », rétorque Julián Gállego. Et il a raison.

❑ ***« Le mystère de la pensée sous les plus simples apparences de la* réalité *environnante » (Gállego).*** Velázquez ne fut pas peintre malgré lui, il ne fut pas empêché de peindre par les astreintes mondaines de la cour. Il fut avant tout et par-dessus tout un peintre conscient de son art, un des plus raffinés et des plus techniques que l'Espagne ait eus. Sous l'apparente facilité de lecture de ses tableaux se cache un jeu extrêmement subtil d'allusions, de références et de reflets que l'étonnante virtuosité du peintre simplifie. Simplification, autrement dit, clarté du langage plastique, ou encore, équilibre entre la sensation et l'idée, entre valeurs plastiques et théorie de la représentation. Équilibre, tel serait pour nous le maître-mot pour expliquer le génie de Velázquez.

Velázquez sait dire vrai, mais il donne à voir une réalité de peintre très savante où le « réalisme » a peu de part. Julián Gállego a bien saisi le mécanisme : « Il y a quelque chose de commun dans les trois générations qui ont fait du XVIIe siècle le Siècle d'Or de la peinture espagnole : un besoin de figurer, par divers moyens, l'idée du transcendant qui existe au-delà des apparences, mais qu'il ne convient d'exprimer que par les apparences elles-mêmes. De là le soi-disant réalisme d'une peinture qui au fond n'est qu'une référence au plus profond et au plus secret des idéalismes » (*Visión y símbolos en la pintura española del Siglo de Oro*, Madrid, Cátedra, 1984 [Ier éd. en français, Paris, 1968], p. 271, trad. par nous).

DOCUMENTS

■ Le Siècle d'Or des arts et de la pensée

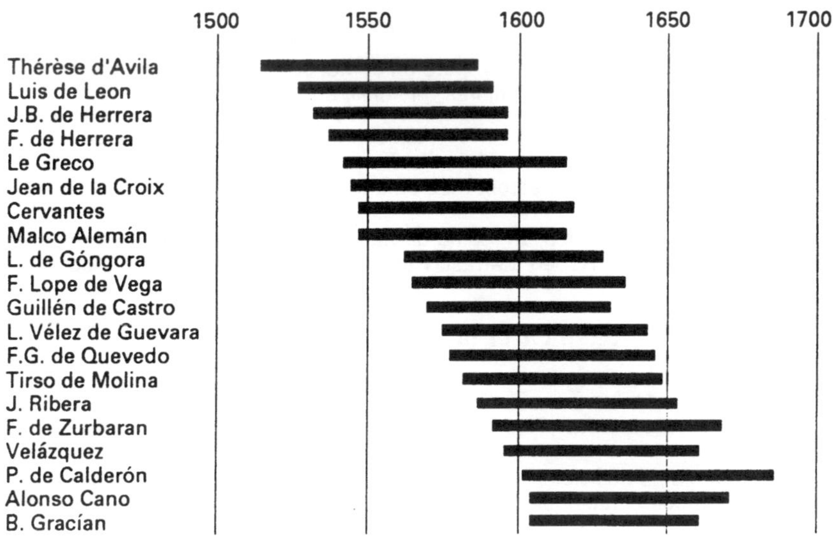

■ Le riche laboureur et la noblesse

Dans ce texte célèbre, Calderón oppose la noblesse acquise et l'honneur tout extérieur et factice qu'elle procure, à une conception plus « démocratique » de l'honneur fondée sur la dignité de la personne et la pureté de sang. La promotion du riche laboureur vieux-chrétien fut un des thèmes idéologiques majeurs du théâtre du Siècle d'Or.

Crespo, maire de Zalamea, doit héberger dans sa maison un officier, de passage avec sa troupe.

Juan — Comment acceptez-vous, riche comme vous l'êtes, de demeurer astreint à ces obligations de logement ?

Crespo — Comment puis-je les éviter et m'y soustraire ?

Juan — En achetant des lettres de noblesse.

Crespo — Dis-moi, sur ta vie, y a-t-il quelqu'un qui ne sache que je suis, quoique d'une famille au sang pur, un roturier ? Non, pour sûr. Que puis-je donc gagner en achetant au roi des lettres de noblesse, si je ne puis aussi lui acheter le sang ? Dira-t-on que je vaux mieux qu'à présent ? Non, c'est absurde. Alors, que diront les gens ? Que je suis noble au prix de cinq ou six mille reaux. Cela, c'est de l'argent, et non de l'honneur, car l'honneur, personne ne peut l'acheter. Veux-tu un petit exemple, quoiqu'il soit rebattu ? Écoute. Un homme est chauve depuis une éternité, il se décide enfin à se faire faire une perruque. Dans l'opinion des gens, cesse-t-il d'être chauve ? Non. Que dira-t-on, en le voyant ? « Un tel a bien mis sa perruque. » Quel avantage a-t-il donc à dissimuler sa calvitie, alors que personne n'ignore qu'elle existe ?

Juan — Il corrige sa disgrâce, il répare un défaut dans la mesure de ses moyens, et il se préserve des injures du soleil, du froid et du vent.

Crespo — Je ne veux pas d'honneur postiche, qui ne me donnerait pas ce qui manque à ma maison. Manants étaient mes grands-parents, et mes père et mère, manants seront mes enfants.

Calderón de la Barca, *L'Alcalde de Zalamea, Première journée,* v. 483-521, trad. par Robert Marrast, Paris, Aubier-Flammarion, 1959, pp. 63-65.

■ Le mythe de l'Age d'Or et la mission du chevalier errant

Don Quichotte s'adresse à son écuyer Sancho et à des chevriers qui l'ont convié à partager leur rustique repas. Texte publié en 1605.

Heureux âge, dit-il, et siècles heureux, ceux auxquels les anciens donnèrent le nom d'âge d'or, non point parce que ce métal, qui s'estime tant dans notre âge de fer, se recueillait sans aucune peine à cette époque fortunée, mais parce qu'alors ceux qui vivaient ignoraient ces deux mots, *tien* et *mien* ! En ce saint âge, toutes choses étaient communes. Pour se procurer l'ordinaire soutien de la vie, personne, parmi les hommes, n'avait d'autre peine à prendre que celle d'étendre la main, et de cueillir sa nourriture aux branches des robustes chênes, qui les conviaient libéralement au festin de leurs fruits doux et mûrs. Les claires fontaines et les fleuves rapides leur offraient en magnifique abondance des eaux limpides et délicieuses [...]. Tout alors était paix, amitié, concorde. Le soc aigu de la pesante charrue n'osait point encore ouvrir et déchirer les pieuses entrailles de notre première mère ; car, sans y être forcée, elle offrait, sur tous les points de son sein spacieux et fertile, ce qui pouvait alimenter, satisfaire et réjouir les enfants qu'elle portait alors. Alors aussi les simples et folâtres bergerettes s'en allaient de vallée en vallée et de colline en colline, la tête nue, les cheveux tressés, sans autres vêtements que ceux qui sont nécessaires pour couvrir ce que la pudeur veut et voulut toujours tenir couvert ; et leurs atours n'étaient pas de ceux dont on use à présent, où la soie de mille façons martyrisée se rehausse et s'enrichit de la pourpre de Tyr ; c'étaient des feuilles entrelacées de badane et de lierre, avec lesquelles, peut-être, elles allaient aussi pompeuses et parées que le sont aujourd'hui nos dames de la cour avec les étranges et galantes inventions que leur a enseignées l'oisive curiosité. Alors les amoureux mouvements de l'âme se montraient avec ingénuité, comme elle les ressentait, et ne cherchaient pas, pour se faire valoir, d'artificieux détours de paroles. Il n'y avait point de fraude, point de mensonge, point de malice qui vinssent se mêler à la franchise, à la bonne foi. La justice seule faisait entendre sa voix, sans qu'osât la troubler celle de la faveur ou de l'intérêt, qui l'étouffent maintenant et l'oppriment. La loi du bon plaisir ne s'était pas encore emparée de l'esprit du juge, car il n'y avait alors ni chose ni personne à juger. Les jeunes filles et l'innocence marchaient de compagnie, comme je l'ai déjà dit, sans guide et sans défense, et sans avoir à craindre qu'une langue effrontée ou de criminels desseins les souillassent de leurs atteintes ; leur perdition naissait de leur seule et propre volonté. Et maintenant, en ces siècles détestables, aucune d'elles n'est en sûreté, fût-elle enfermée et cachée dans un nouveau labyrinthe de Crète : car, à travers les moindres fentes, la sollicitude et la galanterie se font jour ; avec l'air pénètre la peste amoureuse et tous les bons principes s'en vont à vau-l'eau. C'est pour remédier à ce mal que, dans la suite des temps, et la corruption croissant avec eux, on institua l'ordre des chevaliers errants, pour défendre les filles, protéger les veuves, favoriser les orphelins et secourir les malheureux. De cet ordre-là, je suis membre, mes frères chevriers, et je vous remercie du bon accueil que vous avez fait à moi et à mon écuyer. »

Miguel de Cervantes, *Don Quichotte de la Manche*, I, XI, trad. de Louis Viardot (1836), rééd. Paris, Garnier, s.d., Tome premier, pp. 69-70.

■ L'esprit de politesse et d'ordre

Le jésuite Baltasar Gracián élabore dans son Discreto *(1646) la philosophie du parfait homme de cour, fondée sur le paraître. L'on sera sensible à la parenté d'esprit qui rapproche les conceptions de Gracián et celles de l'homme classique français de l'époque de Louis XIV. Nous avons choisi pour ce texte, très difficile en espagnol, une traduction ancienne, souvent fort libre, mais d'une grande élégance.*

L'art qui cultive, qui embellit, et qui perfectionne tout dans l'ordre de la nature, est pour user de cette métaphore, le père de la politesse. A son tour, la politesse établit et le mérite et la gloire de chaque chose. D'abord, nul ouvrage d'esprit ne fait fortune sans elle. Je connais de grands esprits, soit pour l'invention ou pour le raisonnement, mais d'ailleurs si grossiers et si incultes, qu'on les juge plutôt dignes de mépris que d'éloge. Oui, le discours le plus solide, le plus savant livre, la plus forte éloquence, l'érudition la plus vaste, tout cela dépouillé des ornements de la politesse passera pour une pédanterie barbare, dont la plus douce peine est l'oubli. Nous en connaissons d'autres qui, à les examiner de près, ne sont pas des génies, des hommes extraordinaires et néanmoins ils ont de la réputation dans le monde, parce qu'ils ont beaucoup de politesse dans l'esprit.

Je dis de même des qualités du corps, lesquelles perdent leur prix, si la politesse qui leur est propre ne les accompagne [...]. Mais si cette politesse dans les manières reçoit quelque teinture de celle de l'esprit, elle rejaillit de la personne même sur tout ce qui l'environne. Sur des ameublements assortis, sur des tableaux de goût, sur des livres bien choisis, quoiqu'on ne soit point un homme de lettres par profession : en un mot, sur mille choses à notre usage, de quelque état que nous soyons.

Au reste, la vraie vertu ne se soustrait point aux lois de la politesse : elle les observe peut-être avec plus d'exactitude et de régularité qu'un courtisan assidu ne fait sa cour au prince. Sa politesse est une certaine urbanité modeste et affable qui part d'un fond d'estime pour tout le monde, qui s'accommode à chaque particulier selon son rang, qui se prête aux usages permis des honnêtes gens, qui ne s'effarouche point dès que la religion et les bonnes mœurs sont respectées, qui ne devient grave et fière qu'à la vue de l'infraction d'un devoir, qui rend aimables et l'homme de bien et la vertu. Au contraire, si vous ôtez à la vertu cette politesse, et qu'elle ne se montre à moi que sous une austérité grossière, j'ai besoin de toute ma religion, et de toute ma raison, pour que vous ne me la rendiez pas odieuse.

Maintenant, qu'est-ce que la politesse à l'égard de tout ouvrage en général que l'art produit et dirige ? C'est une élégante disposition des choses qui doivent avoir du rapport les unes aux autres. La perfection d'un tout consiste dans la belle ordonnance des parties. Un homme serait un monstre de la nature, s'il avait la tête où doivent être ses pieds ; et dans un ouvrage d'esprit, ou de mécanique, si le commencement se trouve à la fin, ce sera un monstre de l'art [...]. Au reste, le bon goût, le *Decorum*, et le je ne sais quoi entrent dans l'élégant assemblage, d'où résultent la politesse et le bel ordre qui charment dans tous les ouvrages de l'art.

Baltasar Gracián, *L'Homme universel (El Discreto)*, trad. de Joseph de Courbeville (1723), rééd. Paris, Plasma, 1980, pp. 157-162.

■ La France à l'heure espagnole

Le succès du *Cid* précipita la diffusion de la comedia. Il ouvrait d'ailleurs la période de notre histoire littéraire où l'influence espagnole est devenue prépondérante. Elle n'avait été jusqu'alors qu'assez superficielle et toujours contrariée par l'imitation de l'Italie, et par les défiances de l'esprit national. L'Espagne ne pénètre guère dans notre seizième siècle que par ses Amadis et ses pastorales, et par les livres de ses moralistes. L'Espagnol se fait admirer et redouter ; il n'est point encore aimé et copié ; son rôle dans la Ligue le rend odieux. On commence alors à faire sa caricature. C'est l'époque des emblèmes et des rodomontades qui raillent la longueur de son épée et les étages de sa fraise. Il en est resté un plaisant fantoche, le Capitan, dont le succès n'est pas épuisé après l'*Illusion comique*.

L'Espagne devient à la mode avec l'arrivée d'Anne d'Autriche et le départ d'Elisabeth de Bourbon ; mais son action ne se fait sentir encore que dans les usages de la noblesse et dans les conversations des premières précieuses [...], on ne danse plus que passe-caille et séguidilles. Anne d'Autriche force Richelieu à apprendre la sarabande. L'emphase castillane s'empare des plus ordinaires formules. Pour saluer les gens on leur baise les pieds. Il n'est pas enfin jusqu'au chocolat dont la vogue ne semble attester l'envahissement de l'Espagne.

Il faut pourtant se défier de cette impression. Le goût de l'Espagne n'est encore qu'une manie puérile. Nos gentilshommes ont beau se donner des airs galants et des attitudes de « fondus d'amour » ; ils paraissent peut-être les cousins mais ils ne sont pas les frères des « caballeros embebecidos » ; ils n'en ont que le costume et l'odeur. Sans doute, de pauvres diables réfugiés, comme Juan de Luna et Ambrosio de Salazar, écrivent pour eux des grammaires et des vocabulaires. César Oudin leur donne avec son *Thrésor* (1610) et ses « Refranes o proverbios » les moyens de se mettre sérieusement à l'étude de la langue castillane. Mais tout ce qu'ils retiennent, ce sont quelques mots sonores dont ils émaillent leurs conversations. N'en croyez pas Cervantès lorsqu'il écrit, en 1617, qu'en France tout le monde apprend l'espagnol [...]. Le curieux livre du Docteur Garcia, que Lamothe Le Vayer pillera sans scrupule, *L'Opposition et la conjonction des deux grands luminaires du monde*, fait bien sentir, à propos du mariage de Louis XIII et d'Anne d'Autriche, les profondes différences physiques et morales qui séparent les deux peuples que cette union doit réconcilier. Les différences intellectuelles ne sont pas moins grandes et achèvent de justifier la plaisante exagération de Garcia : « On est fondé à se demander si les Espagnols sortent du ventre de leur mère de la même façon que les Français. » [...]

Il n'en est plus ainsi à partir du Cid et jusqu'à peu près 1660 ou 1670. L'Espagne ne se retrouve plus seulement alors dans nos costumes et dans nos modes, mais dans notre façon de penser et parfois même de sentir. Elle pénètre véritablement dans notre vie intellectuelle, et elle donne à notre horizon une couleur qu'elle seule peut expliquer. Avant de soulever contre elle la plus forte réaction, elle se venge de sa défaite en nous faisant tributaires de son génie. On la rencontre alors partout, dans la politique et dans les mœurs, à la cour et dans les salons, dans les romans et dans les livres de morale et d'éducation [...]. Peu à peu on se fait des Espagnols une idée plus complète et plus exacte. On s'amuse de leurs vantardises et de leurs bravades ; on sourit de leurs superstitions et de leur paresse, mais on se laisse séduire par la saveur pittoresque de leurs coutumes. Tandis qu'en 1617 Garcia mettait en lumière « l'antipathie des Espagnols et des Français », dès 1643 Desmarets présente Ibère comme le frère de Francion, à la condition qu'il n'essaie pas d'asservir sa mère Europe.

Ernest Martinenche, *La Comedia espagnole en France de Hardy à Racine*, Paris, Hachette, 1900, pp. 301-308

6
La crise du XVII*e* *siècle*

L'histoire de l'Espagne des trois derniers Habsbourg est celle d'un déclin. Après 1600, la Méditerranée, selon l'expression de Fernand Braudel, se trouve projetée « hors de la grande histoire ». Le règne des successeurs de Philippe II voit l'hégémonie basculer du Sud vers le Nord-Ouest de l'Europe, vers l'Angleterre, la France et les Provinces-Unies. Le système sur lequel reposait l'économie espagnole (l'agriculture péninsulaire et les métaux précieux américains), donne dès les premières décennies du XVII*e siècle des signes non équivoques de détérioration. La rupture des équilibres fondamentaux, d'ailleurs antérieure à 1600, allait conduire, faute de solutions adéquates, à la ruine du secteur agraire et au dépeuplement des campagnes, ainsi qu'à la faillite du Trésor et à la défaite militaire. Car la période de plus forte récession correspondit au moment où la politique européenne du favori Olivarès (1587-1645) exigeait le plus grand déploiement de moyens. L'immense effort de guerre que ce dernier imposa au pays entraîna un profond malaise social et la crise politique majeure du siècle, qui lui fut du reste fatale.*

DÉPEUPLEMENT ET RÉCESSION

L'Europe tout entière connut au cours du XVIIe siècle une période de crise démographique et de contraction économique. Mais nulle part elle ne fut aussi précoce (le changement de conjoncture se produisit dès les années 1610), aussi durable ni aussi profonde, dévastatrice, qu'en Espagne. Plus exactement, c'est en Castille qu'elle causa les plus grands ravages. Les régions périphériques, et c'est le fait saillant qu'il faut souligner, connurent durant le dernier quart de siècle un redressement sensible qui se confirmerait au cours du XVIIIe siècle, comme nous le verrons plus bas. La Castille fut moins touchée par les pestes que d'autres régions et son déclin fut causé par d'autres facteurs, économiques, sociaux, politiques, à l'action combinée et complexe, mal élucidée encore aujourd'hui. Sans doute l'exorbitante pression fiscale y fut-elle pour beaucoup, transformant la Meseta en principal pôle d'émigration de la péninsule.

La catastrophe démographique

❑ ***L'évolution de la population.*** La population espagnole stagna, ou n'augmenta que très faiblement, durant le XVIIe siècle. Elle passa de 6,8 millions d'habitants en 1591 à 7,7 millions en 1700, ce qui implique un taux de croissance dérisoire de 0,1 pour cent. En fait, ce résultat était dû à la récupération apparue dès les années 1660 qui compensa le déficit important du milieu du siècle : à la fin des années 1650, le pays ne devait pas dépasser les 6 millions d'habitants. Mais ce qui avait surtout changé à la fin du XVIIe siècle, c'était la répartition de la population, la Meseta ayant perdu son dynamisme antérieur au bénéfice de certaines régions périphériques. Examinons de plus près les contrastes régionaux.

— *La Vieille et la Nouvelle-Castille.* A l'exception de Madrid, qui vit doubler sa population durant le siècle (65 000 habitants en 1594 contre 125 000 en 1685), la plupart des villes castillanes se dépeuplèrent, à l'instar des campagnes. Toutes les monographies locales confirment ce diagnostic. Quarante bourgs situés dans les deux Mesetas, par exemple, perdirent un tiers de leur population entre 1600 et 1700, proportion qui dépassa les 40 % durant la première moitié du siècle. De même, dix-huit villages de la « terre » de Ségovie enregistrèrent une perte moyenne de 13 %, perte qui atteignit 33 % entre 1600 et 1639. Enfin, l'évolution de la campagne tolédane ne fut pas différente puisqu'en 1650 sa population avait baissé d'un tiers.

Voici le tableau fort éloquent de l'évolution démographique des principales villes commerçantes et industrielles de Castille :

Villes	Nombre de feux		
	1594	1646	1694
Burgos	2 665	600	1 881
Valladolid	8 112	3 000	3 637
Palencia	3 063	800	972
Salamanque	4 953	2 965	2 416
Avila	2 826	1 123	965
Ségovie	5 548	—	1 625
Tolède	10 933	5 000	5 000
Cuenca	3 095	800	1 641

Source : Vicens Vives, J., *Historia económica de España*, Barcelone, 1975, p. 390.

— *Les autres territoires péninsulaires.* La Galice connut une récession profonde durant les trente premières années du siècle, suivie d'une croissance marquée, sans doute explicable par l'introduction de la culture du maïs. Ce même phénomène est observable, quoique avec un certain retard, dans toutes les contrées cantabriques, jusqu'aux Pyrénées. L'Aragon présente une tendance stationnaire mais le solde y eût sans doute été négatif sans l'apport important d'immigrants français. Ceux-ci furent également nombreux à s'installer en Catalogne, mais la principauté n'en aurait, pour ainsi dire, pas eu besoin, car elle maintint sa croissance jusqu'à la fin du premier quart du XVIIe siècle et, après une période de profonde récession plus courte que partout ailleurs (1626-1654), retrouva une forte croissance qui ne serait que momentanément compromise, entre 1701 et 1711, durant la guerre de Succession. Valence se remit difficilement de l'expulsion des morisques (voir plus loin) et ne retrouva son niveau de 1609 qu'à partir de 1700. Quant à la région murcienne et à l'Andalousie, elles affichaient à la fin du siècle un solde positif, dû en grande partie aux gains enregistrés dans les zones côtières et à Grenade. Cordoue et Séville ne parvinrent pas à sortir de leur dépression alors que Cadix et sa région, favorisées par le transfert du commerce américain, s'installaient dans une croissance ininterrompue qui, au XVIIIe siècle, deviendrait tout à fait spectaculaire.

❑ ***Les causes du dépeuplement.*** Difficiles à connaître en raison de la mauvaise qualité des sources, ces causes furent à la fois épidémiologiques, biologiques, économiques, politiques et sociales. Reste à savoir si ce fut la crise économique et politique qui entraîna l'effondrement démographique ou si, au contraire, ainsi que l'avaient du reste signalé les premiers « économistes » dès la fin du XVIe siècle, ce fut la dépopulation qui provoqua la crise économique. Dans l'état actuel des connaissances, il est impossible de répondre à cette question.

— *Les crises de mortalité.* Les épidémies ont traditionnellement été considérées comme la cause principale de l'effondrement de la population péninsulaire. Il faut aujourd'hui réviser ce jugement. L'Espagne du XVIIe siècle connut cinq grandes crises de mortalité catastrophique : 1596-1602, 1629-1631, 1647-1654, 1684-1685 et 1694-1695. Elles correspondent toutes à des périodes de pénurie de denrées alimentaires. Mais elles n'affectèrent pas de la même manière la totalité du territoire national. La première de ces crises, qui représente la dernière apparition de la peste bubonique en Castille (les épidémies castillanes postérieures seraient dues au typhus), causa au moins 600 000 décès, soit quelque 10 % de la population, et fut de loin la plus grave pour les zones intérieures. Pour les régions périphériques, ce fut l'épidémie de peste bubonique des années 1647-1654 qui fut la plus meurtrière. Cette « fin du monde », comme on l'appela, se solda par un demi-million de morts. Entrée par le port de Valence, elle se propagea d'abord vers le sud, jusqu'en 1649, puis vers la Catalogne et l'Aragon à partir de 1650. La ville de Valence perdit 40 % de ses habitants, l'île de Majorque, 20 %, la Catalogne, plus de 15 %. En Andalousie occidentale elle revêtit une virulence particulière (200 000 victimes), causant l'éclipse définitive de Séville.

En chiffres globaux, l'ensemble des épidémies du XVIIe siècle dut provoquer, au plus, la disparition d'un million et demi de personnes, rien d'irréparable, selon la démonstration convaincante de Vicente Pérez Moreda, qui nous invite à chercher d'autres raisons du dépeuplement.

Au premier rang de celles-ci, il place la dénatalité. Toutes les études récentes montrent une baisse de la fécondité légitime totale sur de longues périodes du XVIIe siècle. Cette diminution du nombre des naissances par rapport au nombre de mariages contractés n'a pas encore été suffisamment expliquée. Y contribuèrent sans doute une augmentation de la proportion des remariages (il se serait formé moins de jeunes couples que par le passé), une probable élévation de l'âge moyen au mariage des femmes et, vraisemblablement, le recours croissant à des pratiques de limitation des naissances (*coitus interruptus*, avortement et infanticide), à propos desquelles des témoignages concordants s'accumulent dès le début du siècle. Il faut enfin songer à l'action, difficile à déterminer, des conditions alimentaires sur la fertilité des femmes et de la répercussion des préceptes d'abstinence tridentins sur l'activité sexuelle des couples. L'augmentation du célibat, incontestable dès le début du siècle, explicitement dénoncée par les arbitristes et par le fameux décret « nataliste » de février 1623, ne put que renforcer la tendance. Ce phénomène, dont l'augmentation des « vocations » religieuses n'est que l'aspect le plus spectaculaire et le plus dénoncé par les esprits lucides du temps, toucha toutes les couches de la société et correspond à une conduite caractéristique des périodes de difficultés économiques.

— *L'expulsion des morisques*. Décrétée en 1609 pour le royaume de Valence, elle se prolongea jusqu'en 1612 dans le reste de la péninsule. Nous avons déjà exposé les raisons de l'échec de l'assimilation des morisques, nous n'y reviendrons pas. L'extrême violence d'une telle décision et son caractère hautement discriminatoire et arbitraire conduisirent l'historiogaphie libérale des époques passées à surévaluer son rôle dans la ruine du pays. Le temps des polémiques étant dépassé, il faut s'en remettre aux chiffres. Le tableau ci-dessous, élaboré par Jordi Nadal d'après les chiffres d'Henri Lapeyre, montre que ce fut la couronne d'Aragon qui supporta les plus grandes pertes, la Catalogne exceptée.

Origine géographique des morisques expulsés

	Habitants	morisques expulsés	%
Castille et Extrémadoure	2 850 000	44 625	1,56
Andalousie	1 067 000	31 965	2,99
Murcie	115 000	13 552	11,78
Total couronne de Castille	5 598 000	90 142	1,61
Aragon	322 000	60 142	18,85
Catalogne	364 000	3 716	1,02
Valence	435 000	117 464	26,77
Total couronne d'Aragon	1 121 000	181 998	16,23
Total général	6 719 000	272 140	4,05

Source : J. Nadal, *La población española*, Barcelone, 1984, p. 49.

L'expulsion s'avéra catastrophique pour le seul royaume de Valence, où subsistait une société typiquement coloniale fondée sur l'exploitation des populations vaincues. Le départ des morisques, cette « élite agricole » selon l'expression de Vicens Vives, entraîna d'importants bouleversements, surtout pour l'économie seigneuriale, tant civile qu'ecclésiastique. Le repeuplement s'avéra difficile car, à l'exclusion de la riche plaine de Gandía, les terres occupées par les morisques, très enclavées, peu fertiles et demandant un surcroît de travail considérable, n'attirèrent pas les nouveaux colons. Il fallut un siècle au Levant pour s'en remettre.

Il en fut tout autrement en Aragon, où les nouveaux-chrétiens cultivaient les terres irriguées des vallées de la rive droite de l'Èbre. Ainsi, alors qu'en 1638 le repeuplement de l'Aragon était terminé, à Valence, 205 des 453 villages désertés par les expulsés demeuraient encore abandonnés. Il est vrai que ce dernier royaume profita bien moins que son voisin de l'apport d'immigrants français : ceux-ci ne devaient pas dépasser les 30 000 en 1635 (mais ils étaient déjà 15 000 en 1600), alors qu'en Aragon ils représentaient, à la même date, entre le tiers et le quart de la population.

— *L'émigration et les levées de troupes*. En 1626, Pedro Fernández de Navarrete, dans sa *Conservación de monarquías*, évaluait à 40 000 personnes par an l'incidence de ce double mouvement. Le chiffre est à l'évidence exagéré, mais il n'en reste pas moins vrai que ces deux phénomènes, affectant presque exclusivement les hommes dans la force de l'âge, contribuèrent grandement au dépeuplement de la couronne de Castille.

Plus de 80 % des émigrants vers les Indes provenaient en effet d'Andalousie, d'Extrémadure et des deux Castille. Leur nombre est difficile à évaluer, faute de sources fiables. En chiffres globaux, l'on estimera l'émigration à un demi-million de personnes pour tout le XVIIe siècle, soit 5 000 départs annuels en moyenne, masculins pour plus de 83 % d'entre eux. Le chiffre absolu n'a rien d'alarmant, mais ainsi que l'indique Jordi Nadal au terme d'un calcul qu'on ne reproduira pas, il convient de prendre garde que cela représente une ponction de 1 % par an de la classe masculine des 15-25 ans en Castille.

Les guerres, pareillement, supposèrent un prélèvement d'hommes jeunes tout aussi continu, circonscrit aux mêmes territoires, et sans doute d'une importance comparable ou même supérieure. La plus forte saignée correspondit à l'époque de l'affrontement franco-espagnol (1635-1659) durant laquelle les levées de troupes furent constantes. Antonio Domínguez Ortiz a évalué à 288 000 hommes (tués au combat, faits prisonniers ou restés à l'étranger) les pertes castillanes pour cette période.

Pour fragiles qu'elles soient, les estimations qu'on vient de proposer ne sauraient mettre en doute une réalité dont les témoignages de l'époque se font l'écho en des termes proprement apocalyptiques. Il demeure hors de doute que la couronne de Castille connut jusqu'aux années 1660 une pénurie d'hommes croissante, à l'incidence considérable sur la relève des générations.

La crise économique et le désordre monétaire

❑ ***L'agriculture, l'industrie et le commerce.*** La plupart des secteurs vitaux de l'économie qui avaient assuré la prospérité de la Castille des deux premiers Habsbourg s'effondrèrent à partir des années 1620-1630. Tout comme pour la démographie, la reprise, perceptible durant les dernières décennies du siècle, fut essentiellement le fait des régions de la périphérie.

— *La crise frumentaire*. L'examen de l'évolution des dîmes fait apparaître, pour toutes les régions connues, une première phase de diminution progressive de la production céréalière entre 1590 et les années 1620, suivie d'un effondrement catastrophique entre 1630 et 1660 dû à l'épuisement des terres, à de grandes sécheresses accompagnées d'invasions de sauterelles, puis à une succession d'hivers froids et pluvieux. La hausse de la production enregistrée après 1660 correspond à l'augmentation des céréales pauvres, l'orge, l'avoine et surtout, le seigle. La production d'huile, qu'on peut suivre également grâce aux dîmes, présente une trajectoire comparable, mais connut après 1650 une reprise spectaculaire en Andalousie.

Des cultures peu importantes au XVIe siècle, ou récemment introduites, prirent de l'extension dans certaines régions très circonscrites, permettant localement de pallier en partie les effets de la crise. Tel fut le cas du riz dans de petites régions andalouses et murciennes, mais surtout dans le royaume de Valence, de la canne à sucre (Levant et Andalousie), de la vigne en Navarre et dans les deux Castilles, et, naturellement, du maïs, fondamental pour l'avenir de la Galice et des zones cantabriques. Bien que présente, la pomme de terre représente un apport encore négligeable.

— *L'élevage*. L'extension des cultures nécessitée par l'expansion démographique du XVIe siècle et peut-être aussi l'aggravation de la sécheresse au début du siècle suivant, entraînèrent de sérieux problèmes de pâturages pour les troupeaux de mérinos de la *Mesta* qui diminuèrent considérablement (moins de 2 millions de têtes au milieu du XVIIe siècle alors que cent ans auparavant on en comptait un million de plus). Malgré les attaques dont elle était l'objet de la part des conseils municipaux et des Cortès, la *Mesta*, favorisée par le dépeuplement, obtint gain de cause et vit tous ses privilèges sur les pâturages rétablis en 1633. Selon l'analyse de Jean-Paul Le Flem, ce n'est pas de « décadence » qu'il convient de parler à propos de la *Mesta* au XVIIe siècle, mais plutôt de « phase de restructuration » qui profita aux plus grands propriétaires de troupeaux, exportateurs de 75 % de la laine produite.

— *La ruine de l'industrie castillane*. L'effondrement démographique entraîna un rétrécissement sensible du marché auquel vinrent s'ajouter le coût élevé de la main-d'œuvre et la concurrence étrangère. Devant une telle situation, les corporations de métiers, très puissantes dans certaines villes, furent incapables de relever le défi en adoptant une attitude entreprenante et innovatrice. Enfermées dans la défense étroite de leurs privilèges et de leurs monopoles, ces organisations ont été sévèrement jugées par la plupart des historiens.

La laine et la soie, les deux fleurons de l'industrie textile du XVIe siècle, connurent dès les années 1620 une crise profonde. Ségovie et Cuenca, grandes villes drapières (surtout la première), sombrèrent dans une décadence durable malgré le maintien d'une certaine production de haut de gamme. Mais la production massive, elle, disparut, et ce qu'il en resta se ruralisa au prix d'une baisse considérable de la qualité. Ce phénomène est aussi perceptible en Catalogne, mais alors que la Castille ne parvient pas à amorcer de reprise à la fin du siècle, celle-ci est claire dans la principauté à partir de 1685.

L'industrie de la soie connut une lente renaissance à partir de 1670, particulièrement à Valence, suivie, à une certaine distance, par Tolède, Séville et Grenade.

Les besoins militaires de la monarchie furent à l'origine d'une des rares initiatives positives qu'on peut mettre à l'actif de ce siècle si noir : l'implantation, à partir de 1622, dans le nord du pays, de hauts fourneaux destinés principalement à la fonte des canons et des munitions. Dans ce secteur aussi, l'activité connut un fort ralentissement à partir de 1640, pour reprendre durant la dernière décennie du siècle. José Alcalá Zamora évalue à 30 000 t la production de l'ensemble de ces établissements pour tout le XVIIe siècle, représentant quatre fois celle du siècle précédent et un tiers seulement de celle du suivant.

— *Le commerce.* Il est largement déficitaire et desservi par des barrières douanières intérieures archaïques et des moyens de transport fort onéreux (mauvais état des routes, monopoles de transports, constructions navales insuffisantes). Les cris d'alarme des arbitristes du temps à propos de la mainmise des étrangers sur tous les secteurs paraissent aujourd'hui très justifiés à la lumière des travaux des historiens. L'Espagne était inondée de produits finis en provenance de la France, de l'Angleterre, de l'Italie, de la Hollande, de la Suède, de l'Allemagne...

Le grand commerce transatlantique ne fut pas épargné. Entre 1575 et 1675, le trafic entre la métropole et ses colonies américaines baissa de 75 %. Alors que le système du monopole castillan écartait les Catalans et les Basques du commerce colonial, les concessions successives arrachées à l'Espagne au fil des traités par les différents États européens vainqueurs, renforçaient considérablement la présence à Cadix des Français, des Anglais, des Hollandais et des marchands de la Hanse.

La baisse des exportations lainières, ainsi que la concentration du secteur, entraînèrent l'éclipse de Burgos et de ses satellites, les ports de Bilbao et de Santander en particulier. Madrid, capitale définitive à compter de 1606, devint aussi le centre économique de la couronne de Castille, en liaison étroite avec Cadix.

❑ ***L'inflation.*** A mesure que le siècle avance, la politique monétaire de Madrid devient de plus en plus chaotique (série de mesures inflationnistes et déflationnistes incontrôlées) pour conduire à la catastrophe monétaire des années 1660 à laquelle mettra fin le train de mesures de 1680.

L'ère du billon commença en 1599. Entre cette date et 1606 on frappa pour 22 millions de ducats d'une monnaie totalement dépourvue d'argent et réduite à 50 % de son poids de cuivre. Mais le gouvernement ne s'en tint pas à la simple émission de nouvelles pièces : en 1603 il fut ordonné aux détenteurs d'espèces de cuivre pur autorisées en 1599 de les faire refrapper au double de leur valeur. Cette mesure entraîna une dépréciation des espèces de cuivre par rapport à la bonne monnaie qui s'en trouva surévaluée : le « *premio** *de la plata* », c'est-à-dire la surprime de l'argent sur le billon dépassa les 15 %.

En 1608, les Cortès, en échange du vote d'un *servicio* de 17,5 millions de ducats, obtinrent du monarque la promesse de ne pas émettre de pièces de billon durant vingt ans, mais devant les difficultés croissantes, elles durent en 1617 autoriser de nouvelles frappes pour un montant maximal de 800 000 ducats. En réalité il ne fut pas tenu compte de cette restriction et en 1619 quelque 5 millions de ducats étaient déjà sortis des ateliers de frappe. De telles mesures étaient extrêmement impopulaires et cette même année les Cortès arrachèrent au monarque une nouvelle promesse de renoncer durant vingt ans à toute émission de billon, mais une fois de plus l'insolvabilité de la couronne eut raison des réticences et, entre 1621 et 1626, quelque 14 millions de ducats supplémentaires furent mis en circulation. Ces mesures inflationnistes firent monter le « *premio* » à près de 45 % en 1627, faisant s'envoler les prix exprimés en billon. L'État décida alors d'inverser sa politique et après un essai infructueux pour retirer les pièces de cuivre, un décret de 1628 réduisit de moitié la valeur nominale de ces pièces.

Mais dès 1634 l'on revenait à la politique inflationniste en décrétant tout simplement la refrappe des pièces de *calderilla**, le billon mêlé d'argent frappé avant 1599 et dont la valeur n'avait pas encore été altérée, au double de leur valeur (décret du 21 octobre). Deux ans plus tard, violant sa promesse faite en 1628 de « ne plus jamais augmenter la valeur d'un billon de cuivre », l'État faisait refrapper les pièces de cuivre au triple de leur valeur (décret du 8 avril 1636). Après une nouvelle tentative infructueuse pour retirer le billon de la circulation, l'inflation reprit de plus belle en 1641 en raison des nouveaux besoins entraînés par la crise de 1640 : en février 1641 fut décrété le resceau des pièces de quatre maravedís* (déjà altérées en 1603) au double de leur valeur et en octobre de la même année, le resceau au triple de leur valeur de toutes les pièces de deux maravedís et de celles de quatre maravedís frappées après 1603. La conséquence en fut une augmentation prodigieuse du « *premio de la plata* » qui atteignait 190 % en août 1642, et une nouvelle flambée des prix. Ceci contraignit le gouvernement à la dévaluation. Elle eut lieu le 15 septembre 1642 : les pièces de 12 et de 8 maravedís ne vaudraient plus que deux maravedís, celles de 6 et de 4, un maravedí, celles d'un maravedí, un demi.

En novembre 1651 c'était le retour à l'inflation avec le resceau, au quadruple de leur valeur, des pièces de deux maravedís et la frappe de 100 000 ducats de cuivre pur en pièces de deux maravedís qui pesaient le quart des anciennes. Mais l'année suivante, de nouvelles mesures déflationnistes ramenaient les pièces de 8 maravedís à 2 et celles de 2 et de 4 frappées en 1651, à 1. Les particuliers furent, cette fois, indemnisés par le moyen de bons du trésor garantis par la rente du tabac.

A partir de la fin des années 1650 les pouvoirs ne parviennent plus à maîtriser le chaos. Entre 1658 et 1660 l'on compte trois mesures inflationnistes et deux déflationnistes. Malgré la tentative de 1660 pour éliminer la mauvaise monnaie en mettant en circulation du billon enrichi d'argent, les falsifications et le retour à l'émission de pièces de bas aloi précipitèrent la catastrophe monétaire. Le « *premio* » de l'argent atteignait 120 % en 1665, 180 % durant l'été 1669 et 275 % après 1675. Ceci conduirait, en 1680, à une dévaluation drastique de 75 % qui entraînerait en quelques mois une baisse des prix de gros de 45 %. Le coût social de la mesure fut considérable car les salaires nominaux baissèrent aussi et le commerce reçut un coup fatal du fait de la cherté de la vie et de la rareté de la monnaie. Mais cette politique déflationniste (accompagnée de mesures limitant l'émission de cuivre et surtout de la mise en circulation d'une nouvelle pièce d'argent, la María, au titre plus faible que les monnaies antérieures) s'avéra positive à la longue. Le changement de conjoncture et la reprise industrielle qui s'amorce à partir de 1680 contribuèrent à son succès, ainsi que l'augmentation du prix du cuivre qui rendit lucrative la fonte des pièces et la vente du métal brut. La frappe de monnaies de cuivre cessa en 1693. Le cauchemar de la mauvaise monnaie était terminé.

Le désordre monétaire, joint aux crises agricoles et aux effets de la guerre, entraîna une hausse constante des prix durant tout le XVIIe siècle qui connut ses moments les plus dramatiques entre 1620 et 1630, durant les années 1640 et de 1660 à 1680. Ceci n'alla point sans une accentuation du malaise social.

❑ ***Le malaise social et la recrudescence de la pauvreté.*** Nous avons, dans un chapitre antérieur, esquissé l'évolution des différents groupes sociaux entre le XVIe et le XVIIe siècles. Nous avons également évoqué le phénomène du banditisme. Nous n'y reviendrons pas et consacrerons les quelques lignes qui vont suivre aux deux effets majeurs de la crise : les émeutes populaires et les ravages de la faim.

— *La paupérisation*, qui s'était brusquement aggravée dans les années 1590, augmenta considérablement à partir de la fin de la première décennie du XVIIe siècle. Tout le confirme : les témoignages des observateurs (économistes, moralistes, marchands ou diplomates) qui trouvèrent des accents proprement apocalyptiques pour dépeindre les hordes de sans-abri qui refluaient vers les villes ; les mesures répressives récurrentes prises partout contre les mendiants errants ; les rares chiffres dont nous disposons. En particulier, l'évolution du nombre d'enfants abandonnés devant les *casas cunas** (maisons pour enfants trouvés) ne laisse aucun doute sur l'accroissement de la misère. A Séville, on recueillait 130 enfants par an en moyenne durant la seconde moitié du XVIe siècle. Ce chiffre passe à 231 pour la période comprise entre 1613 et 1620 et atteint 251 durant les dix années suivantes. A Medina del Campo, le nombre d'enfants trouvés doubla entre 1560 et 1599, pour doubler à nouveau entre 1600 et 1639. La tendance de Valladolid n'est pas différente : 110,5 abandons par an en moyenne pour 1592-1599 contre 123 entre 1607 et 1616 et 112 pour les vingt années suivantes, alors que la ville avait perdu la moitié de ses habitants depuis 1606, date du départ de la cour pour Madrid.

En chiffres ronds, le nombre de pauvres, qui était passé d'un peu moins de 15 % de la population à un peu plus de 20 % entre les années 1530 et les années 1590, dut atteindre les 40 % au milieu du XVIIe siècle, devenant sans aucun doute le problème social majeur du moment.

La pression fiscale, les mauvaises récoltes et les épidémies vidèrent les campagnes (on comptait plus de 3 000 villages désertés en Castille vers 1640), augmentant d'autant la charge assistentielle des villes qui n'arrivaient déjà plus à secourir leurs propres pauvres. Or, contrairement à ce qui s'était produit au XVIe siècle, où une part non négligeable du surplus dégagé par la bonne santé économique du pays avait été investi en œuvres de charité et d'assistance publique, au XVIIe siècle les fondations de bienfaisance deviennent rarissimes et nombre des anciennes sombrent dans la faillite. Les mendiants encombraient places et faubourgs dans un perpétuel mouvement d'errance interurbaine, déclenchant une véritable obsession de l'insécurité au sein des populations qui ne fit qu'accuser le phénomène de rejet dont ils étaient l'objet.

— *Les émeutes*, qu'elles fussent antifiscales, dirigées contre la pression seigneuriale, contre le logement des troupes ou la montée des prix, prirent une ampleur alarmante au fur et à mesure que le XVIIe siècle avançait et que s'aggravaient les difficultés. Pratiquement absentes du panorama social du siècle précédent, malgré la dureté de certaines crises, ces explosions de violence, au caractère parfois clairement politique (opposition au centralisme étatique de plus en plus affirmé), révèlent à n'en pas douter une modification profonde du pacte social et des liens qui unissaient les couches laborieuses de la population à leurs gouvernants. Les protestations les plus violentes et les plus politiques eurent lieu au Pays Basque en 1631 et 1632, en Navarre en 1634, à Tolède en 1638 et en Catalogne en 1638-1640. Une nouvelle série de troubles, parfois d'une extrême gravité, secoua l'Andalousie tout entière entre 1647 et 1652, certainement les pires années du siècle pour cette région, atteignant son point culminant en 1652 à Séville qui traversait la crise la plus sérieuse de son histoire.

Dans les lettres d'avis rassemblées par Jerónimo de Barrionuevo (1587-1671) dans son recueil si souvent cité par les hispanistes (*Avisos de Barrionuevo, 1654-1664*), nous trouvons mention, pour les seules années 1654-1657, de pas moins de quinze soulèvements populaires avec meurtres de représentants du fisc, incendies de bâtiments officiels, appositions de tracts contestataires, etc., survenus dans les contrées les plus diverses : un en Navarre, quatre en Andalousie, un dans la région de Murcie, deux dans les environs de Madrid, un dans l'île de Ténérife, un dans la Rioja, trois en Galice, un dans le León, un à Palencia et un à Medina del Campo. Nous y apprenons même que durant le mois de novembre 1657, le Conseil de Castille siégea en permanence en raison de la généralisation des troubles provoquée par les nouveaux impôts.

Toutes ces émotions populaires, comme on appelle souvent les révoltes de la faim, furent sévèrement réprimées. Elles n'en témoignent pas moins d'une réelle faiblesse du pouvoir qui deviendrait patente lors des deux grandes crises politiques du milieu du siècle, la catalane et la portugaise, examinées plus loin.

LA FIN DE LA PRÉPONDÉRANCE ESPAGNOLE

L'année 1640 marque, pour la monarchie espagnole, le début d'une période néfaste longue d'une vingtaine d'années au cours de laquelle tout l'édifice politique chancelle et semble vouloir s'écrouler. Portée par la grave crise économique et financière dont nous venons de dessiner les grands traits, la crise politique, doublée de la défaite militaire en Europe, plongea la conscience nationale dans des abîmes d'amertume et de consternation. Ces années noires virent la faillite du système politique du *valido*, l'échec du centralisme castillan (seuls les Bourbons pourraient l'imposer, au siècle suivant et au bénéfice d'une conquête militaire) et la ruine des prétentions hégémoniques européennes de la cour d'Espagne rêvées par Olivarès. Nous nous en tiendrons, dans le présent exposé, à la description des deux crises politiques majeures qui portèrent, pour la première fois depuis un siècle et demi, la guerre sur le territoire national, à l'évocation des révoltes italiennes et à l'analyse des conséquences des guerres européennes.

Le valido, symbole de la décadence politique ?

❑ ***Le « système du valido ».*** Avec l'avènement de Philippe III, un nouveau personnage vint occuper le devant de la scène politique, le favori ou *valido.* Celui-ci gouvernait sans se prévaloir d'aucune investiture officielle précise. Il était la personne en qui le roi avait placé sa confiance. Le premier *valido*, le duc de Lerma, prit le pouvoir en 1598 sans être membre d'aucun Conseil ni même secrétaire du roi. Ce n'est qu'en 1612 que Philippe III signerait un décret enjoignant au Conseil d'État d'obéir à Lerma. En réalité, les *validos* furent toujours maintenus dans une espèce de non-lieu institutionnel qui mettait au premier plan l'ambiguïté de leur statut, relevant à la fois du domaine privé, en tant qu'ils étaient des courtisans amis personnels du roi, et du domaine public, puisqu'ils étaient aussi désignés comme des collaborateurs éminents placés par décret royal au-dessus des Conseils.

L'apparition de ces créatures hybrides, aux vertus fort controversées par l'opinion publique aussi bien que par les moralistes et les écrivains politiques, a par la suite été interprétée comme le signe le plus évident de la décadence politique de l'Espagne des derniers Habsbourg. Mais les travaux de José Antonio Maravall et ceux, plus récents, de Francisco Tomás y Valiente ont mis l'accent sur la cohérence politique du « système du *valido* », qu'il convient de saisir à la lumière des intérêts de la haute noblesse de cour. Le *valido*, représentait le centre d'un réseau de pouvoir aristocratique et ne pouvait se maintenir qu'à la condition d'œuvrer au profit de certaines grandes clientèles nobiliaires. En parvenant à se substituer dans la pratique à la personne du roi, les *validos* avaient placé la plus haute noblesse courtisane à la direction des affaires de l'État. Les deux *validos* de Philippe III, le duc de Lerma et son fils le duc d'Uceda, appartenaient à la puissante famille de Sandoval y Rojas, aux alliances et ramifications multiples, en Castille, en Aragon et en Italie. Avec l'avènement de Philippe IV, il y eut changement de clientèle et le pouvoir passa entre les mains du « clan des Guzmán », constitué au début du XVIIe siècle par l'alliance de trois des plus grandes familles espagnoles : les Guzmán, les comtes de Monterrey et la branche andalouse des marquis du Carpio. Ce fut d'abord don Baltasar de Zúñiga (1621-1622), oncle d'Olivarès, chargé stratégiquement par ce dernier d'assurer une habile transition. Vint ensuite Olivarès lui-même (1622-1643), dont nous allons reparler, qui fut remplacé après sa chute par son neveu don Luis de Haro, marquis du Carpio.

C'était bien le triomphe des grands dans leur lutte séculaire pour le contrôle du pouvoir. Car depuis l'époque d'Isabelle et de Ferdinand, et plus encore depuis le règne de Philippe II, les « offices de plume » avaient permis à de véritables lignées de *letrados*, issus des universités, enrichis et anoblis, de faire irruption dans la vie publique, monopolisant des postes clés dans l'administration territoriale et centrale. Ces personnages, quoique nobles, se mouvaient au sein de clientèles fort différentes de celles de la haute aristocratie qui, pour des raisons de forme de vie traditionnelle, n'avait pas saisi l'intérêt qu'il y avait pour elle à investir l'Université. Elle s'y emploierait activement dès l'époque de Philippe IV, justement. Ainsi, selon l'analyse de Tomás y Valiente, l'irruption du *valido* dans la vie publique, sa supériorité par rapport aux secrétaires et aux *letrados*, sa permanence à la tête de l'État, peuvent être interprétées comme une véritable réaction nobiliaire renouant avec un style de pouvoir antérieur au temps des Rois Catholiques.

❑ ***Olivarès (1587-1645).*** Don Gaspar de Guzmán y Pimentel, comte d'Olivarès et duc de Sanlúcar la Mayor, plus connu sous le nom de comte duc d'Olivarès, offre l'image du *valido* à son plus haut degré de puissance et donc de perfection, même si une certaine tradition romantique et goyesque a voulu faire de Godoy (1767-1851) le favori espagnol par excellence.

Olivarès réussit à donner aux fonctions du *valido* une assise institutionnelle bien supérieure à celle dont avaient joui ses prédécesseurs, sans parvenir toutefois à changer le système de gouvernement. Dès son arrivée au pouvoir en 1622, il se fit nommer membre du Conseil d'État. Il créa ensuite la Junte d'État, un conseil restreint présidé par lui où, en réalité, les décisions étaient prises. Enfin, à la faveur de la crise catalane et portugaise, Philippe IV le nomma en mai 1642 lieutenant général et chef des armées, « tel un autre Nous-même ». Mais il serait disgracié à peine huit mois plus tard sans être parvenu à créer la charge de Premier ministre.

Olivarès gouverna en maître absolu mais n'apporta aucun changement à la tradition politique héritée de Charles Quint et de Philippe II : conserver les territoires rattachés à la souveraineté espagnole, maintenir l'Espagne dans son rang de première puissance catholique et étendre l'uniformisation castillane à toutes les contrées placées sous la tutelle de Madrid. Il échoua sur tous les fronts.

En entraînant l'Espagne dans la guerre, il se comportait en défenseur de l'ordre traditionnel, symbolisé par l'idée d'Europe verticale : les Habsbourg de Vienne et de Madrid entendaient imposer les conceptions de la Contre-Réforme, c'est-à-dire un ordre politique international fondé sur une Europe hiérarchisée et soumise aux deux pouvoirs universels du Pontificat et de l'Empire. En face, les pays protestants du Nord appuyés par la France, militaient en faveur d'une définition de l'espace européen en termes d'États souverains et indépendants.

Olivarès, en suivant Philippe IV — mais pouvait-il faire autrement ? — dans son identification au vieil idéal moyenâgeux de la monarchie chrétienne fondée sur un droit universel peu conforme aux manières modernes de penser, fut incapable d'apprécier la force des conceptions rationalistes et individualistes issues de la Renaissance réclamant un nouveau droit public et un nouveau statut des États fondé sur des contrats. Sa vision politique était donc fatalement marquée du sceau de l'anachronisme. Reste l'effort pour maintenir une hégémonie espagnole que l'irrémédiable renversement de conjoncture et le déplacement des économies vers le nord rendait, cette fois, totalement utopique.

Dans le domaine de la politique intérieure, Olivarès le centralisateur fit preuve, au contraire, d'un esprit moderne et novateur. Trop, sans aucun doute, comme en témoignent les révoltes catalane et portugaise.

La crise politique : la Catalogne et le Portugal

❑ ***La révolte des Catalans (1640-1659).*** Les événements de 1640 ne furent pas seulement une explosion de violence incontrôlée. Réponse insurrectionnelle aux tentatives castillanes de centralisation que les Catalans jugeaient anticonstitutionnelles, ils soldaient dans le sang l'échec d'un demi-siècle de frustrations, de tensions et de malentendus. La pierre d'achoppement était les libertés traditionnelles.

De tous les territoires péninsulaires soumis à la tutelle madrilène (le Portugal constituait un cas particulier, c'était un État indépendant annexé à une date récente), la Catalogne était le plus autonome et formait, en raison d'une tradition historique multiséculaire que Ferdinand le Catholique n'avait pas voulu remettre en question, un véritable État dans l'État. La principauté de Catalogne et les comtés de Roussillon et de Cerdagne constituaient une « communauté de terres catalanes » symbolisée par la *Generalitat** et qui trouvait sa représentation politique dans les *Corts* catalanes* ou, de façon permanente, dans la *Diputació**, les *Corts* ne siégeant que périodiquement. La Catalogne avait ainsi conservé son pouvoir législatif autonome, jalousement défendu par les institutions locales. A la tête de l'administration se trouvait un vice-roi nommé par le pouvoir central castillan, qui était aussi chef des armées. De la vice-royauté dépendaient également la Cour de justice (*Audiencia*) et la Trésorerie. Mais dans le domaine législatif, le vice-roi devait tenir compte des *Constitucions*, code qui rassemblait le droit fondamental catalan résultant des accords successifs passés entre les rois d'Aragon et la *Generalitat*.

Olivarès, à la recherche de moyens pour financer sa politique européenne, entendait imposer à tous les territoires de l'empire une participation financière directe. Il savait qu'il allait de la sorte irriter « les humeurs particulières des différents royaumes », selon sa propre expression, mais en réalité, l'urgence du moment rejoignait une de ses aspirations les plus fondamentales, l'unification de la monarchie, qu'il avait déjà exposée au roi dans son *Grand mémorial* de 1624 : « Que Votre Majesté considère comme l'affaire la plus importante de la monarchie de devenir roi d'Espagne ; je veux dire, seigneur, que Votre Majesté ne doit pas se contenter d'être roi du Portugal, d'Aragon, de Valence, et comte de Barcelone, mais doit penser et œuvrer par les moyens les plus sûrs et les plus secrets, à réduire tous ces royaumes dont l'Espagne est composée au style et aux lois de la Castille, sans différence d'aucune sorte [...]. »

Son projet « d'Union des Armes », visant à alléger les charges fiscales supportées par la seule couronne de Castille, mais aussi à créer un premier terrain d'entente en vue d'une unification plus étendue, établissait que les territoires non castillans soumis à l'autorité du roi catholique devaient entretenir une armée de 130 000 hommes. La participation de la Catalogne fut fixée à 16 000 soldats. C'est en 1626 que le pouvoir central soumit à l'approbation des différentes Cortès des pays de la couronne d'Aragon cette « Union » d'un style si nouveau. Les royaumes de Valence et d'Aragon se montrèrent extrêmement réticents mais finirent par accepter une certaine participation : Valence promit 1 080 000 livres, soit le coût de 1 000 hommes pendant quinze ans et l'Aragon s'engagea à fournir 2 000 hommes durant la même période ou l'équivalent en argent. Seule la Catalogne refusa. Olivarès, qui s'attendait à cette résistance, ajourna le débat jusqu'à la prochaine réunion des *Corts*. Celle-ci eut lieu en 1632 et se solda par un nouvel échec.

La marge de manœuvre d'Olivarès était fort étroite. Partisan du compromis et voulant éviter la rupture à tout prix, il avait les plus grandes difficultés à contenir les assauts du parti des ultras, favorable à l'emploi de la force, qui faisait grand bruit à la cour et le taxait de tiédeur suspecte. Dans la principauté, l'interlocuteur d'Olivarès était le *conseller** de Barcelone Jeroni de Navel, représentant de la bourgeoisie urbaine qui, à cette époque, dominait la *Generalitat*. Esprit modéré, il tenait à préserver le dialogue avec Madrid, mais était lui aussi soumis aux pressions des défenseurs les plus extrémistes des libertés catalanes, au nombre desquels il faut citer le groupe très agissant des nobles de la montagne, fort éprouvés par la crise économique, ainsi qu'une partie de la haute Église. En outre, Richelieu avait dépêché des agents dans la principauté avec mission d'encourager un mouvement sécessionniste dans les comtés de Roussillon et de Cerdagne tendant à leur séparation de la principauté de Catalogne.

A cette tension croissante entre Barcelone et Madrid vint s'ajouter un nouveau problème, stratégique, lorsque la guerre entre la France et l'Espagne éclata en 1635 : la principauté était zone frontalière et en cas d'invasion française il fallait pouvoir compter sur la fidélité des Catalans. Ceux-ci refusèrent d'envoyer des troupes en 1637 pour une manœuvre de diversion en Languedoc et l'année suivante ils firent de même lors du siège de Fontarabie, arguant que les *fueros* interdisaient la levée de troupes qui seraient employées hors du territoire de la principauté. Olivarès perdit patience : « Il faut toujours qu'on soit à regarder ce que dit telle ou telle *constitució* [...] même lorsqu'il y va de la défense et de la conservation de la monarchie. Les Catalans devraient voir le monde au-delà des frontières de la Catalogne. ». Il décida en 1639 de porter la guerre justement sur cette frontière afin d'obliger les Catalans à participer à l'Union des Armes. Entre-temps, la double pression, française et castillane, et la désastreuse campagne de Leucate (1637) avaient eu pour effet le renversement de la tendance modérée au sein du gouvernement catalan et l'élection à la tête de la *Generalitat* d'un chanoine de la Seo d'Urgel, Pau Claris, ardent défenseur de la position « nationaliste » radicale des nobles de la montagne, les *caballeros*, soutenu par un important *conseller* noble, Francesc de Tamarit, ennemi du clan du vice-roi Santa Coloma. L'aristocratie et la haute bourgeoisie urbaines restèrent, dans leur majorité, fidèles à la couronne malgré les griefs qu'ils avaient à opposer à Madrid. C'est la nouvelle entente surgie entre la *Diputació* et les *caballeros* qui provoqua le processus révolutionnaire et puis, en 1641, la sécession et la demande de rattachement à la France.

Les incidents avec la troupe de l'hiver 1639-1640 exaspérèrent Olivarès qui dicta de nouvelles mesures d'urgence en faveur des levées d'hommes et de l'approvisionnement de l'armée. Un membre de la *Diputació* fut emprisonné en compagnie de deux conseillers municipaux de la ville de Barcelone. Au printemps 1640 eut lieu la révolte armée des paysans catalans qui refusaient de loger les troupes à laquelle vinrent se joindre les *caballeros*. Fin mai l'agitation rurale avait gagné la capitale où les *segadors**, ouvriers agricoles temporaires, rejoignirent les paysans. C'était le début de l'anarchie. La lutte politique des *consellers* de la *Diputació* se trouva totalement subvertie par un raz-de-marée insurrectionnel où J.H. Elliott a vu la revanche des paysans sans terre et du peuple misérable des villes contre les possédants, riches bourgeois ou aristocrates.

Les événements tragiques du Corpus de sang à Barcelone, le 7 juin 1640, au cours desquels le vice-roi Santa Coloma trouva la mort, et la vague de terrorisme dirigé contre la haute bourgeoisie et les aristocrates qui suivit, eurent raison des atermoiements d'Olivarès. Celui-ci céda aux pressions des intransigeants et décida de soumettre les Catalans par la force (31 juillet), faisant basculer dans l'insurrection des groupes demeurés jusqu'alors en marge : les artisans et une partie de la bourgeoisie. Après une brève parenthèse durant laquelle la Catalogne s'érigea en république indépendante, Louis XIII fut proclamé comte de Barcelone.

Olivarès, qui croyait découvrir en la Catalogne une nouvelle Hollande, mais cette fois *intra muros*, était pessimiste quant à l'issue de la guerre, « car, écrivait-il, on ne saurait parler de victoire s'agissant d'une action menée contre ses propres vassaux, dans laquelle tout gain est une perte ». Les intrigues de cour et les défaites militaires de 1642 (chute de Perpignan en septembre et défaite de Leganés devant Lérida en octobre) eurent raison de sa faveur et Philippe IV lui retira sa confiance le 17 janvier 1643.

Pendant vingt ans, jusqu'au traité des Pyrénées de 1659, la Catalogne fut à la fois le théâtre d'une guerre civile et le champ de bataille entre l'Espagne et la France. Durant cette période riche en épisodes atroces dignes de ceux que Goya devait graver au début du XIXe siècle dans ses *Désastres de la guerre*, Madrid tout comme Barcelone évoluèrent à nouveau dans le sens d'une plus grande modération ce qui permit, après la campagne de Barcelone menée par don Juan José d'Autriche en 1652, la réincorporation de la principauté à la couronne d'Espagne. Les Catalans avaient perdu le Roussillon et la Cerdagne mais avaient conservé leurs privilèges. Ils avaient surtout compris que, ne possédant pas, à l'inverse des Hollandais, un commerce colonial qui leur assurât des possibilités de développement indépendant, ils avaient besoin d'être intégrés dans une souveraineté supérieure. Ne voulant pas devenir un satellite de la France qui les avait exploités durant la guerre, militairement et économiquement, ils durent trouver que le parti de l'Espagne était encore le meilleur.

❑ ***L'émancipation du Portugal.*** La raison apparente du soulèvement portugais fut la même que pour la Catalogne : le refus de l'Union des Armes et de l'imposition d'un tribut régulier (5 % de la valeur de tous les biens). Mais cela n'était qu'un prétexte. Outre le souvenir récent de sa souveraineté passée, ravivé par les manœuvres centralisatrices d'Olivarès (projet d'unification des Cortès, captation des membres de la haute noblesse à qui l'on offrait des charges à Madrid), en 1640 le Portugal n'avait plus que faire d'une union avec une Castille incapable de défendre son empire, comme la lamentable expédition de Pernambouc venait de le démontrer, et qui fermait les portes des colonies à ses ressortissants. Le cours des événements allait leur fournir l'occasion d'un divorce définitif que tout avait rendu inéluctable.

Les pertes navales de la bataille des Dunes (octobre 1639) et de Pernambouc (janvier 1640) avaient décimé la flotte espagnole de l'Atlantique, éloignant toute menace des côtes portugaises, et la guerre de Catalogne venait de mobiliser les forces terrestres à l'autre extrémité de la Péninsule. Par ailleurs, Richelieu avait promis aux Portugais une aide française si jamais ces derniers décidaient de faire sécession. Enfin, les partisans de l'indépendance pouvaient compter sur l'appui des jésuites portugais, qui jouèrent de fait un rôle de premier plan, sans doute décisif dans le ralliement du Brésil à la cause indépendantiste durant les premiers mois de 1641.

A l'époque il s'était créé autour de la personne de don Juan, duc de Bragance, un fort courant nationaliste. Petit-fils de doña Catalina, prétendante au trône portugais à la mort du cardinal don Enrique, il était le symbole de l'unité nationale, mais bien que pressé par le parti séparatiste, il s'était tenu à l'écart de toute conspiration. Olivarès, prévenu par son fidèle Vasconcelos, l'homme qui gouvernait réellement le Portugal, du danger d'un soulèvement, voulut écarter Bragance en lui proposant la vice-royauté de Milan. Face au refus de ce dernier, il le somma, ainsi que toute la noblesse portugaise, de se rendre à Madrid pour prendre part à l'expédition de Catalogne que devait conduire Philippe IV en personne. C'est alors que le soulèvement fut décidé : le 1er décembre 1640, à Lisbonne, les conjurés prirent d'assaut le palais de la vice-reine Marguerite de Savoie, assassinèrent Vasconcelos et, quinze jours plus tard, proclamèrent le duc de Bragance roi du Portugal sous le nom de Jean IV.

L'Espagne ne pouvait en aucun cas envoyer de troupes contre les rebelles qui n'étaient pas davantage en mesure de l'agresser. Jean IV, reconnu par les puissances ennemies des Habsbourg (la France, l'Angleterre, la Hollande, le Danemark et la Suède), s'employa à la défense du Brésil, c'est-à-dire du commerce du sucre, contre les Hollandais. Ceux-ci signèrent avec le Portugal une trêve de dix ans en 1641, mais deux mois plus tard occupaient Luanda, centre du trafic d'esclaves angolais, menaçant de la sorte l'approvisionnement en main-d'œuvre pour les plantations du Brésil. Les Portugais engagèrent la lutte et reprirent Luanda en 1648. Six ans plus tard, ils reconquirent Recife et chassèrent les Hollandais du Brésil.

Jean IV mourut en 1656 et c'est son fils Alphonse VI qui lui succéda, sous la tutelle de sa mère. Les Portugais déclenchèrent alors une offensive en Extrémadure qui se solda à leur avantage par la victoire d'Elvas en 1659. Cela n'empêcha pas la France de les abandonner au traité des Pyrénées (elle envoya toutefois un contingent de volontaires sous le commandement du duc de Schomberg). Ce fut l'Angleterre qui vint à la rescousse du Portugal en 1661 en lui offrant une alliance qui le sortirait de son isolement diplomatique, ainsi qu'une aide militaire et l'appui de sa flotte. Il est vrai qu'une sœur du nouveau roi avait épousé Charles II d'Angleterre, pays qui était en train de prendre une grande place dans la vie économique du Portugal.

La fin de la guerre d'indépendance ne fut qu'une suite de désastres pour l'Espagne, signe évident de l'état d'épuisement dans lequel elle était tombée après la guerre de Trente Ans : don Juan José d'Autriche, le vainqueur de Barcelone, fut battu par Schomberg à Ameixial en 1663 ; l'année suivante, c'était la défaite de Castel Rodrigo ; en 1665, enfin, une dernière armée de vétérans péniblement rassemblée fut écrasée à Montes Claros. Philippe IV qui, prisonnier d'une conception patrimoniale très rigide de la souveraineté, avait imposé la dernière offensive contre ceux qu'il considérait comme des sujets rebelles, s'éteignit peu après. Les nouveaux dirigeants, incapables de poursuivre l'effort plus longtemps, recherchèrent la médiation de l'Angleterre pour en finir avec l'affaire portugaise.

Le traité de paix reconnaissant l'indépendance du Portugal et la restitution des conquêtes réciproques, à l'exception de Ceuta qui resterait espagnole, fut signé à Lisbonne le 13 février 1668 et ratifié à Madrid le 23 du même mois. La perte du Portugal, dernier grand échec de la politique de Philippe IV, fut accueillie avec soulagement par l'opinion espagnole, malgré la pression idéologique exercée par une propagande au nationalisme exacerbé qui, depuis 1621 il est vrai, n'avait guère brillé par sa capacité d'invention ni de renouvellement thématique.

Les révoltes italiennes

Bien qu'ils fussent aussi graves que ceux que nous venons d'évoquer, les mouvements de sédition des royaumes de Naples et de Sicile n'ont guère intéressé les historiens de la péninsule ibérique. Ils n'en demeurent pas moins des symptômes révélateurs de la crise politique que traversait l'empire espagnol après 1640. Révoltes de la faim, essentiellement populaires à l'origine et limitées à la seule capitale des royaumes, ces crises italiennes prirent bientôt un caractère plus politique et mirent aux prises la France et l'Espagne. Elles peuvent ainsi être comprises comme autant d'épisodes, méconnus ou marginaux, du conflit opposant ces deux nations au cours du XVIIe siècle.

❑ ***Le soulèvement de Naples (1647-1648).*** Il eut pour cause un impôt sur les fruits fort impopulaire établi par le vice-roi, le duc d'Arcos, qui espérait en tirer un million d'écus afin de renflouer les caisses de Madrid. Un incident survenu sur un marché le 7 juillet 1647 mit le feu aux poudres. Les couches populaires, conduites par un marchand de poissons, Masaniello, saccagèrent le palais du vice-roi. Celui-ci, incapable de faire face à la situation, se plaça sous la protection de l'archevêque Filomarino et se réfugia dans la forteresse de Castilnuovo, laissant la ville aux mains des insurgés. Après que Masaniello fut assassiné par une fraction des rebelles (16 juillet), la tête de l'insurrection fut prise par le marquis de Toralto, homme modéré qui avait servi Philippe IV en Catalogne. Mais, soupçonné de favoriser en secret les intérêts du vice-roi, il périt à son tour, victime de la violence populaire (22 octobre). Les secteurs extrémistes, c'est-à-dire sécessionnistes, s'emparèrent alors de la direction du mouvement en la personne d'un artisan, Gennaro Anesse. Sous l'impulsion de ce dernier était proclamée la « république royale napolitaine » et le pape Innocent X reconnu souverain du royaume.

La France n'était pas étrangère à ce tour séparatiste pris par le mouvement. Elle avait en effet négocié avec les groupes les plus radicaux et gagné à sa cause une fraction de la noblesse, de tradition angevine et antiespagnole. Ce fut du reste un Français descendant de la maison d'Anjou, Henri de Lorraine, cinquième duc de Guise qui, avec l'accord de l'archevêque Filomarino, déclara l'indépendance du royaume de Naples en novembre 1647. La France néanmoins n'apporta pas un appui massif à la révolte. Don Juan José d'Autriche fut envoyé par Madrid dès le mois d'octobre avec une escadre et il réussit à faire débarquer une petite armée qui se joignit aux effectifs de la noblesse loyaliste du royaume accourue assiéger la capitale. Don Juan José repoussa une flotte française, coupant Naples de toute aide extérieure. Dans le même temps, il destituait le vice-roi Arcos, nommant à sa place le comte d'Oñate, et entamait des négociations avec les secteurs modérés de la rébellion. La ville fut reprise en mars 1648. Une amnistie fut aussitôt proclamée. Le duc de Guise, fait prisonnier, fut envoyé en Espagne.

❑ ***Les troubles de Messine (1674-1678).*** Les événements de Sicile suivirent un scénario semblable à celui qu'on vient de voir à Naples, à la différence que, cette fois, les Français auraient pu l'emporter.

Le 30 mars 1674, une révolte de la faim éclata à Messine, dirigée contre le gouverneur de la cité, don Luis de Hoyos. Le vice-roi dut intervenir pour rétablir le calme. Il fit châtier les coupables et nomma un nouveau gouverneur, don Diego de Soria, marquis de Crespano. La ville se scinda alors en deux partis, celui des Malvizzi et celui des Merli. Le premier, dirigé par Giovanni Pizzinga, défendait les privilèges traditionnels de la cité, alors que le second était favorable au gouverneur espagnol. De graves troubles de l'ordre public se produisirent dès le mois de juillet et en août, à la suite d'une querelle de préséances opposant le gouverneur et les magistrats de Messine, toute la ville finit par se soulever. Le 21 août 1674, don Diego de Soria, assiégé dans son palais, fut contraint de capituler.

Messine se tourna alors vers la France qui était en guerre avec l'Espagne et, par l'intermédiaire du duc d'Estrées, ambassadeur auprès du Saint-Siège, offrit la suzeraineté à Louis XIV. Celui-ci envoya le commandeur de Valvelle à la tête d'une escadre et, le 21 septembre 1674, les Français entraient dans Messine et distribuaient des vivres à la population affamée. Le 28 avril 1675, le duc de Vivonne, arrivé dans le port avec une forte escadre, recevait au nom de la France le serment de fidélité du sénat de Messine. Dans l'incapacité de réunir une flotte susceptible de chasser les Français, l'Espagne eut recours à ses alliés les Hollandais qui dépêchèrent une flotte commandée par le grand amiral Ruyter, laquelle vint s'unir en Sicile à l'escadre espagnole de don Juan José d'Autriche. Au cours du premier trimestre de l'année 1676, trois rencontres navales se succédèrent qui se soldèrent par la mort de Ruyter et la défaite hispano-hollandaise. Les Français devinrent pratiquement maîtres de la totalité de la Sicile. Mais lors de la signature de la paix de Nimègue (11-17 septembre 1678), Louis XIV, cédant aux pressions de l'Angleterre, décida d'abandonner l'île et donna l'ordre au maréchal de la Feuillade, chef de la garnison française, d'évacuer ses troupes. Le nouveau vice-roi espagnol, le duc de Guastalla, décréta une amnistie générale, ce qui déplut fort à Madrid et entraîna son remplacement par l'énergique comte de Santo Stefano, lequel supprima le sénat de Messine et abolit tous les privilèges de la vieille cité.

C'est ainsi que prit fin la grave crise de Messine qui, par ses prolongements internationaux, fait également partie des guerres européennes que nous allons examiner à présent.

Les guerres européennes et la défaite

❑ ***La belligérance à tout prix.*** Le début du siècle fut marqué par la volonté d'apaisement propre de celle qu'on a appelée « la génération pacifiste de Philippe III », volonté exprimée par l'entente hispano-anglaise (1604) et par la signature de la trêve de Douze ans avec les Provinces-Unies (1609) qui faisait suite à l'échec du projet de réunification dynastique des Pays-Bas rêvé par Philippe II. La parenthèse pacifiste fut en réalité fort courte car, dès 1618 (défenestration de Prague), Madrid résolut de soutenir Vienne et de fait, en novembre 1620, l'argent et les troupes espagnoles permirent à l'Autriche de l'emporter à la Montagne Blanche et de conquérir Prague.

Mais c'est l'année 1621 qui marque le début de la grande euphorie guerrière castillane vouée à connaître une si triste fin. En cette année 1621 mourait l'archiduc Albert, ce qui signifiait en principe le retour des Pays-Bas à l'Espagne. C'est au même moment qu'expirait la trêve de Douze ans et que Philippe IV montait sur le trône, donnant le pouvoir à Olivarès. Celui-ci choisit la guerre car il espérait tirer profit de la situation favorable (neutralité ou bienveillance de l'Angleterre et de la France, succès des armées impériales en Bohême et sur le Rhin) pour écraser les Hollandais et s'assurer une position prépondérante dans le Nord.

Les victoires des années 1620, tant sur le front hollandais qu'en Europe du Nord, firent concevoir à Olivarès de grandioses projets baltiques qui précipitèrent les Suédois dans la guerre. L'extraordinaire chevauchée allemande de Gustave-Adolphe mit les Impériaux en sérieuse difficulté, mais ceux-ci réussirent à se refaire grâce à la victoire de Nördlingen (6 septembre 1634). Ce succès détermina l'entrée directe de la France dans le conflit, à la fois contre Vienne et contre Madrid. Richelieu déclara la guerre à Olivarès en 1635, déchaînant en Espagne une campagne antifrançaise d'une violence jamais connue auparavant.

La situation tourna d'abord à l'avantage des Espagnols qui menacèrent Paris en 1636, mais commença à se retourner en 1638. L'année suivante, Olivarès décida de diriger contre les Provinces-Unies une expédition navale de grande envergure devant mettre fin au blocus maritime hollandais. La rencontre eut lieu le 21 octobre dans la rade des Dunes sur la côte anglaise, au nord de Douvres et se solda par une écrasante victoire hollandaise. La flotte espagnole fut rayée de la carte pour plus d'un siècle, la suprématie maritime de la Hollande, confirmée. C'était le tournant décisif de la guerre.

Il devenait clair après cette catastrophe que les projets espagnols étaient voués à l'échec. Cependant Olivarès opta pour la belligérance à tout prix, décision qui a fait couler beaucoup d'encre et qui dénote chez ce dirigeant pourtant très informé de tous les dossiers un irréalisme pour le moins inquiétant.

❑ ***Le traité de Westphalie.*** Ce n'est pas la défaite de Rocroi (19 mai 1643), retenue par l'histoire comme symbole de la fin de la suprématie militaire espagnole en Europe, qui entraîna la capitulation de l'Empire, mais le désastre de Lens, survenu quatre ans plus tard. L'Espagne, comprenant qu'elle ne pouvait mener une guerre à la fois contre la France et contre la Hollande, chercha une paix séparée avec cette dernière, se réservant ce répit pour continuer la lutte contre la première. Le traité hispano-hollandais fut signé à Münster le 15 mai 1648 et les accords entre l'Empire, les princes allemands, la France et la Suède, le 24 octobre de la même année à Osnabrück. Par le premier, l'Espagne reconnaissait l'indépendance de la Hollande à laquelle elle cédait les places de

Berg-op-Zoom, de Bréda et de Maastricht, ainsi que le droit de fermer le trafic de l'Escaut. Cette dernière clause qui signifiait la ruine d'Anvers et le déplacement des affaires à Amsterdam, se révélerait lourde de conséquences économiques pour l'Espagne.

Les accords d'Osnabrück, ou traité de Westphalie proprement dit, « consacrèrent définitivement, selon les mots de Jean Bérenger, ce que l'on avait admis peu à peu depuis le début du XVIe siècle : la fin de la chrétienté telle qu'on la concevait au Moyen Age. Le pape et l'empereur ont dû en convenir et renoncer à rétablir l'unité du catholicisme, en fait comme en droit. En conséquence, il faut bien reconnaître l'indépendance complète des princes et des États. L'échec des ambitions et des rêves de Charles Quint y est consacré, de même que le morcellement du Saint Empire en une série d'États indépendants » (*Histoire générale de l'Europe,* t. 2, Paris, PUF, 1980, p. 354).

❑ ***La fin de la guerre avec la France.*** Les Espagnols, qui avaient réussi à contenir les Français dans le Milanais et devant Lérida (1644-1647), mirent à profit les difficultés intérieures rencontrées par Mazarin à partir de 1648, remportant des succès importants à l'île d'Elbe et surtout à Dunkerque et à Barcelone. Mais l'alliance entre la France et l'Angleterre de Cromwell, qui supposerait la perte pour l'Espagne de la Jamaïque et des deux flottes américaines, celle de Terre-Ferme en 1656 et celle de Nouvelle-Espagne l'année suivante, précipita la défaite. Celle-ci se produisit à Dunkerque en 1658, au cours d'une ultime bataille où Turenne, à la tête des armées françaises, affronta Condé qui, passé au service de l'Espagne, partageait le commandement avec don Juan José d'Autriche.

Les deux pays signèrent la paix sur l'île des Faisans, à l'embouchure de la Bidassoa, le 7 novembre 1659. Outre le mariage du futur Louis XIV et de l'infante espagnole Marie-Thérèse (cette dernière renonçant à ses droits successoraux sur la couronne d'Espagne en échange du paiement d'une dot de 500 000 écus d'or à la France) et d'importants privilèges commerciaux, le traité des Pyrénées contenait de nombreuses clauses territoriales. L'Espagne cédait à la France le Roussillon et la Cerdagne (morcellement de la Catalogne), l'Artois, Saint-Omer et Aire exceptées, huit places de Flandre et du Nord-Est. La Lorraine (sauf Clermont, Dun, Jameltz et Stenay) était rendue au duc Charles IV sous certaines conditions qui ne furent pas acceptées par ce dernier ce qui entraîna l'occupation française.

❑ ***La guerre de Succession d'Espagne.*** Les quarante dernières années du XVIIe siècle sont la période la moins connue de l'histoire moderne espagnole. C'est par une guerre, celle de Succession (1701-1714) que prit fin logiquement ce siècle de guerres. Mais sous les oripeaux d'une décadence politique et intellectuelle morbidement affichés et déplorés par une historiographie espagnole peu désireuse d'en savoir davantage, se cache en réalité l'éveil de nouvelles forces qui allaient assurer aux Bourbons les moyens de leur politique entreprenante.

La mort sans héritier de Charles II en 1700 et la désignation par testament de Philippe d'Anjou, petit-fils de Louis XIV, comme son successeur sur le trône d'Espagne, entraînèrent l'opposition de la Hollande et de l'Angleterre que l'ouverture du marché américain à la France inquiétait. Elles formèrent la Grande Alliance de La Haye (avec l'Empire, presque tous les princes allemands, puis le Portugal et la Savoie) qui appuyait les prétentions de l'archiduc d'Autriche, Charles. S'ensuivit une guerre qui tourna au désavantage de Louis XIV et qui sur le territoire espagnol prit des allures de véritable guerre civile, la Castille prêtant un appui inconditionnel à Philippe d'Anjou dans un sursaut patriotique spectaculaire qui n'aurait d'équivalent que celui dirigé un siècle plus tard contre les troupes napoléoniennes. La mort de l'empereur Joseph Ier plaçant l'archiduc Charles sur le trône impérial, les puissances se mirent à redouter que ne se reconstituât l'axe Madrid-Vienne au profit de l'Autriche et ce fut la fin de la Grande Alliance.

Une série de traités signés à Utrecht (11 avril 1713), à Rastatt (7 mars 1714), à Baden (7 septembre 1714) et à Anvers (15 novembre 1715) mit fin à la guerre. Philippe d'Anjou devint définitivement Philippe V d'Espagne. L'Espagne cédait à l'Autriche ses possessions italiennes, à l'exception de la Sicile qui allait à la Savoie, ainsi que les Pays-Bas du Sud. L'Angleterre recevait de l'Espagne Gibraltar et Minorque, outre d'importants avantages commerciaux (en particulier, le commerce des esclaves noirs et le droit d'envoyer annuellement en Amérique du Sud un « navire de permission », source de la plus lucrative des contrebandes futures) ; de la France, elle recevait l'île de Saint-Christophe des Antilles, mais surtout la Terre-Neuve et l'Acadie. La France cédait à la Hollande les places fortes de la Barrière destinées à contenir ses futures velléités d'expansion. Ces traités sonnaient le glas de l'entreprise hégémonique européenne de Louis XIV. Mais avec l'installation des Bourbons sur le trône d'Espagne en 1701, une ère nouvelle commençait au pays de sainte Thérèse et de Cervantes qui s'annoncerait de manière fracassante, sitôt la guerre finie, par une grande réforme constitutionnelle mettant fin au régime des *fueros* et consacrant la politique unitaire dessinée par les Rois Catholiques au sortir du Moyen Age.

DOCUMENTS

■ Les « asientos » et la vie économique en Castille, 1550-1650

A côté des variations de l'indice des prix, d'après Earl J. Hamilton (dont en voit l'amplitude modérée), à côté de l'énorme poussée, puis du large recul du trafic de Séville, la courbe des asientos, en somme la dette à court terme de l'État, ressemble aux oscillations d'un sismographe. Elle accepte dans l'ensemble tout de même certaines analogies de mouvement avec la courbe des prix, et surtout celle de Séville, ce qui est assez naturel puisque ce sont les retours d'argent d'Amérique qui permettent avances et remboursements des asientos. En gros, les dépassements de la ligne de 100 % indiquent les poussées belliqueuses : les descentes au-dessous de la ligne les périodes pacifiques et les abandons avec une assez grande exactitude (sauf pour la conquête du Portugal). A noter l'énorme effort de la guerre dite de Trente Ans. La courbe des asientos établie par Alvaro Castillo Pintado.

■ Les causes de la ruine de l'Espagne d'après Sancho de Moncada

Dans ses discours adressés à Philippe III en 1619 et intitulés Restauration politique de l'Espagne, Sancho de Moncada établit un diagnostic de la crise économique et sociale que traverse le pays et propose une réforme mercantiliste visant à mettre les Espagnols au travail.

Chapitre IX : les produits finis en provenance de l'étranger engendrent l'oisiveté et font disparaître l'artisanat espagnol.

L'oisiveté, la paresse sont vices hispaniques bien connus des étrangers qui les ont conquis par ce moyen, le Diable ayant ouvert une brèche dans notre royaume à l'endroit où il offrait le moins de résistance. Ils y introduisent tous les produits nécessaires si bien terminés qu'on ne trouve plus à quoi s'employer [...] de sorte qu'ils ont réduit le royaume à l'état où les Philistins avaient réduit celui d'Israël où l'on devait, pour aiguiser un soc, une hache ou une houe, se rendre chez eux, et l'Espagne est aujourd'hui si paresseuse, si inactive, si énervée et je puis dire, si amputée et invalide, qu'il faut pour ces mêmes besoins aller dans d'autres royaumes. Que Votre Majesté songe si l'on peut écrire sans les étrangers alors qu'il n'y a pas de papier, tout comme il n'y a pas de toiles, de drap, de couteaux, ni quoi que ce soit. C'est pourquoi il ne reste plus d'artisans, car ils n'ont pas de travail et ce qu'ils produisent n'est pas consommé, puisque ce sont les étrangers qui l'importent et le vendent. De ceci découlent de grands maux que j'examinerai en son temps. Le premier est l'oisiveté (forcée, dans la mesure où il n'y a pas de travail). Considérez, Majesté, le grand soin que mirent tous les rois à la bannir de leur royaume, car elle est mère de tous les vices, c'est pourquoi du jour où elle est devenue maîtresse de l'Espagne, ceux-ci y ont acquis une nouvelle vigueur, comme je l'ai souligné au chapitre I. Pour chasser l'oisiveté on a toujours eu recours à deux moyens. Le premier a consisté non seulement à empêcher l'entrée dans le royaume de tout ce qui créait un obstacle pour le travail, mais encore à imaginer des travaux dans lesquels occuper les personnes

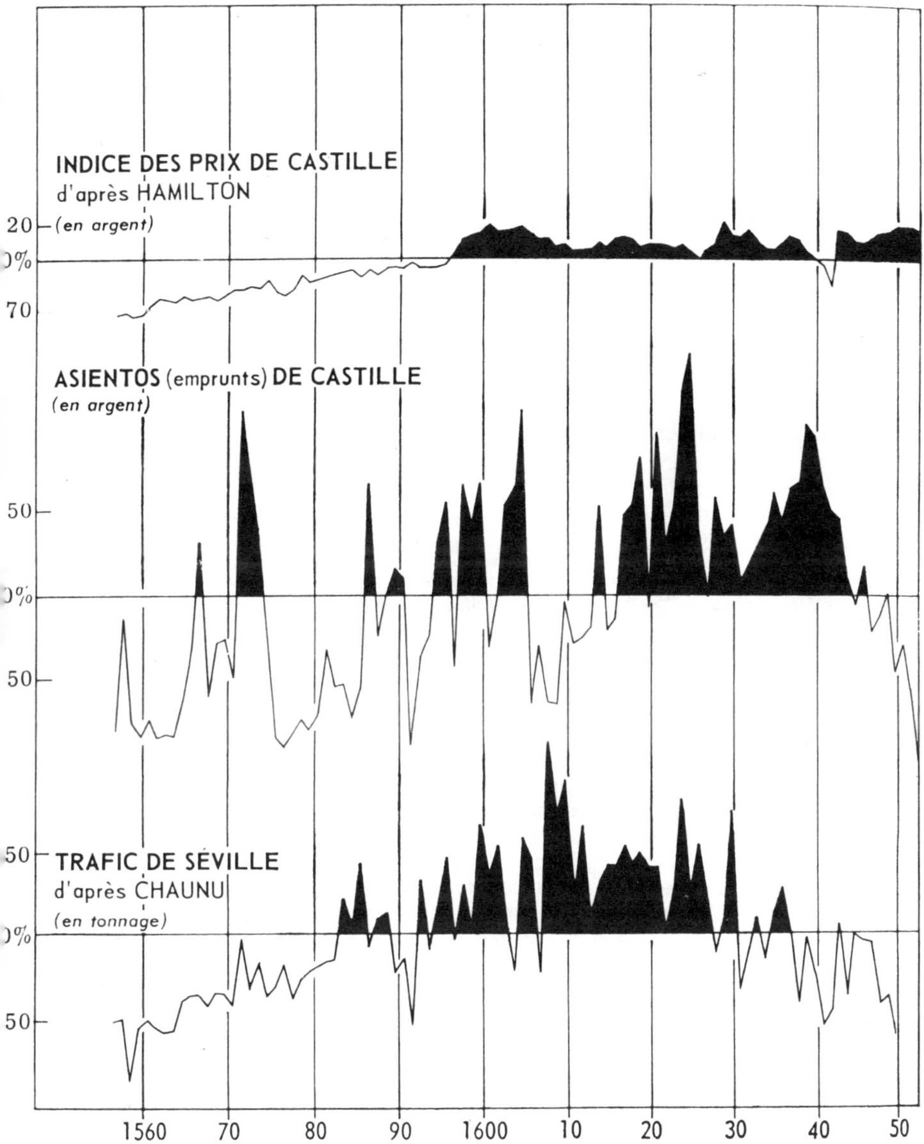

Braudel (F.), *La Méditerranée et le monde méditerranéen à l'époque de Philippe II*, t. 2, Paris, A. Colin, 1979.

oisives, comme firent les empereurs romains avec les pyramides, les égouts, les conduites d'eau et d'autres ouvrages. Et elle fut fameuse, l'idée de l'Angleterre (qui serait fort utile en Espagne) consistant à condamner les oisifs à chasser les loups dont le pays était infesté : ils les ont si bien traqués qu'ils n'en ont pas laissé un seul, au point qu'on pense là-bas que de telles bêtes n'ont jamais existé sur terre. En Flandres, et en Allemagne, l'on voit travailler des enfants de quatre ans, et même de trois. A Paris, à Anvers, à Milan et ailleurs il est des maisons où l'on enseigne tous les métiers aux enfants ; en Chine tout le monde travaille, enfants, vieillards, personnes décrépites et goûteuses, manchots et estropiés [...]. Le second moyen de bannir l'oisiveté a consisté à la rendre passible des peines les plus graves [...]. Le roi notre seigneur avait condamné les oisifs aux galères en 1576. Mais une si juste loi, à l'instar de bien d'autres, ne peut pas être mise à exécution en Espagne, car on dit ici, et non à tort, « Nemo nos conducit ». Nous n'avons pas de travail. Et c'est une chose grave, que les lois soient entravées.

Sancho de Moncada, *Restauración política de España*, Madrid, Instituto de Estudios Fiscales, 1974, pp. 108-109, trad, par nous.

■ L'état des finances en 1660

Rédigé le 24 mars 1660 par don Juan de Góngora, Président du Conseil des finances, ce mémoire récapitulatif montre l'état désespéré du trésor et l'importance des dépenses de guerre.

Les rentes que Votre Majesté avait trouvées en 1621 affectées au remboursement de la dette s'élevaient à 5 723 000 ducats. Celles qui ont été créées depuis (élargissement des *millones, media annata*, papier timbré, les deux un pour cent, etc.) représentent 7 834 000 ducats annuels dont 5 500 000 engagés et affectés à des particuliers, Votre Majesté n'en ayant que les charges de gestion. Les 2 234 000 restants sont engagés pour plusieurs années, pour ne pas parler des neuf millions du montant des trois derniers *servicios* du vin, de l'huile et de la viande, qui sont épuisés, tout comme les deux millions du *donativo* et le produit des autres expédients dont Votre Majesté s'est valu, tels les *donativos*, les nouvelles émissions de billon ou les ventes d'offices. Alors que l'ensemble des rentes que payent nos royaumes atteint presque les 14 millions de ducats de billon, 11 millions sont vendus, ce qui permet de juger de l'état des finances royales. Ces dépenses ont été occasionnées par les guerres déclenchées par les ennemis de notre monarchie, qui ont fait peser sur elle toutes les forces de l'Europe afin de la ruiner. Pour la défendre on a dépensé depuis l'an 1648 jusqu'à la fin de celui-ci, 131 554 000 ducats de billon qui, avec les intérêts, le change en monnaie d'argent [*reducción*], les primes accordées aux prêteurs [*adealas*], l'acheminement et la garde des espèces [*conducción*], montent à 164 914 000 ducats.

Budget prévisionnel pour l'an 1660. Dépenses.

Flotte [il s'agit de la flotte de l'océan Atlantique, les galions de la Carrera de Indias et les galères qui surveillaient les côtes méditerranéennes ayant leur propre financement]. Leur budget ordinaire est de deux millions, moitié en argent, moitié en billon. Pour cette année, selon les comptes de la Junta de Armadas, pour les 30 vaisseaux, y compris le nouveau vaisseau amiral, soit 17 600 tonneaux, il faudra 478 592 écus d'argent et 1 031 887 de billon, qu'il convient de payer sur-le-champ, et encore n'est-on pas sûr que les préparatifs se fassent à temps pour qu'elle puisse prendre la mer.

Catalogne. On envoyait par le passé 100 000 écus d'argent mensuels. En raison de la paix avec la France, les troupes seront envoyées à Badajoz et pour celles qui resteront en garnison, 300 000 écus annuels suffiront.

Extrémadoure. Étant donné qu'il faut augmenter cette armée, 2 400 000 écus de billon seront nécessaires, plus un autre million pour l'approvisionnement.

Armée de Galice. Elle est sous contrat pour 240 000 écus mais il en faudra 100 000 autres pour les renforts qu'elle doit recevoir, plus 164 000 pour les frontières de Zamora et de Ciudad Rodrigo.

Poudre, munitions et armement. Pour la frontière avec le Portugal, la flotte et les présides. Il faudra porter à 500 000 écus les 30 000 généralement attribués à ce compte.

Pensions des Portugais et des Catalans [il s'agit des sommes allouées aux ressortissants de Catalogne et du Portugal qui, par fidélité envers le roi d'Espagne, avaient émigré après les événements de 1640]. 200 000 écus de billon payés ici dans la capitale.

Train des maisons royales. Il faut 840 000 écus par an.

*Présides**. Il faut verser 150 000 écus de billon aux Montesinos, signataires du contrat d'entretien.

Dépenses extraordinaires. Pour les courriers, les défrais, les salaires de la troupe et autres on juge nécessaires 500 000 écus.

Le montant de tous les paiements qu'il faut assurer tant à l'intérieur qu'à l'extérieur s'élève cette année à 9 534 449 écus à 10 réaux, 2 378 592 en argent et le reste en billon. Or Votre Majesté ne dispose à cette fin d'aucune source de financement disponible.

Dominguez Ortiz, A., *Politica fiscal y cambio social en la España del siglo XVII*, Madrid, Instituto de Estudios Fiscales, 1984, pp. 58-61, trad. par nous.

■ Les Français dans la vie économique espagnole du XVIIe siècle

Parmi tous les étrangers qui venaient en Espagne, deux nationalités prirent un relief particulier : les Français en raison de leur nombre et les Gênois pour leur influence. Dans l'Espagne du XVIIe siècle, les Français furent sans doute à eux seuls aussi nombreux que tous les autres étrangers réunis. Des régions les plus pauvres, surtout du Massif Central, il se déversait sur le pays voisin des flots de petites gens, des artisans, des journaliers, des mendiants, attirés par l'aimant des hauts salaires et des aumônes conséquentes, car, ainsi que l'affirmait Fernández de Navarrete, « maintenant, comme la plus petite pièce vaut deux maravédis, il devient plus commode de demander l'aumône que de travailler et la réévaluation de la monnaie de billon n'a pas seulement encouragé la mendicité des Espagnols, mais a encore acheminé vers nos royaumes l'immondice de toute l'Europe, sans qu'il soit resté en France, en Allemagne, en Italie, en Flandre et même dans les îles rebelles de boiteux, de manchot, d'estropié ni d'aveugle qui ne s'en soit venu en Castille » [...]. Il faut cependant souligner que les activités des immigrants français présentèrent des aspects positifs. A côté des journaliers, des porteurs d'eau ou des mendiants, il y eut des commerçants, des artisans et des membres de professions libérales. Leur présence constante sur notre sol est d'autant plus remarquable qu'à partir de 1635, l'état de guerre fut presque permanent entre la France et l'Espagne et plus d'une fois ils durent subir des embargos, des taxes particulières, des entraves et même, quoique la chose ne fût pas courante, les insultes de la populace, comme cela se produisit en Alicante, lorsque les habitants, exaspérés par le bombardement effectué en 1691 par une escadre française qui détruisit une grande partie de la ville, expulsèrent les commerçants français et leur confisquèrent les biens. Mais ces mouvements de passion étaient de courte durée. A Séville, le consulat et la Casa de Contratación intervenaient en général efficacement en faveur des marchands français menacés d'embargo et les colonies françaises établies dans les villes supportaient bien les tempêtes ; nombreux furent leurs membres qui s'intégrèrent dans la société espagnole de façon permanente.

On a beaucoup exagéré le nombre de Français vivant en Espagne. L'ambassadeur hollandais Brunel trouva Madrid remplie de Français lesquels, afin d'éviter l'animosité populaire, se faisaient appeler Lorrains ou Wallons. Larquié, dans une enquête sur les locataires des auberges madrilènes en 1665, trouve que 155 des 197 étrangers enregistrés étaient des Français, occupés, pour la plupart, à d'humbles travaux. Mais il y avait aussi de riches marchands et des artisans. Pendant une époque ils exercèrent un quasi-monopole sur la boulangerie.

En Andalousie, la présence française était également importante. Au début du XVIIIe siècle, l'abbé Labat évalua leur nombre à 25 000, la plupart s'affairant à des tâches modestes ; lorsqu'ils avaient épargné trois cents ou quatre cents pesos, ils s'en retournaient chez eux, en se faisant passer pour des pélerins de Saint-Jacques.

Antonio Domínguez Ortiz, « Clases sociales urbanas (II) »,
Historia de España Ramón Menéndez Pidal, XXII, *La crisis del siglo XVII*,
Madrid, 1989, pp. 508-509 (traduit par l'auteur).

■ Les artisans français dans la ville de Saragosse d'après les inscrits dans les corporations de métiers (milieu du XVIIe siècle)

C'est en Aragon que les Français (à dominante béarnaise) jouaient le plus grand rôle économique, comme le montre le tableau ci-dessous :

Activité	nombre de membres	dont les Français	%
Porteurs d'eau	70	37	52,8
Maçonnerie	70	4	5,7
Menuiserie	70	4	5,7
Bijoutiers	51	1	1,9
Bonnetiers	45	0	0
Tailleurs	236	41	17,3
Cardeurs de draps	143	46	32,1
Cordonnerie	143	25	17,4
Tisserands	109	44	40,3
Taffetatiers	90	5	5,5
Cochers	88	38	43,1
Commerce de la soie	22	15	68
Total	**1137**	**260**	**22,8**

D'après Francisco Chacón Jiménez, « El artesanado y la economía urbana durante el siglo XVII », *Historia de España Ramón Menéndez Pidal*, XXII,
La crisis del siglo XVII, Madrid, 1989, p. 297.

7

Le Siècle des Lumières en Espagne

Le XVIIIe siècle fut le siècle des grands changements. Avec l'arrivée des Bourbons, l'influence française, déjà très perceptible durant la seconde moitié du siècle précédent, devint prépondérante. Elle inspira l'essentiel de l'esprit des réformes politiques ou économiques, façonna bien des traits d'une nouvelle mentalité. L'identité de l'Espagne, frappée du temps de Philippe II au coin de la Contre-Réforme la plus rigoureuse et la plus exigeante, allait être subvertie par l'irruption d'une nouvelle conception des êtres et des choses prônée par une minorité agissante d'esprits « éclairés ». Ceci n'irait pas sans mal. Les efforts des réformateurs pour faire de l'Espagne un pays « européen » seraient tenacement contrecarrés par les secteurs réactionnaires, extrêmement puissants, et pour finir, le médiocre règne de Charles IV et la catastrophique intervention napoléonienne allaient sonner le glas de bien des espoirs.

LE NOUVEL ÉTAT

Le changement dynastique entraîna un bouleversement politique majeur : la suppression des anciens *fueros* des territoires de la couronne d'Aragon. Les Bourbons d'Espagne, en optant pour une politique centraliste, allaient enfin créer cette unité nationale dont Isabelle et Ferdinand, plus de deux siècles auparavant, avaient été les initiateurs. Parallèlement à la réforme constitutionnelle instaurant l'unité politique, les structures de l'État et de l'administration étaient profondément modifiées avec, notamment, l'introduction des ministères et des intendances.

La Nueva Planta

Les hommes de 1714, au service de la monarchie victorieuse de Philippe V (roi de 1700 à 1746), entreprirent de grandes réformes visant à l'uniformisation politique du pays, réformes qu'en Castille, un courant général d'opinion favorable à la suppression des particularismes régionaux, appelait de ses vœux. En faisant de l'Espagne une seule monarchie, régie par des lois et une administration uniques, les nouveaux dirigeants enterraient le système politique classique mis en place par les Rois Catholiques.

Le prétexte invoqué pour la suppression des privilèges ancestraux des territoires méditerranéens de la Péninsule fut leur attitude hostile au roi bourbon durant la guerre de Succession. Les *fueros* de l'ancien royaume de Valence furent abrogés dès 1707, ceux de l'Aragon en 1711, ceux de l'île de Majorque en 1715, ceux, enfin, de la principauté de Catalogne en 1716, en vertu du fameux décret de *Nueva Planta*. Cependant, à l'exception de Valence qui fut totalement intégrée dans le système castillan, les autres régions citées conservèrent leur droit privé particulier. La noblesse aragonaise, hostile au parti bourbon pendant la guerre de Succession, perdit la juridiction civile et criminelle sur ses vassaux. En revanche, les provinces basques et le royaume de Navarre, demeurés fidèles à Philippe V, conservèrent leurs *fueros* (on les appela les provinces exemptées, *Provincias Exentas*) mais durent accepter l'introduction de délégués et de représentants du pouvoir central qui, sans porter préjudice au jeu des institutions traditionnelles, faisaient néanmoins sentir les effets centralisateurs de la nouvelle monarchie.

Les décrets de *Nueva Planta* entraînèrent une castillanisation du fonctionnariat de la couronne d'Aragon, signe évident de la méfiance du pouvoir central à l'endroit des natifs : à la fin du siècle encore, la moitié des fonctionnaires d'Aragon étaient des Castillans, 60 % en Catalogne et à Majorque, 75 % à Valence.

Les réformes administratives

L'administration centrale fut totalement bouleversée par les hommes de Philippe V. L'ancien système Roi-secrétariat d'État / Conseils, fut remplacé par une nouvelle structure (Roi-ministères / Conseil de Castille-*Juntes*) où les ministres, personnes choisies en fonction de leur compétence et directement responsables devant le roi, allaient jouer un rôle prépondérant. En 1714 naissaient les quatre premiers ministères ou secrétariats (État et Affaires étrangères, Affaires ecclésiastiques et Justice, Guerre et Marine, Indes) qui passeraient au nombre de cinq en 1754 par l'adjonction de celui des Finances. Plus tard, à l'issue de la réforme de Charles III, l'on passa à sept ministères, deux pour les questions coloniales et cinq pour l'administration métropolitaine (État, Grâce et Justice, Guerre, Marine et Finances).

Le Conseil de Castille, qui avait absorbé en 1714 celui d'Aragon, relégua à partir de cette date les autres conseils à un rôle de second plan. C'est lui, en particulier, qui était compétent en matière de législation, qui nommait les fonctionnaires de l'administration et qui était chargé de promouvoir les intérêts économiques. Charles III, en y faisant entrer les représentants de la bourgeoisie réformatrice, en fit le moteur de la rénovation du pays. Dans le domaine des Finances, il convient de signaler la création de la *Junta de la Unica Contribución* (1749, réorganisée en 1760) qui fut chargée de superviser l'élaboration du célèbre *Catastro** *de la Ensenada*. Cette gigantesque enquête sur la richesse de la couronne de Castille devait servir de base à une ambitieuse réforme fiscale (simplification et unification des contributions) qui échoua.

Les anciennes Cortès, incompatibles avec le nouvel esprit absolutiste, tombèrent en désuétude.

L'administration territoriale fut marquée par une même volonté d'uniformisation. Le pays se trouva divisé en neuf grandes circonscriptions (leur nombre serait par la suite porté à onze par la création, en 1717, de celle d'Oviedo et, en 1790 seulement, de celle d'Extrémadure), administrés par un Capitaine général, représentant du gouvernement, et une *Audiencia*, organisme consultatif. Sous ces grandes régions, la division en provinces fut maintenue et étendue à la couronne d'Aragon (21 provinces pour la Castille, 4 pour l'Aragon), ainsi que le système des *corregimientos*.

Mais la réforme la plus intéressante et la plus lourde de conséquences du point de vue de la centralisation fut l'introduction en 1749, sur le modèle français, des intendants. Ces fonctionnaires aux très larges compétences (justice, police, guerre et finances), créant un lien direct entre les administrations centrale et locale, furent placés à la tête de 26 *Intendencias** hiérarchisées.

Il est certain que la rationalisation de l'État, la centralisation et l'uniformisation, ainsi que le renouvellement de la bureaucratie, donnèrent à la nouvelle monarchie absolutiste des moyens d'action infiniment plus efficaces que du temps des Habsbourg et, de fait, les réformes du XVIIIe siècle marquèrent le pays en profondeur. Néanmoins, comme le fait remarquer Vicens Vives, une bureaucratie ne se crée pas en un jour, surtout s'il faut pour y parvenir bousculer bien des habitudes, bien des particularismes et soumettre la résistance farouche des puissants milieux traditionnels. Malgré une réussite incontestable dans de nombreux domaines, les graves travers du passé réapparurent avec Charles IV (roi de 1788 à 1808), dès que le favoritisme eut gagné les hautes sphères du pouvoir.

LE REDRESSEMENT DU XVIIIe SIÈCLE

Préparé par la renaissance économique des régions périphériques dès les dernières décennies du XVIIe siècle, l'essor du XVIIIe siècle fut impressionnant, particulièrement dans le secteur du commerce colonial. Mais il faut prendre garde que dans certains domaines, au premier rang desquels il faut placer l'agriculture, les résultats paraissent d'autant plus spectaculaires que la dépression antérieure avait été profonde, alors qu'en réalité ils furent tout relatifs.

L'essor démographique

❑ ***L'éloquence des chiffres.*** Entre 1680 et 1790, dates rondes, il se produisit en Espagne une petite révolution démographique qui allait affranchir le pays de la fatalité d'un système que nous qualifierons, à l'instar de bien des historiens, « d'ancien ». Nous disposons de cinq recensements de la population et d'une estimation dont voici les résultats globaux, corrigés en fonction de la critique la plus récente :

— Recensement « de Campoflorido », revu par Jerónimo de Ustáriz (1710-1717) : 7,7 millions d'habitants.
— Recensement du « Catastro de la Ensenada » (1752) : 9,3 millions.
— Recensement « du comte d'Aranda » (1768-1769) : 10 millions.
— Recensement « de Floridablanca » (1787) : 11 millions.
— Recensement « de Godoy » (1797) : 11,5 millions.
— « Calcul d'Antillón » (1808) : 12 millions.

D'une façon générale, et sans nous arrêter sur le problème posé par les imperfections et par les lacunes des sources, en un siècle le pays avait gagné quelque 4 millions d'hommes, phénomène à l'importance considérable qui montre que l'Espagne était enfin entrée dans un nouveau cycle démographique même si l'accroissement séculaire fut moins marqué que dans d'autres pays d'Europe : l'Espagne, avec 0,42 % de croissance annuelle moyenne, se situait dans une position intermédiaire, entre les pays scandinaves (0,58 % entre 1735 et 1800) et la France (0,31 % entre 1700 et 1789), au niveau de l'Italie (0,45 % entre 1700 et 1800). L'année 1770 marque le tournant décisif. Le processus s'accélère à partir de cette date et le taux d'accroissement annuel moyen de l'Espagne rejoint celui de l'Europe (0,68 pour celle-ci contre 0,63 pour celle-là).

Malgré tout, le pays était loin d'avoir atteint à la fin du siècle son niveau de peuplement optimal et bien des observateurs déploraient le manque d'hommes. C'est que l'Espagne revenait de loin, comme on dit. En 1717, elle dépassait à peine le niveau de 1591. Les réformateurs attribuaient cette carence à une série d'obstacles que le XVIIIe siècle ne parvint que partiellement à surmonter : les guerres, le célibat excessif lié à une trop forte proportion de vocations religieuses, les biens de mainmorte, les majorats, les privilèges de la *Mesta* qui entravaient le développement de l'agriculture, l'insuffisante industrialisation.

❑ ***La répartition.*** L'accroissement de la population ne fut pas uniforme et, contrairement à ce qui s'était produit au XVIe siècle, c'est la périphérie qui en bénéficia le plus largement. Un phénomène a valeur de symptôme : les villages désertés. Sur 932 de ces *despoblados** recensés en 1797, l'on constate que 739 d'entre eux (79,3 %) étaient sis en Castille, Vieille ou Nouvelle, et dans le royaume de León ; 61 autres (6,5 %) dans les zones arides de l'Aragon.

Les régions du pourtour péninsulaire virent doubler leur population (Galice, Asturies, provinces basques, Murcie, Andalousie), ou même tripler (royaume de Valence). La Catalogne passa de 406 000 habitants en 1720 à 899 000 en 1787, soit un accroissement de 121 % en soixante-dix ans. C'est la frange centrale du pays qui demeura vide : l'Extrémadure, par exemple, ne gagna que 25 000 habitants en l'espace d'un siècle, autant dire rien. La ville de Madrid constitue l'exception, bien compréhensible du reste. Elle passa de 130 000 à 167 000 habitants entre 1723 et 1797, ce qui représente un accroissement de 27 %. Mais qu'est-il, comparé aux 405 % de Barcelone qui, dans le même temps, partit de 37 000 âmes pour atteindre 150 000 ?

Mais ce sont là les deux seules cités dépassant les 100 000 habitants. Autant dire que la population espagnole était restée, au XVIIIe siècle, extrêmement rurale. Sur les 143 *ciudades* et les 4 308 *villas* incluses dans le recensement « de Floridablanca », seulement 40 avaient plus de 10 000 habitants. Trois d'entre elles, Séville, Valence et Grenade avoisinaient les 100 000. Cadix, avec 70 000, était en pleine apogée. Les villes du Nord, en revanche, restaient peu peuplées : Bilbao ne comptait que 12 000 âmes, Gijón et Vigo, 6 000, Santander, 2 000. Néanmoins l'activité y était intense et elles étaient promises à une brillante expansion, ce qui n'était point le cas des vieilles et somnolentes métropoles castillanes, comme l'impériale Tolède, la commerçante Burgos, la noble Salamanque ou l'industrieuse Ségovie, qui n'atteindraient leur niveau du XVIe siècle qu'en plein XXe siècle et ne présentaient plus que des vestiges de leur ancienne splendeur.

❑ ***Les modifications de la structure sociale.*** Le tableau ci-dessous révèle le changement essentiel qui s'est opéré : la diminution des groupes de privilégiés et l'augmentation de la population urbaine aux dépens de la population rurale (les chiffres de population sont donnés en feux) :

Date du recensement	Noblesse	Clergé	Artisans	Paysans
1787	480 589	191 101	310 739	1 871 768
1797	402 059	172 231	533 769	1 677 172
Variation	– 21 %	– 11 %	– 60 %	– 13 %

Source : Urbieto (A.), Reglá (J.), Jover (J.M.) et Seco (C.), *Introducción a la historia de España*, Barcelone, 1971, p. 442.

Pour compléter ces chiffres, nous signalerons qu'en 1797 il y avait en outre quelque 280 000 domestiques, 110 000 fonctionnaires et militaires, 25 000 commerçants. L'on voit l'exiguïté de la population active (25 % approximativement) et l'on doit songer qu'à la population passive il convient d'adjoindre la population mendiante, errante et inactive, fort importante (au moins 100 000 individus, 160 000 d'après Campomanes).

❑ ***Les mouvements migratoires.*** L'accroissement démographique dans les territoires périphériques engendra d'importants mouvements de population. Ceux-ci n'ont fait l'objet d'aucune étude d'ensemble et nous sont mal connus. Ils eurent lieu du nord vers le sud, les Galiciens, les Asturiens, les Santandérins et les Basques partant s'installer en Castille et en Andalousie, les premiers comme manœuvres ou journaliers, les autres comme artisans et commerçants. L'émigration galicienne en direction du Portugal fut très dense. En 1748 il devait y avoir à Lisbonne quelque 45 000 Galiciens et en 1800 leur nombre devait atteindre le chiffre de 100 000 pour tout le pays. De l'autre côté de la péninsule, le royaume de Valence vit la population de sa zone côtière croître considérablement tout au long du siècle en raison de l'arrivée massive de Murciens et d'Aragonais, auxquels vinrent sans doute s'ajouter des gens de la Manche (quelque 2 700 nouveaux venus par an entre 1712 et 1818). Les Catalans, quant à eux, alimentèrent un vaste courant migratoire en direction de toute la Péninsule et jouèrent un rôle économique de premier plan.

Les départs pour les Indes espagnoles ne peuvent être évalués avec certitude. D'après Vicens Vives, que nous suivons dans ce chapitre, leur nombre serait relativement modeste et aurait pu atteindre les 52 000 âmes pour tout le siècle. Il s'agissait en majorité, non de main-d'œuvre spécialisée, mais d'ouvriers sans qualification, porteurs et manœuvres (33 %), ainsi que de domestiques (30 %).

L'immigration française, traditionnelle en Espagne, augmenta au début du XVIIIe siècle. Il devait y avoir pour lors quelque 8 000 familles originaires du royaume voisin implantées dans le pays (estimation d'Ustáriz), alors que vers le milieu du siècle les Français représentaient sans doute une bonne centaine de milliers d'individus.

L'immigration italienne, fort ancienne également en raison des liens étroits unissant les deux péninsules depuis l'aube des Temps modernes, se maintint, particulièrement celle en provenance de Gênes, de Naples et de Sicile. L'influence des Italiens, surtout en politique et dans le monde des arts et des spectacles, demeura considérable.

Mais le XVIIIe siècle fut aussi une grande période d'immigration allemande, sans doute la plus faste. Deux sortes d'arrivants sont à distinguer : il y avait d'une part les Sudètes catholiques, agriculteurs et artisans spécialisés, dans le travail du verre, par exemple, ou bien dans les tissus, la fabrication des jouets ou encore la porcelaine, et d'autre part ceux en provenance des villes hanséatiques ou de Hambourg qui étaient en général des financiers et des hommes d'affaires d'un certain niveau.

Les étrangers résidents habitaient les villes portuaires où se traitaient les affaires. Cadix, devenue le grand port commercial du Sud, comptait en 1797 le plus grand nombre de ressortissants d'autres nations (12 % de sa population). En tête venaient les Génois (5 000 personnes), suivis par les Français (2 700) puis, loin derrière, on trouvait les Portugais (350), les Anglais (270), les Allemands (270) et une centaine de représentants de diverses nationalités.

L'immigration, on l'aura compris, devint fortement sélective et les hordes de journaliers sans le sou qui envahissaient jadis la Péninsule en provenance du Sud de la France disparurent, l'augmentation de la population tendant à pallier le déficit de main-d'œuvre et l'alignement des prix et des salaires espagnols sur ceux du reste de l'Europe rendant l'incursion outre-Pyrénées moins attrayante. Du reste, des mesures furent prises qui visaient à éliminer l'immigration errante ou considérée comme parasitaire. Ainsi, les Arméniens furent expulsés de Madrid en 1753, les Grecs chassés de l'île de Ménorque en 1782. Les pèlerinages populaires à Saint-Jacques de Compostelle avaient été interdits en 1778. Un décret royal de 1773 avait institué la tenue de registres des étrangers afin de distinguer les immigrants utiles et les inactifs, ceux-ci devant être expulsés.

Néanmoins, d'une façon générale, si l'on excepte quelques périodes de tension xénophobe, comme celle des années 1791-1794 qui visait la France révolutionnaire, la politique espagnole à l'endroit des étrangers catholiques leur fut favorable et tendit à encourager leurs initiatives industrielles et commerciales. Certes, un organe de contrôle et de surveillance, la *Junta de Dependencia de Extranjeros*, avait bien été créé dès 1714, mais un ensemble de lois promulguées dans tout le courant du siècle rend manifeste le désir continu des pouvoirs espagnols de mettre le potentiel étranger au service du développement économique du pays. Les plus importantes furent celle de 1726 (droit de *vecindad** à tout étranger se consacrant au commerce ou à l'industrie), celle de 1728 les exemptant de certains impôts, et celle de 1765 réglementant l'établissement des consulats dans les centres de négoce. Enfin, c'est Godoy qui, par un brusque revirement, autorisa par son édit de tolérance du 8 septembre 1797 (le premier promulgué en Espagne depuis près de deux siècles) l'établissement sur le sol espagnol de tout étranger quel que fût son credo.

❑ ***Les tentatives de repeuplement.*** L'essai le plus spectaculaire pour attirer en Espagne et y fixer des immigrants utiles fut sans aucun doute le projet de colonisation de la Sierra Morena. Vaste projet, qui devait remédier aux effets néfastes de la structure agraire andalouse, mais qui échoua justement sur ce point capital.

Conçue en 1749 sous Ferdinand VI, alors que le marquis de la Ensenada était aux affaires, l'entreprise ne fut menée à bien qu'à partir de 1767, sous Charles III, grâce à l'impulsion décisive donnée par Pablo de Olavide. La région choisie se situait entre Baeza, Santa Cruz de Mudela et Bailén, sur les contreforts de la Sierra Morena, au sortir du défilé de Despeñaperros. Il s'agissait d'octroyer des propriétés individuelles aux colons et, en attendant les premiers rendements, de les exempter d'impôts et de leur accorder les aides économiques et financières nécessaires. A la culture du blé, de l'olivier et du figuier devait s'ajouter l'implantation d'une industrie textile locale, du lin, de la soie et de la laine.

Jusqu'en 1573, date de la chute d'Olavide, l'État investit dans le projet 40 millions de réaux. En 1775, 15 villages avaient été fondés, ainsi que 26 hameaux, abritant 1 900 familles d'agriculteurs et 150 d'artisans, soit un total de 10 300 personnes auxquelles il convient d'ajouter 3 000 journaliers et domestiques. Contrairement au projet initial de 1749 qui prévoyait l'installation d'étrangers uniquement (Irlandais, Allemands, Hollandais et Français), les Espagnols furent majoritaires, surtout les Catalans.

L'entreprise échoua en raison de nombreux facteurs adverses dont nous connaissons mal l'incidence relative mais que nous pouvons du moins énumérer : le manque de capitaux au moment décisif, le manque d'organisation, l'opposition des populations locales xénophobes et méfiantes, l'inculture technique des principaux responsables. Le départ d'Olavide sonna le glas de la tentative de colonisation andalouse. La volonté de remédier aux problèmes agraires du Sud avait fait long feu. De ce projet qui avait représenté un des grands rêves des réformateurs madrilènes et que l'historiographie a retenu comme étant un des titres de gloire de l'administration de Charles IV, seuls quelques bourgs ont subsisté, tels La Carlota, Navas de Tolosa ou encore Santa Elena.

L'agriculture et l'élevage

❑ ***Le rétablissement agricole.*** Sur l'agriculture du XVIIIe siècle allaient peser les handicaps hérités des périodes précédentes, nombreux, encore mal étudiés, mais qu'on peut ramener à trois ensembles de facteurs : le dépeuplement des campagnes, la rusticité de l'outillage et les très faibles rendements (de 1 à 3 pour les grains). Néanmoins, plusieurs signes encourageants montrent qu'un changement s'opérait. En particulier, la peste cessa d'être un fléau angoissant pour les populations des campagnes et les années de disette semblèrent se stabiliser en de courtes périodes séparées par des intervalles féconds plus longs, quand leurs effets n'étaient pas simplement annulés, comme ce fut le cas pour les régions périphériques, grâce à l'augmentation du trafic portuaire et à l'émergence de nouveaux pays exportateurs de blé, comme les États-Unis. Il y eut bien reprise, mais pas explosion et plutôt que de révolution agricole, c'est de rétablissement qu'il faudrait parler.

A partir des années 1760, les prix agricoles décollèrent de façon spectaculaire, portés par la conjoncture internationale à la hausse. Pour Jaime Vicens Vives, la révolution des prix agricoles et la revalorisation de la terre et de l'investissement agraire qu'elle entraîne constituent le fait majeur de l'histoire économique de la péninsule au XVIIIe siècle. Son tableau comparatif des indices des prix, que nous reproduisons ci-dessous, montre clairement la conjoncture agricole très favorable du dernier tiers du siècle.

Années	Produits agricoles (a)	Autres produits (b)	Différence (a-b)
1700	103,1	107,4	− 4,3
1720	83,2	96,9	− 16,7
1740	114,4	104,8	+ 9,6
1760	110	111,8	− 1,8
1765	149,9	125,7	+ 24,2
1780	144,4	135,5	+ 8,9
1790	181,2	157,1	+ 24,1
1800	200	187,6	+ 12,4
Base : 1726-1750 = 100			

Source : Vicens Vives, J., *Historia económica de España*, Barcelone, 1975, p. 463.

Les rentes agraires connurent une augmentation plus rapide que celle des prix, ce qui explique l'intérêt que montraient les propriétaires à augmenter les surfaces cultivables et par conséquent le mouvement d'opinion défavorable à la *Mesta* et franchement hostile aux biens de mainmorte.

❑ ***Les cultures.*** Les céréales restèrent la culture de base (blé, orge, seigle) et occupaient les trois quarts de la surface cultivable vouée à la monoculture. Le riz prit une nouvelle extension et la plaine de Valence en produisait à elle seule quelque 420 000 fanègues* dans les années 1780. Mais le XVIIIe siècle vit surtout la révolution du maïs (il avait été introduit dans les Asturies dès 1607 mais durant plus d'un siècle n'avait connu qu'une expansion modeste) qui allait transformer radicalement les conditions biologiques des provinces de tout le littoral cantabrique.

Face aux traditionnels légumes secs, pois chiches, fèves, pois et haricots, par ordre décroissant d'importance, la pomme de terre, cultivée à une certaine échelle en Galice à partir de 1768, se frayait un chemin difficile et ne triompherait qu'au bénéfice de la terrible famine de 1812.

L'olivier occupait de vastes étendues en Andalousie, en Catalogne et en Aragon, l'huile étant, avec 6 millions d'arrobes* annuelles, le premier produit national en valeur. Face à l'exportation, le vin suivait de près l'huile d'olive, non seulement les fameux crus du Sud dont le palais international commençait à raffoler, mais surtout les vins catalans qui connurent dès le début du siècle leur première époque de splendeur.

Les cultures industrielles (chanvre, lin, coton, canne à sucre) reculèrent, victimes de la concurrence ; seule la soie maintint son essor, Valence fournissant plus de la moitié de la production (650 000 livres sur 1 150 000).

❑ ***L'élevage.*** Il fut marqué par le déclin de la vieille *Mesta*, c'est-à-dire des troupeaux transhumants producteurs de laine, et le développement de l'élevage sédentaire. L'essor agricole du XVIIIe siècle avait réveillé l'ancienne querelle opposant éleveurs et agriculteurs qui avait jadis été tranchée par les Rois Catholiques en faveur des éleveurs et de leur puissante organisation, la *Mesta*. Les premiers Bourbons ne firent pas autrement : le régime de la *Mesta* fut étendu à la couronne d'Aragon en 1726, sa prédominance sur l'agriculture et ses privilèges renouvelés en 1749 et 1753. Mais ceci était plus le résultat des pressions des éleveurs, très influents, que le reflet d'une conjoncture favorable. Au contraire, dès le milieu du siècle, le rendement de l'agriculture dépassait celui de l'élevage et la montée de prix favorisait l'élevage sédentaire, tandis que la laine de la *Mesta* rencontrait les plus grandes difficultés à l'étranger. Une série de mesures (lois de 1758 supprimant l'impôt de *servicio y montazgo*, de 1779 puis de 1788 sur les clôtures, de 1786 abolissant le droit de possession et e régime des tarifs, et de 1796 supprimant les *alcaldes entregadores*, défenseurs des intérêts de la *Mesta* face aux paysans, et transférant leurs compétences aux *corrégidores* et aux *alcaldes mayores*) allait sérieusement entamer les privilèges de l'association qui gênaient tant le développement de l'agriculture, surtout en Extrémadure et en Nouvelle-Castille, mais les pouvoirs n'osèrent pas démanteler complètement l'institution.

❑ ***L'impossible réforme agraire.*** La politique agraire des Bourbons n'affecta que la propriété patrimoniale de la couronne et la propriété communale. La propriété ecclésiastique et nobiliaire (la première en quantité mais aussi en qualité) demeura inchangée. A la fin du siècle, 67,3 % de la propriété agraire était entre les mains des privilégiés (50,9 % pour la noblesse contre 16,4 % pour l'Église), autrement dit, plus des deux tiers des terres se trouvaient exclus du marché des biens, puisqu'il s'agissait soit de biens de mainmorte soit de biens *vinculados**, c'est-à-dire inaliénables (les majorats étaient en effet perpétuels, indivisibles, inaliénables). L'impossibilité pour les réformateurs de remettre en question les fondements mêmes de la société d'ordres afin de définir un nouveau régime de propriété agraire qui mît sur le marché libre la terre des groupes privilégiés constitue sans aucun doute la grande limite du « réformisme éclairé ».

C'est durant les difficiles années 1760, marquées par une série de mauvaises récoltes, la libération des prix des céréales et la rébellion d'Esquilache, que les réformateurs entreprirent de diagnostiquer les maux dont souffrait l'agriculture en dressant un *Expediente General* sur les problèmes agraires. Publié partiellement en 1774, objet d'un rapport célèbre de Jovellanos (*Informe sobre la ley agraria*, écrit en 1794 et publié un an plus tard), ce document synthétise avec objectivité les résultats d'une immense enquête fort scrupuleuse dont voici les conclusions essentielles : l'agriculture souffrait de l'insuffisance de terres mises à la disposition des cultivateurs, de la hausse des affermages, de la prolifération des sous-affermages, du morcellement croissant des propriétés familiales, de la pratique de plus en plus généralisée de l'expulsion des fermiers, de l'immobilisation, enfin, d'importantes surfaces cultivables en raison des privilèges de la *Mesta*.

Fonder la croissance agricole sur la seule extension des surfaces cultivables paraissait, à juste titre, insuffisant. Il fallait trouver de nouvelles solutions. Celles-ci furent de deux sortes :

— *La solution technocratique* consista à diffuser les nouvelles connaissances agronomiques par le moyen de traductions de traités étrangers et en utilisant les Sociétés économiques des Amis du Pays (nous en reparlerons) dont les différentes Sociétés agraires étaient l'émanation, telle l'*Academia de Agricultura* créée à Lérida en 1764, ou celle de La Corogne, fondée l'année suivante.

— *La solution législative*, de loin la plus importante, visait à doter le pays d'un nouveau cadre juridique et administratif qui, tout en préservant les intérêts des oligarchies terriennes, supprimerait les grands défauts structurels du système agraire espagnol. De là l'ambiguïté et le caractère hésitant de la politique suivie, et la complexité des facteurs pris en compte dans la fameuse polémique sur la réforme agraire qui, selon des modalités propres à chaque époque successive, a survécu jusqu'à nos jours. Ainsi, le projet de colonisation de la Sierra Morena, dont nous avons parlé, prétendait trouver une solution au manque de terres cultivables sans toucher à la répartition de la propriété andalouse qui pourtant demandait une urgente révision. De même, la timide tentative de réforme agraire consistant à privatiser les terres communales (lois de 1766-1770) selon des modalités d'accès à la propriété pour les paysans somme toute raisonnables, se solda dans biens des cas par l'accroissement de l'extension des grandes propriétés. La législation sur les affermages fut contradictoire, tantôt défendant les intérêts des propriétaires (loi du 26 mai 1770 permettant à ces derniers de fixer librement la rente et de congédier les fermiers sous certaines conditions), tantôt ceux des fermiers (lois du 6 décembre 1785 et du 8 septembre 1794 interdisant les expulsions de fermiers outillés travaillant effectivement la terre), sans réussir à contenter aucun des deux partis. Enfin, la politique à l'endroit de la *Mesta*, nous l'avons vu, ne fut pas exempte d'ambiguïtés non plus. Demeurent à l'actif des réformistes la politique de grands travaux hydrauliques en faveur de l'irrigation (par exemple la Canal Imperial de Aragón, 1768-1778, ou le barrage de Lorca, 1785-1791) et la loi du 11 juillet 1765 libéralisant le prix et le commerce des grains, mesure qui représente, selon les mots de Vicens Vives, « une des pièces fondamentales de la première expansion économique castillane contemporaine ».

Les autres secteurs d'activité

❑ ***L'industrie.*** Le panorama industriel de l'Espagne du XVIIIe siècle n'est guère enthousiasmant, le secteur textile catalan mis à part. Le naufrage du XVIIe siècle n'avait laissé subsister que de rares zones industrielles profondément ruralisées, à la production de mauvaise qualité et bon marché, les deux exceptions notables étant la soie de Valence et ce qu'il restait de l'industrie du drap à Ségovie. Le retard était trop grand, le pays trop arriéré pour que le machinisme pût s'y développer. De fait, et d'une manière générale, l'Espagne resta à l'écart de la révolution industrielle, à l'exception de la Catalogne du dernier tiers du siècle, aux chefs d'entreprise voyageurs et importateurs de nouveautés qui firent adapter dès 1780 les machines à filer de Highs et introduisirent la machine à vapeur en 1790.

Afin de relever de ses ruines la couronne de Castille, l'État bourbon, appliquant les vieilles idées du colbertisme, se lança dans une ambitieuse politique de manufactures royales qui mettait à contribution les deniers publics et le capital de la noblesse castillane. Ces entreprises correspondaient à des objectifs différents. Les unes (tapis de Madrid, verreries de San Ildefonso) visaient à maintenir la tradition de l'artisanat de luxe et devaient fournir les nouvelles demeures royales. D'autres correspondaient à des impératifs militaires, telle la manufacture d'armes du Ferrol, ou aux monopoles du ministère des Finances (fabrique de tabacs de Séville, par exemple). D'autres enfin prétendaient combler un vide industriel en créant des pôles de développement fondés sur l'activité d'équipes pilotes : manufactures de soie de Talavera de la Reina, de drap à La Granja, à San Fernando, à Brihuega et surtout à Guadalajara. Ces entreprises textiles, dont nous ne pouvons pas retracer la lamentable histoire, s'avérèrent non rentables dès l'origine et finirent par être liquidées après avoir englouti des sommes colossales en provenance du Trésor public. Signalons, à titre d'illustration, que l'État investit en pure perte dans ses filatures 7 millions de réaux annuels entre 1767 et 1784, date à laquelle il ne subsista plus que le centre de Guadalajara, qui ferma ses portes en 1808. L'échec fracassant des entreprises publiques ne rend que plus symptomatique la spectaculaire réussite de l'initiative privée en Catalogne.

A la fin du XVIIIe siècle, le secteur drapier traditionnel offrait un spectacle peu réjouissant : dispersion, outillage et système de production archaïques, faible production, qualité moins que médiocre. Seule industrie classique à ne pas sombrer dans la dépression, la soie connut à Valence un essor prodigieux. Alors qu'à partir des années 1730 l'activité murcienne et grenadine déclinait irrémédiablement, on tissait à Valence 600 000 livres de soie par an, le nombre de métiers passant de 2 500 en 1724 à quelque 4 500 en 1787. Néanmoins, d'après les chiffres donnés par Vicens Vives, la production dépassait de beaucoup les capacités de transformation intérieure et les Français et les Italiens en exportaient une bonne partie. En 1750, par exemple, la production nationale de soie s'élevait à 1 150 000 livres et le pays comptait 4 450 métiers à tisser alors qu'il en eût fallu 7 000 pour absorber toute cette matière première.

C'est l'industrie cotonnière catalane qui allait constituer la véritable révolution de la seconde moitié du siècle et faire de la principauté le phare économique du siècle suivant. L'essor catalan fut sans aucun doute favorisé par les mesures protectionnistes dictées par la couronne. Il s'agit, pour l'essentiel, des lois de 1717 et de 1718 interdisant l'importation de tissus en provenance de l'Asie, puis de 1728 mentionnant précisément les pièces de coton africaines et asiatiques ainsi que celles imitées en Europe ; néanmoins, l'introduction de coton brut de Malte fut permise. Ces dispositions furent abrogées par Charles III en 1760, au grand dam des industriels du coton. Mais dix ans plus tard ils obtinrent gain de cause, le décret libre-échangiste ayant eu des effets néfastes et la couronne désirant développer la culture du coton dans les colonies américaines : la loi du 14 septembre 1771 fixait un cadre légal protectionniste définitif et portait un coup terrible aux commerçants anglais établis à Cadix. Les industriels catalans s'engagèrent en contrepartie à utiliser le coton colonial. C'est dans ce dessein que fut fondée l'année suivante la *Compañía Catalana de Hilados de Algodón*, qui finit par échouer.

Mais la réussite catalane, ainsi que l'a montré Pierre Vilar, s'explique avant tout par la reconversion du capital commercial accumulé grâce, en particulier, au commerce des produits agricoles (le vin en tout premier lieu) en capital industriel : les Catalans, voyant dès le milieu du siècle diminuer leurs bénéfices commerciaux, optèrent pour l'investissement dans l'industrie textile cotonnière. L'entreprise d'Esteban Canals, certainement le premier centre industriel moderne espagnol, fonctionnait dès avant 1738. Cependant, le véritable développement des filatures et du tissage date des années 1760. A la fin du siècle, l'industrie catalane d'indiennes employait quelque 100 000 ouvriers, des femmes pour les deux tiers, répartis dans plus de 3 000 établissements.

❑ ***Le commerce.*** Le XVIIIe siècle fut, selon l'affirmation de Pierre Vilar, un grand siècle colonial, malgré la fraude et les inconvénients du système des monopoles. L'essor général du commerce fut favorisé par la création de la *Junta General de Comercio*, apparue de façon sporadique à partir de 1679, pleinement instituée en 1705, avec son réseau local de *Juntas Particulares de Comercio*, par la suppression des douanes intérieures (1714 et 1717) et par l'abolition du vieux monopole de la *Casa de Contratación* sur le commerce américain (1778). L'entreprise coloniale fut renforcée dès le début du siècle par de nouvelles mesures (création de la *Secretaría de Despacho de Marina e Indias* en 1714, transfert de la *Casa de Contratación* à Cadix en 1717, projet de *Galeones y Flotas*, de 1720). Contribuèrent également à l'essor du commerce le développement de la marine marchande, la politique active de travaux publics (routes, canaux et ports) et la constitution de compagnies de commerce.

La politique douanière revêtit un caractère clairement protectionniste, certes atténué par des relents libre-échangistes vers le milieu du siècle, mais fortement réaffirmé par l'important *Arancel de 1782* qui resterait en vigueur jusqu'au début du XIXe siècle et qui portait le niveau des taxes à l'importation à 15-30 % (celui-ci oscillait auparavant entre 5 et 15 %).

Avant l'établissement de la liberté de commerce en 1778, ce fut le règne des Compagnies privilégiées jouissant de monopoles particuliers, inspirées de la pratique hollandaise et anglaise et destinées à combattre la contrebande dans les zones sensibles ou mal contrôlées par les Flottes. Elles furent nombreuses et à la fortune diverse : *Compañía de Honduras*, 1714 ; *de Caracas*, 1728 ; *de Filipinas*, 1733 ; *de Galicia*, 1734 ; *de La Habana*, 1740 ; *de Barcelona*, 1755. Cette dernière compagnie consacrait de longues années d'efforts de la part des Catalans pour mettre un pied dans le commerce des Indes où ils joueraient un rôle important après le décret de 1778.

Mais la plus puissante de toutes fut celle des *Cinco Gremios Mayores de Madrid*. Cette association des cinq corporations commerciales les plus puissantes de la capitale qui fonctionnait aussi, nous le verrons, comme une banque, fonda en 1763 la *Compañía General y de Comercio de los Cinco Gremios Mayores de Madrid*, au capital de 15 millions de réaux. En 1777, elle comptait 375 associés et représentait un capital de 210 millions de réaux. A titre de comparaison, durant les années 1760, à Bilbao, les 22 compagnies commerciales existantes totalisaient un capital de 22,4 millions de réaux...

A la fin du XVIIIe siècle, l'Amérique représentait la moitié du commerce extérieur espagnol et les produits agricoles, le tiers des exportations vers le Nouveau Monde. En 1792, 87 % des importations provenaient de l'Amérique continentale, ainsi que 92 % de l'argent américain. Dès lors on peut concevoir ce qu'allait supposer la perte des colonies continentales.

❑ ***Le secteur financier.*** Rompant avec le style de l'époque précédente, le XVIIIe siècle chercha à l'intérieur des organismes capables de prêter de l'argent à l'État. Au premier rang de ceux-ci figurent les *Cinco Gremios Mayores de Madrid* que nous avons déjà rencontrés. Depuis 1679, les différentes corporations professionnelles madrilènes s'étaient unies (elles étaient au nombre de 56 en 1700, de 62 vingt-cinq ans plus tard) et affermaient les *tercias* et *alcabalas* de la capitale. A partir de 1707 elles se mirent à avancer régulièrement de l'argent au Trésor public. L'importance des prêts consentis les obligea à agrandir leur capital en acceptant des dépôts de particuliers. En 1734, les cinq plus puissantes corporations de marchands créèrent l'association indépendante des *Cinco Gremios Mayores* qui prit en charge non seulement les *tercias* et *alcabalas*, mais aussi le *servicio*, tant *ordinario* qu'*extraordinario*, tout en offrant à l'État un crédit de 9 millions de réaux à 8 %, taux qui serait baissé à 6 % en 1741 et à 5 % à une date ultérieure. Les *Cinco Gremios* fonctionnèrent comme une banque de dépôts, de prêts et d'investissements et devinrent rapidement l'institution financière la plus puissante d'Espagne. Parmi ses actionnaires, l'on note la présence accrue de riches négociants de Santander ou du Pays Basque qui finiront par entrer dans le comité directeur. Loin d'être neutre politiquement, l'association des *Cinco Gremios* se rangea du côté des adversaires des réformateurs « éclairés » et constitua un solide appui à l'opposition réactionnaire, ce qui explique sans doute l'intérêt porté par les premiers à la création d'une banque d'État susceptible de réduire l'influence de la puissante association.

Ils y parvinrent en 1782. Tout militait en faveur d'une telle institution : l'exemple de l'étranger, le besoin qu'avait l'État de se doter d'un instrument de régulation du crédit public et des liquidités, la mauvaise situation des finances en raison de la guerre contre l'Angleterre. Mais le cheminement fut long. Déjà le marquis de la Ensenada avait créé en 1750 le *Real Giro* qui, après des débuts prometteurs, sombra avec son créateur. En 1762, Bernardo Ward avait lancé l'idée d'une banque nationale dont la mission aurait consisté à aspirer l'épargne improductive au service d'un vaste plan de relance économique. En 1780, l'État émit une nouvelle forme de dette publique, les *vales reales**, garantis par un prêt de 9 millions de réaux consenti par Francisco Cabarrús, un Français ami des réformateurs qui s'était enrichi en Espagne où il résidait. L'année suivante, à l'occasion d'une nouvelle émission de dette qui déprécia les premiers *vales*, Cabarrús présenta au comte de Floridablanca un projet de création d'une entité publique pouvant intervenir dans le marché de ces bons afin d'en régler le cours. L'année suivante naissait le *Banco de San Carlos*, le premier ancêtre du *Banco de España*.

LE NOUVEL ESPRIT « ÉCLAIRÉ »

L'essor économique qu'on vient de décrire sommairement ne fut possible que grâce à l'intervention politique de secteurs réformateurs avancés qui nous sont actuellement assez bien connus. Ces tenants du despotisme éclairé furent pour la plupart des privilégiés et des politiques, des hommes d'État plutôt que des « philosophes ». Leurs écrits et leur action se fondaient sur un constat précis du retard de l'Espagne et sur une volonté affirmée de modernisation qui justifiait le recours aux idées extérieures. L'on y trouve reflétés les grands thèmes de la nouvelle pensée européenne : influence des physiocrates, croyance en la vertu de l'éducation populaire, nécessité de s'appuyer sur le pouvoir absolu du Prince pour mener à bien les réformes.

Leur originalité résiderait plutôt dans leur modération et dans leur attachement sincère, à de rares exceptions près, aux valeurs du catholicisme national, mais d'un catholicisme débarrassé des oripeaux « baroques », des excès de la religiosité populaire et de la domination d'un clergé obscurantiste et ultramontain. En somme, les « Lumières », en Espagne, ce fut une rénovation culturelle menée par une minorité attelée à la difficile tâche de trouver une voie moyenne entre le réformisme à outrance et l'immobilisme traditionnel.

Les réformateurs

❑ ***Les éléments progressistes.*** Les réformateurs, comme du reste leurs détracteurs, ne constituèrent pas un groupe homogène et structuré, encore moins un « parti politique », terme qui ne veut rien dire dans le contexte des luttes pour le pouvoir dans l'Espagne du XVIIIe siècle. Ni l'Église, ni la noblesse, ni la naissante bourgeoisie périphérique ne présentaient de véritable cohésion interne. Les réformateurs, c'est d'abord une minorité que rassemble une volonté commune de changement devant conduire à la disparition de la superstition, de l'ignorance, de l'immobilisme conformiste. Connus sous le nom de « *golillas** », ces hommes, aux affinités intellectuelles évidentes, étaient passés par l'Université et étaient issus de la petite ou de la moyenne noblesse et de la bourgeoisie. Mais leur formation résultait avant tout de lectures, de voyages et de débats dans certains cénacles : formation quelque peu anarchique et boulimique, en tout cas progressive. Leur idéal, c'était l'avènement d'une cité nouvelle qui placerait en son centre, à côté de la foi, les valeurs de tolérance et de progrès. Les moyens : le recours à une pédagogie efficacement orientée, la connaissance de l'étranger, la diffusion de la culture scientifique, l'application des principes dont dépend, à travers l'agriculture, l'industrie et le commerce, la prospérité des nations et pour finir, la clé de voûte, la croyance en un État qui appliquerait les réformes. C'est ce qu'on a depuis longtemps appelé, non à tort, « l'utopie des Lumières ».

L'on a coutume de distinguer, parmi les réformateurs, trois courants, ou tendances. Certains esprits, très minoritaires, adoptèrent des positions extrêmes et furent déistes, encyclopédistes et ultra-réformateurs. Tel fut le cas du comte d'Aranda, par ailleurs franc-maçon, et de ses amis. A l'opposé, les « réformateurs traditionnels » affichaient, à l'instar d'Andrés Piquer, une posture très modérée. Entre les deux se trouvait le groupe des « chrétiens éclairés », de loin le plus influent, avec des hommes tels que Campomanes, Floridablanca ou Jovellanos.

Bien que la noblesse, en tant que groupe social de privilégiés, se sentît menacée par les réformes et tentât par tous les moyens de s'y opposer, certains de ses représentants sympathisèrent avec les idées nouvelles et contribuèrent à l'effort de redressement du pays. Il y eut des grands d'Espagne et des titrés, tels le duc d'Albe, un des premiers patrimoines fonciers du royaume, défenseur de l'Encyclopédie, ou le duc de l'Infantado, qui essaya de réformer l'agriculture dans ses domaines, ou le comte de Peñaflorida, fondateur de l'importante Société basque des Amis du Pays, ou encore le comte d'Aranda, déjà cité. Mais la participation la plus significative de la noblesse au mouvement réformiste provint des rangs des *caballeros* et des *hidalgos* du Nord de la péninsule, gens riches pour la plupart, ayant reçu une solide formation intellectuelle, connaissant l'étranger et ouverts aux idées de bonheur dans le progrès, venues de France et d'Angleterre : Campomanes et Jovellenos dans les Asturies, Floridablanca dans la Rioja, Assó en Aragon, Capmany en Catalogne.

Cependant, ce fut la bourgeoisie périphérique (celles de Barcelone et Cadix en tête, suivies de Valence, La Corogne, Malaga, Gijón et Bilbao) et madrilène (mais la capitale constitue un cas particulier), bourgeoisie directement concernée par le programme des réformateurs, qui fournit l'essentiel des rangs progressistes et sut exercer sur le pouvoir les pressions nécessaires visant à orienter la politique économique. L'essor de cette bourgeoisie marchande et industrielle fut en quelque sorte officiellement consacré par le décret royal du 18 mars 1783 : il permettait d'accéder à la noblesse malgré l'exercice d'un métier et tout particulièrement si le postulant démontrait que dans sa famille on se consacrait « honorablement depuis trois générations au commerce ou aux manufactures avec des progrès notables et utiles à l'État ».

❑ ***Les « jansénistes ».*** L'Église, en dépit de son engagement aux côtés de la réaction (nous allons y venir), ne demeura pas complètement étrangère au nouvel esprit réformateur. Il y eut en Espagne un clergé « éclairé », des évêques qui participèrent activement aux travaux des Sociétés économiques des Amis du Pays, qui soutinrent la politique religieuse de la monarchie contre Rome — le régalisme — et s'opposèrent aux manifestations excessives de religiosité populaire prônées par certains ordres. Le mouvement réformateur au sein de l'Église fut appelé « jansénisme espagnol », courant qui pour lors ne gardait que peu de parenté avec les controverses sur la grâce qui l'avaient suscité au siècle antérieur, mais qu'on ne saurait pour autant réduire à sa seule dimension politique régaliste. Les jésuites, pour leur part, ajoutèrent à la confusion en taxant de jansénistes tous les adversaires de Rome, plus ou moins proches du nouvel esprit philosophique. En réalité, le jansénisme espagnol, ensemble de courants, de postures ou d'attitudes difficiles à définir avec précision dans bien des cas, essaya d'élaborer une réflexion cohérente, à la fois théologique et politique, tendant à définir dans le siècle les fondements d'une philosophie chrétienne (et dans ce sens plusieurs auteurs ont parlé de « retour à un certain érasmisme ») en accord avec une politique chrétienne.

❑ ***Les Sociétés économiques des Amis du Pays*** (*Sociedades Éconómicas de Amigos del País*). Elles furent le fer de lance des réformes en Espagne. La première fut la *Sociedad Vasca de Amigos del País*, fondée en 1765 par le comte de Peñaflorida, esprit extrêmement ouvert aux courants de pensée européens. Cette société n'était que le prolongement et l'officialisation d'une pratique de réunions entre certains nobles et certains ecclésiastiques soucieux de l'intérêt public qui se tenaient dès 1748 à Azcoitia (Guipúzcoa). Essentiellement préoccupés par les problèmes économiques et par la formation technique des jeunes, les membres de la Société basque élaborèrent un programme qu'on peut résumer comme suit :

— étudier scientifiquement l'économie politique ;
— centraliser l'information sur l'état et les besoins de l'économie du pays ;
— introduire et diffuser les progrès techniques ;
— chasser les produits étrangers et faire intervenir l'État.

A son actif on citera la création du *Real Seminario Patriótico Vasco* (1776) où l'on dispensa des cours de chimie et de métallurgie, de la *Real Escuela de Metalurgia*, les campagnes en faveur de l'inoculation contre la variole (1771).

La société réussit rapidement à rassembler les élites avancées du pays autour des idées de réforme et de progrès et, chose incroyable, parvint à faire participer à la vie active une bonne partie de la haute noblesse provinciale. Forte de 41 membres en 1766, la Société basque des Amis du Pays en comptait 400 en 1773 (47 dans le Pays Basque, 159 dans le reste de l'Espagne, les autres dans les dépendances américaines et en Europe) et dépassait le millier en 1776.

Le texte de l'approbation royale de 1765 rendait hommage aux fondateurs en ces termes : « Ces messieurs des trois provinces basques agissent en parfait accord avec les maximes que Sa Majesté tente de diffuser dans ses royaumes pour le progrès des sciences et des arts. Sa Majesté souhaite qu'ils soient imités par les gentilshommes des autres provinces en créant, à l'instar de la noblesse basque, des établissements si utiles pour la gloire de l'État. »

Le pouvoir vit en effet dans cette Société un instrument si bien adapté à sa politique de réformes que Campomanes ordonna, en 1774, la création dans tout le pays d'institutions analogues. Les premières à naître furent celles de Cadix et de Baeza. En 1775 étaient fondées celles de Madrid, de Soria, de Séville, de Grenade et de Vera de Almería. Durant les années qui suivirent il s'en créa une soixantaine dans les principales villes de la Péninsule, sans compter celles d'outre-mer. En 1804, il y en avait 74 en Espagne. Seule exception notable, la ville de Barcelone ne compta pas de Société économique avant 1835. C'est qu'elle avait depuis 1758 sa fameuse *Junta de Comercio* où la bourgeoisie catalane s'était investie tout entière et qui joua un rôle économique, scientifique et culturel fondamental.

C'est en tant que centres d'enseignement public que les Sociétés économiques des Amis du Pays accomplirent leur tâche la plus importante, en développant, en particulier, l'enseignement technique (mécanique, tissage, agriculture, etc.) et celui de l'économie politique (la première chaire d'Économie fut créée par la Société de Saragosse en 1784). Outre la préoccupation pour l'enseignement, six de ces Sociétés (celles de Madrid, de Saragosse, de Valence, de Ségovie, de Séville et de Palma) menèrent une activité éditoriale d'un grand intérêt : elles publièrent, sous le titre de *Memorias* ou d'*Informes*, les travaux de leurs membres ou les dissertations primées aux concours qu'elles organisaient. Cette abondante littérature économique et politique, d'inégale valeur, certes, constitue néanmoins l'inventaire le plus éloquent des objectifs et des aspirations de la minorité réformatrice.

Dirigées par des membres de la noblesse et de la riche bourgeoisie, en étroite collaboration avec certains ecclésiastiques (c'était le vœu explicite de Campomanes), les Sociétés économiques réalisèrent, dans le domaine qui leur était propre et selon leurs modalités particulières, l'idée de mettre les élites à l'ouvrage pour contribuer au bonheur du peuple, chère aux réformateurs.

L'opposition réactionnaire

❑ ***Les milieux traditionalistes.*** L'importance de l'opposition réactionnaire vint moins de l'acuité de ses vues, de la nouveauté de sa pensée ou de son art de persuader, que de son assise sociale et de son pouvoir réel dans le pays.

Le groupe politique d'opposants aux réformes (avec toutes les restrictions que nous avons formulées à propos d'une telle expression) était désigné à l'époque par le terme de « *colegiales* », autrement dit, les anciens élèves des fameux *Colegios Mayores* attachés aux universités d'Alcalá, de Salamanque et de Valladolid. Ces établissements qui avaient joué, ainsi que nous l'avons signalé, un si grand rôle dans la formation du groupe des *letrados* entre les années 1520 et les années 1620, avaient dès l'époque de Philippe IV été pris d'assaut par la noblesse. Au XVIIIe siècle, ils étaient devenus des centres très fermés, exclusivement réservés à la haute aristocratie.

Mais la réaction traditionaliste reposait essentiellement sur l'Église, farouchement opposée à la volonté affichée des réformateurs de séculariser la culture et le pouvoir en Espagne. L'Église tenait à conserver une position hégémonique qu'elle détenait depuis des siècles et que tout semblait devoir lui garantir : son pouvoir économique, son insertion privilégiée dans le système du pouvoir politique, la possession d'un appareil répressif intégré à celui de l'État mais néanmoins autonome (l'Inquisition), son pouvoir sur la société civile grâce au contrôle exclusif qu'elle exerçait sur les consciences.

❑ ***La pensée réactionnaire.*** Remarquable surtout par la violence de son ton et par son étroitesse d'esprit, la pensée réactionnaire ne brilla pas par son originalité, se contentant de réactiver de vieux mythes et de vieilles hantises : la grandeur passée de l'Espagne, la sainteté des préceptes tridentins, l'inspiration diabolique du rationalisme critique. L'on en trouvera l'arsenal complet dans les six premiers volumes de *La fausse philosophie, ou encore l'athéisme, le déisme, le matérialisme et les autres nouvelles sectes convaincues de crime d'État...*, (*La falsa filosofía, o el ateísmo, deísmo, materialismo y demás nuevas sectas convencidas de crimen de Estado...*) du hiéronymite Fernando de Zevallos y Mier (1775) qui ne put achever d'imprimer son œuvre car le Conseil de Castille préféra réduire au silence un si ardent défenseur de la soumission du pouvoir à l'Église.

L'histoire est l'œuvre de Dieu et l'homme n'a d'autre liberté que l'accomplissement de la volonté de Dieu. Les réformateurs inspirés par la nouvelle philosophie sont l'instrument des forces du mal et le pouvoir politique a pour mission de châtier ces fauteurs de la destruction de l'ordre social qui est un ordre sacré, voulu par Dieu. C'est dans une telle mission répressive que l'Inquisition, symbole de l'union du pouvoir temporel et du pouvoir spirituel à l'heure de châtier, trouve sa justification surnaturelle. Châtier, mais de manière implacable. Saint Paul approuve l'usage de l'épée tout comme Tertulien et saint Augustin l'envoi de milices contre les hérétiques. C'est ainsi que Beccaria (1738-1794) est voué aux gémonies et son traité *Des délits et des peines* taxé de libelle pernicieux inspiré par les philosophes pour désarmer la juste répression qui les attend. Les ministres de Dieu ont un droit absolu de vie et de mort sur leurs sujets. « Dieu ne doit à aucune créature la vie qu'Il lui a donnée » (Zevallos). La torture est nécessaire car sans elle « la liberté de pécher n'en devient que plus grande et plus répandue », comme l'indique le chanoine Pedro de Castro dans sa *Defensa de la tortura y leyes patrias que la establecieron* (1772).

Le rempart philosophique que les apologistes du traditionalisme entendaient dresser contre le rationalisme critique n'était autre que la poussiéreuse scolastique, ou ce qu'elle était devenue en Espagne, défendue avec véhémence par le P. Francisco Alvarado dans ses incroyables *Cartas de Aristóteles* (1786) où il couvre de railleries des esprits tels que Descartes, Malebranche, Gassendi ou Newton. Ce dominicain, dont l'œuvre jouissait encore au début du XIXe siècle d'une large diffusion parmi les gens d'Église, allait devenir célèbre sous le nom de Filósofo Rancio (Philosophe à l'ancienne) dans sa lutte contre les constitutionnalistes de Cadix.

❑ ***Les jésuites.*** Les fils de saint Ignace, si bien en cour durant plus d'un siècle, passèrent du gouvernement à l'opposition et finirent par être expulsés en 1767, après qu'ils l'eurent été du Portugal (1759) et que l'ordre eut été interdit en France (1764). Chefs de file de l'opposition réactionnaire, tenants, aux côtés de l'Inquisition, d'un ultramontanisme radical très mal vu dans les sphères du pouvoir, les hommes de la Compagnie étaient devenus le symbole de la résistance aux idées nouvelles, au point qu'on appelait jésuites, non seulement les membres de l'ordre, mais aussi la noblesse traditionaliste des *Colegios Mayores* et les adversaires des réformes quels qu'ils fussent.

Selon les termes de Joan Reglà, auxquels nous souscrivons, l'expulsion de 1767 doit être en grande partie comprise comme la première manifestation de la lutte entre l'Église et l'État pour le contrôle de l'éducation de la jeunesse. Les hommes de Charles III (roi d'Espagne de 1759 à 1788) concevaient l'éducation comme un service public, c'est pourquoi l'affectation des biens des jésuites expulsés à la création d'écoles primaires dans tout le pays avait valeur de manifeste.

LA FAILLITE DU RÉGIME

Le XVIIIe siècle représente pour les hispanistes un déchirement, au même titre que la révolution antibourgeoise des Trastamare au Moyen Age, que la fermeture de l'Espagne après 1560, ou, plus près de nous, la guerre civile : voir échouer tant d'efforts, sombrer l'acquis de toute une génération intelligente. Point n'est besoin d'évoquer on ne sait quelle fatalité qui aurait imprimé à l'histoire d'Espagne son rythme spasmodique fait d'élans prometteurs et de chutes vertigineuses alors qu'on peut avancer des raisons historiques.

Trajectoire d'un siècle prometteur

Pour revenir au XVIIIe siècle, il est certain, ainsi que l'a souligné Pierre Vilar, que l'œuvre à accomplir était trop grande et les réformes, trop modérées, ou plus exactement, qu'au regard de l'immensité de la tâche, les résultats dénotent une tragique timidité, timidité qui fut à l'origine de l'échec de bien des mesures. Les réformateurs échouèrent dans leur projet de création d'une grande agriculture andalouse. Ils ne parvinrent pas davantage à doter la Castille d'une industrie compétitive. Demeure la brillante croissance des régions périphériques : la fortune de Cadix, l'essor du Pays Basque et l'extraordinaire réussite catalane.

La politique étrangère fut marquée par les pactes de Famille scellant l'alliance « naturelle » entre les Bourbons de France et ceux d'Espagne contre l'Angleterre, la grande rivale sur les mers. Sous le règne de Charles IV (1788-1808), la diplomatie espagnole fut prise dans un dilemme insoluble : l'alliance idéologique avec l'Europe légitimiste (ce qui supposait de se livrer à l'Angleterre) ou le soutien à la France révolutionnaire (et donc la guerre avec l'Angleterre). Après avoir opté pour la première solution, Charles IV renversa ses alliances en 1796 afin d'appuyer le Directoire puis la politique de Napoléon. Le pays fut de la sorte entraîné dans deux guerres avec l'Angleterre (1797-1801 et 1804-1808) aux résultats catastrophiques : la perte de la flotte à Trafalgar (1805), l'intervention napoléonienne dans la Péninsule et la guerre d'Indépendance, pour ne pas parler de l'émancipation des colonies.

Les pactes de Famille

❑ ***Philippe V et les deux premiers pactes.*** Par le premier pacte de Famille (traité franco-espagnol de *El Escorial*, 7 novembre 1733), l'Espagne entrait dans la guerre de succession de Pologne aux côtés de la France, contre l'Autriche et la Russie. Cela lui permit d'occuper Naples et la Sicile qui devint le royaume des Deux Siciles à la tête duquel fut placé le fils aîné de Philippe V et d'Isabelle Farnèse, Charles (le futur Charles III). Au traité de Vienne (1738), celui-ci conserva le royaume, devenu indépendant. Isabelle Farnèse avait ainsi établi son premier fils, mais le second, le prince Philippe, n'avait toujours rien car Parme, Milan et la Toscane, restaient liés à l'Empire. D'autre part, le coût économique de la manœuvre avait été énorme pour l'Espagne et le régime en sortait fort déconsidéré à l'intérieur.

La volonté d'Isabelle Farnèse d'établir son cadet, ainsi que l'antagonisme hispano-anglais au sujet des colonies (les deux pays finirent par entrer en guerre en 1739), entraînèrent la signature du second pacte de Famille (traité de Fontainebleau du 25 octobre 1743), à l'occasion de la guerre de succession d'Autriche qui opposait l'alliance austro-anglaise à l'alliance franco-prussienne. L'Espagne entrait en guerre aux côtés de cette dernière et la France s'engageait à lutter pour que le fils d'Isabelle Farnèse obtînt Milan, Mantoue, Parme et Plaisance. Mais à la mort de Philippe V, survenue brutalement le 9 juillet 1746, son successeur, Ferdinand VI, déçu par l'attitude de la France et peu désireux de poursuivre une guerre qui n'était motivée que par les intérêts de son demi-frère Philippe, choisit de se retirer du conflit et signa le traité d'Aix-la-Chapelle (1748) aux termes duquel Naples restait à Charles et Philippe se voyait attribuer les duchés de Parme, de Plaisance et de Guastalla.

❑ ***Neutralité et retour aux pactes.*** Ferdinand VI, fils de Philippe V et de Marie-Louise de Savoie, régna de 1746 à 1759 et, proclamant la neutralité de l'Espagne, s'attacha au redressement intérieur du pays, qui en avait bien besoin. Cependant, de grands événements avaient lieu en Europe. L'antagonisme terrestre austro-prussien et celui, maritime, entre la France et l'Angleterre, débouchaient sur la guerre de Sept Ans (1756-1763) qui avait été précédée d'un renversement des alliances (la France se trouvait désormais aux côtés de l'Autriche, et l'Angleterre s'entendait avec la Prusse). L'Espagne demeurait neutre alors que l'Angleterre s'emparait du Canada français, exerçant une pression grandissante sur les colonies espagnoles.

C'est ce qui détermina Charles III (qui avait renoncé au trône de Naples pour monter sur celui d'Espagne à la mort de son demi-frère Ferdinand VI en 1759), à entrer dans le conflit aux côtés de la France, contre l'Angleterre. C'était le troisième pacte de Famille, signé dans la capitale française le 13 août 1761. Mais le sort leur fut contraire et l'Espagne dut faire de fort onéreuses concessions à l'Angleterre lors du traité de Paris (1763). Malgré cet échec, Charles III demeura fidèle à l'alliance avec la France, persuadé qu'il n'y avait pas de meilleure alternative face à l'agressivité anglaise. Cette politique porta ses fruits à l'issue de la guerre d'indépendance des États-Unis : par le traité de Versailles (3 septembre 1783), l'Espagne récupérait la Floride, Minorque et la colonie du Sacramento (mais pas Gibraltar).

Charles III mourait le 14 décembre 1788. La politique étrangère espagnole, qui semblait avoir trouvé sa stabilité dans le troisième pacte de Famille, allait être bouleversée par la Révolution française.

Le règne de Charles IV (1788-1808)

❑ ***Un souverain médiocre.*** Charles IV fut un souverain extrêmement médiocre, le plus mauvais, sans aucun doute, du XVIIIe siècle hispanique, non qu'il fût beaucoup plus dépourvu de facultés que ses prédécesseurs, mais en raison des circonstances particulièrement délicates qui eussent demandé des qualités très exceptionnelles. Incapable d'exercer le pouvoir, uniquement préoccupé de chasse et de salut éternel (il était incroyablement dévot), il subit jusqu'à des limites peu concevables l'ascendant de sa femme, Marie Louise de Parme, passée à l'histoire comme intrigante et légère. C'est elle qui gouverna, autrement dit qui assura l'ascension de Godoy, son scandaleux favori, faisant régner à la cour un climat de corruption et de luttes de clans fort propice à saper l'autorité de la monarchie.

Le comte de Floridablanca, ministre tout-puissant sous Charles III, fut maintenu aux affaires. Réactionnaire parce qu'effrayé par les événements français et tenu de surcroît par la solidarité entre Bourbons de France et Bourbons d'Espagne, Floridablanca essaya par tous les moyens d'imperméabiliser le pays à toute influence révolutionnaire. Il fut cependant renversé en février 1792 par une révolution de palais et remplacé par une autre grande figure du règne précédent, le comte d'Aranda, qui ne servit que de tremplin à Godoy, nommé à sa place dès le mois de novembre de la même année. Il avait 25 ans. Consternation générale à la cour et dans l'opinion.

❑ ***Les renversements d'alliances.*** Godoy suivit la politique de soutien des légitimistes européens contre la Révolution et, dès l'exécution de Louis XVI, déclara la guerre à la France (21 janvier 1793), ce qui signifiait la solidarité avec la monarchie des Bourbons, mais aussi le renversement des alliances établies par Charles III. Cette guerre tourna mal pour l'Espagne : en 1795, les troupes ennemies avaient occupé Bilbao et Vitoria. Godoy signa le traité de Bâle (22 juillet 1795) comportant des concessions territoriales et commerciales.

Par un revirement subit, Godoy revint à la tradition des pactes de Famille et signa une alliance avec le Directoire (traité de San Ildefonso, 18 août 1796, renouvelé en 1800). Cette période d'entente avec la France « révolutionnaire » se traduisit en Espagne par un essor des courants libéraux et réformateurs « éclairés », Godoy tenant à apparaître comme l'aboutissement et le défenseur des idéaux des Lumières. Mais le changement d'alliance entraîna aussitôt le pays dans une guerre avec l'Angleterre qui se solda par la défaite navale du cap de San Vicente et, en Amérique, la perte de l'île de la Trinité (février 1797). Les revers répétés entraînèrent la chute de Godoy (28 mars 1798) qui resterait néanmoins très influent jusqu'en 1808.

L'étape finale fut marquée par la stratégie napoléonienne contre l'Angleterre. Paris et Londres étaient repartis dans la guerre en mai 1803 et l'Espagne, tenue par les accords de San Ildefonso, dut signer un « traité de neutralité » avec la France en vertu duquel elle s'engageait, entre autres choses, à fournir à cette dernière une aide financière conséquente. Ceci eut pour conséquence le déclenchement des hostilités entre l'Espagne et l'Angleterre (décembre 1804). La flotte espagnole fut engagée aux côtés de la française dans le projet impérial d'invasion des Iles Britanniques. Le 21 octobre 1805 elles furent anéanties par Nelson à Trafalgar. Pour l'Espagne, ce désastre signifiait l'écroulement de toutes les constructions fondées sur l'empire colonial et la fin de son existence en tant que puissance internationale.

❑ ***La satellisation de l'Espagne.*** Pour Napoléon, il fallait renoncer à la conquête militaire de l'Angleterre, mais pas à l'étouffement de cette dernière. Ce fut le projet du *blocus* continental qui comportait la neutralisation du Portugal, allié de Londres et importante tête de pont commerciale anglaise. Par le traité secret de Fontainebleau (27 octobre 1807), l'Espagne acceptait que les troupes françaises, auxquelles devaient se joindre des effectifs espagnols, traversent son territoire en direction du Portugal et le maréchal Junot passait bientôt les Pyrénées à la tête d'un corps d'armée. Le Portugal devait être démembré en trois tronçons, le plus méridional devant constituer un royaume dont Godoy prendrait la tête. Mais l'empereur, trahissant sa parole, décida l'occupation de toute la Péninsule, jugeant le pouvoir corrompu de Madrid, en proie à des luttes intestines, incapable de résistance. C'était oublier le peuple.

Les troupes françaises continuaient d'affluer et, le 20 février 1808, Murat était nommé lieutenant de l'empereur en Espagne. L'occupation successive des places fortes importantes (en particulier Barcelone et Pampelune), l'avancée des troupes vers la capitale et les rumeurs de fuite de la maison royale vers le Sud, créèrent une panique générale. Les 17 et 18 mars 1808, à Aranjuez où s'était installée la cour, un soulèvement populaire dirigé contre Godoy (mais manipulé par le fils de Charles IV, Ferdinand, ennemi du parti du favori) entraîna l'abdication du roi en faveur de son fils, devenu Ferdinand VII. Le 21 mars, Charles IV revenait sur sa décision. Murat entrait dans Madrid le 23. Napoléon décida alors d'attirer à Bayonne les deux rois en litige et le favori. Ils y arrivèrent entre le 20 et le 30 avril 1808. Le 2 mai, alors que le reste de la famille royale s'apprêtait à quitter la capitale pour les rejoindre, le peuple madrilène, rallié spontanément par des militaires, se souleva contre l'occupant, révolte durement réprimée le lendemain et immortalisée par Goya dans deux toiles conservées au musée du Prado dont la seconde, *Les exécutions de la Moncloa*, est universellement connue. L'héroïque geste du peuple de Madrid allait devenir un grand symbole et donnait le signal du soulèvement national, la guerre d'Indépendance.

Napoléon prit prétexte de ces troubles pour hâter à Bayonne l'abdication des deux rois père et fils, ce qu'il obtint. Son frère aîné Joseph Bonaparte, à qui il avait auparavant donné le trône de Naples, passa sur celui de Madrid sous le nom de Joseph Ier. C'était la fin de la monarchie espagnole d'Ancien Régime et le début d'une crise majeure, telle que le pays n'en avait pas connue depuis l'époque de la prise du pouvoir par les Rois Catholiques.

CONCLUSION : LES DÉSASTRES DE LA GUERRE ET LA RÉVOLUTION MANQUÉE

Les abdications de Bayonne furent assorties d'une Constitution proposée par Napoléon et approuvée, après révision, par une assemblée de notables espagnols réunie dans la capitale basque (7 juillet 1808). Joseph Ier mit en place le nouveau pouvoir avec le soutien du courant « *afrancesado* » (parti pro-français) et la collaboration des organismes centraux de l'État (Junte de gouvernement et Conseil de Castille notamment). Mais le geste du peuple de Madrid avait été aussitôt imité en province et, au cours du mois de mai 1808, on vit se constituer des Juntes insurrectionnelles assumant le pouvoir « patriote » contre le pouvoir « français » sur toute l'étendue du territoire national. Elles dépêchèrent immédiatement des émissaires à Londres afin de contracter une alliance offensive contre l'usurpateur et entamèrent des pourparlers dans le but de constituer une coordination nationale ou Junte centrale (*Junta Central*).

La guerre d'Indépendance espagnole fut la première des guerres de libération nationale que l'hégémonie napoléonienne devait déclencher en Europe (elle serait suivie de celles de Russie en 1812 et d'Allemagne en 1813). Elle se doubla de la première tentative de révolution bourgeoise, la « révolution libérale » qui se solderait par un échec en 1814 mais qui finirait par aboutir vingt ans plus tard (1832-1840). Elle devait entraîner également les guerres d'Émancipation des colonies américaines (1808-1824) dont le résultat serait, au terme d'un processus qu'il ne nous appartient pas d'étudier ici, l'instauration des États indépendants d'Amérique latine.

La guerre d'Indépendance fut essentiellement nationale et se caractérisa par la participation massive et spontanée de toutes les couches de la population à une entreprise de salut public à laquelle l'intervention fanatique des secteurs ultras donna des allures de nouvelle croisade, dirigée cette fois contre « l'athéisme révolutionnaire ». Ses formes spécifiques furent la *guerrilla* rurale et le soulèvement urbain suivi de la résistance héroïque au siège de l'ennemi dont le second siège de Saragosse (décembre 1808-février 1809) est l'exemple le plus terrifiant. Elle inspira à Goya une série d'eaux-fortes saisissantes dont le titre, *Les désastres de la guerre*, souligne clairement la visée universelle du propos de l'artiste.

L'on distingue traditionnellement trois phases dans la guerre d'Indépendance. La première correspond à l'échec de l'occupation militaire française que symbolise la victoire de Bailén (19 juillet 1808), le seul succès remporté par l'armée régulière espagnole durant toute la guerre qui, en effet, fut gagnée par les *guerrilleros* et par les Anglais. Cet échec entraîna l'intervention personnelle de l'empereur dans la Péninsule à la tête de la Grande Armée (8 novembre 1808), suivie de l'adoption de mesures « révolutionnaires » telles que la suppression des couvents (et la confiscation de leurs biens) ainsi que de la grandesse, mesures qui constituaient une grave erreur politique dans la mesure où elles donnaient raison aux pourfendeurs de l'athéisme très écoutés par un peuple fanatisé, dominé et crédule.

Le tour pris par les affaires européennes obligea l'empereur à quitter l'Espagne en janvier 1809 sans l'avoir conquise, mais où la situation semblait tourner à l'avantage des Français, comme le confirmerait la défaite espagnole d'Ocaña (19 novembre 1809). C'est la seconde phase, qui va jusqu'en 1812. Les Français restent bien implantés dans les territoires compris entre l'Èbre et les Pyrénées tandis que de l'autre côté de la Péninsule, le Portugal où se trouve l'armée anglaise commandée par Wellington depuis 1809, constitue la principale menace. Au sud, l'Andalousie résiste à la pression française. C'est à Séville que s'était réfugiée la Junte centrale chassée de Madrid par Napoléon et c'est à Cadix que se réuniraient les Cortès en 1810.

Le début de la troisième phase correspond à la campagne de Russie (juin-décembre 1812) et au désastre de la Grande Armée. L'offensive hispano-anglaise va, de victoire en victoire (Los Arapiles, 22 juillet 1812, Vitoria, 21 juin 1813, San Marcial, 31 août 1813), chasser l'occupant du sol national.

Il y avait dans le pays quatre forces en présence apparues à l'occasion de la guerre. Les *afrancesados*, élite « éclairée » (noblesse, haute Église, hauts fonctionnaires, haute bourgeoisie) voyaient en la nouvelle dynastie bonapartiste à la fois la continuation du « despotisme éclairé » de Charles III, le retour à l'ordre et à la religion catholique après les excès révolutionnaires, la consolidation des acquis de la révolution bourgeoise. Ils acceptèrent donc les abdications de Bayonne, la Constitution de 1808 et Joseph Ier. Mais outre qu'ils n'étaient qu'une minorité, même très influente (le nombre d'exilés après le départ de Joseph Ier s'éleva à quelque 12 000 personnes), le soulèvement populaire anti-français ôta toute légitimité à leurs aspirations.

Le second courant fut celui des réformistes, appelés aussi *jovellanistas*, du nom du principal inspirateur du mouvement, l'écrivain et homme politique Melchor Gaspar de Jovellanos (1744-1811). Il s'agit essentiellement des couches moyennes, du clergé urbain, des professions libérales, du corps enseignant et des intellectuels. Ils refusèrent les abdications de Bayonne tout en reconnaissant l'importance du nouveau pouvoir représenté par les Juntes issues du soulèvement. Mais ils pensaient qu'il était inutile de forger une Constitution, de nouveaux outils de gouvernement, puisque la tradition historique nationale constitue, de fait, la meilleure Constitution.

Il s'agirait donc de revivifier les vieilles Cortès, avec ses représentants des trois ordres séparés, qui gouverneraient avec le souverain. C'est sur ce point de la nécessité ou non d'une Constitution que les réformateurs s'opposaient à la troisième tendance, libérale.

Les libéraux *doceañistas* entendaient établir un lien entre l'esprit constitutionnel français de 1789 et celui de la tradition politique espagnole antérieure à l'absolutisme. Des Cortès furent convoquées par la Junte centrale en 1810, mais au lieu de l'être par ordres comme le souhaitaient les réformistes, à la fin elles le furent sans distinction entre les privilégiés et le Tiers : la « Nation », sans plus de précisions, était convoquée pour former une chambre unique « afin de rétablir et d'améliorer la constitution fondamentale de la monarchie ». Les Cortès étaient devenues une assemblée constituante à la française, les réformistes avaient perdu.

Les Cortès de Cadix débouchèrent sur la *Constitution de 1812*, charte du libéralisme espagnol. En même temps, leur œuvre législative en fait la première tentative de révolution bourgeoise dans la Péninsule. Par une série de décrets, les députés constitutionnels abolirent, entre autres, le régime seigneurial, les biens de mainmorte (*desamortización eclesiástica*) et l'Inquisition. Ils tablirent la liberté du travail (suppression du pouvoir de régulation détenu par les corporations). La Constitution, quant à elle, posait les fondements d'un nouvel État espagnol en affirmant le principe de la souveraineté nationale. En dépit de nuances importantes qui la distinguaient des Constitutions de type français (notamment l'inclusion d'une profession de foi catholique), la Constitution de 1812 représentait une avancée politique considérable.

Mais les classes populaires (analphabètes à plus de 95 %), en particulier les masses paysannes, grandes protagonistes du soulèvement national, étaient restées à l'écart du mouvement constitutionnel. Dirigées par le bas clergé, irrationnellement attachées aux valeurs traditionnelles, elles réclamaient le rétablissement de l'absolutisme monarchique, entendez le retour de Ferdinand VII à qui Napoléon, par le traité de Valençay signé en décembre 1813, avait rendu la couronne d'Espagne. Ferdinand VII pénétra en Espagne par la Catalogne (24 mars 1814) et fit route, dans un véritable délire d'enthousiasme populaire, jusqu'à Valence où il arriva le 16 avril, cinq jours après l'abdication de Napoléon. Les Cortès qui, en raison d'une épidémie de fièvre jaune sévissant dans le Sud, avaient renoué leurs travaux à Madrid, exigeaient préalablement à toute reconnaissance du souverain que celui-ci jurât fidélité à la nouvelle Constitution. Il n'en fit rien. Au contraire, le 4 mai 1814 il signait son premier décret royal qui abolissait la Constitution de 1812 et, tirant un trait sur l'œuvre des Cortès de Cadix, revenait à la situation antérieure aux abdications de Bayonne de 1808. C'est ce que l'historiographie libérale a appelé le « coup d'État de Ferdinand VII » dans lequel d'aucuns voient le premier coup d'État militaire de l'histoire d'Espagne, en raison du rôle joué par le général Francisco Javier Elío, ancien gouverneur militaire de Montevideo, et du rôle capital dévolu à l'armée : le pouvoir passait entre les mains des capitaines généraux de chaque province. Le 21 juillet, Ferdinand VII rétablissait l'Inquisition. La dictature militaire et la répression sévissaient. La révolution libérale avait fait long feu.

L'Espagne sortait de la tempête ruinée et, surtout, définitivement disqualifiée en tant que puissance internationale. Laissons à Pierre Vilar le mot de la fin : « La masse de "l'Espagne noire" triomphait de la minorité "éclairée". La guerre, finalement, avait compromis les fondements économiques, et la réaction les fondements juridiques qui eussent adapté l'Espagne au siècle économiquement capitaliste et politiquement libéral. Dans l'Occident européen, l'anachronisme espagnol demeure. »

DOCUMENTS

■ La France, cet astre en pleine ascension

En Espagne, à l'inquiétude et au sentiment d'insécurité provoqués par ces changements internationaux [ceux résultant des traités de Westphalie] vinrent s'ajouter le manque de confiance très justifié envers ses propres forces ainsi que la méfiance envers une France décidée à triompher et à s'étendre aux dépens des domaines hispaniques. Le thème de la monarchie française comme ennemi extérieur avait été très diffusé par la littérature politique espagnole durant toute la première moitié du XVIIe siècle ; sous le règne de Charles II, les excès impérialistes de Louis XIV ravivèrent les humeurs anti-françaises. Voici en quels termes le pamphlet intitulé *Esprit de la France, et ses maximes, à l'endroit de l'Espagne*, signé par Quirante del Toboso en 1689, dénonce les élans expansionnistes du monarque français :

> L'ambition et l'intérêt du roi de France sont un torrent dont le courant impétueux ne saurait être retenu ni par les affinités de parenté, ni par les alliances, ni les traités de paix, ni les trêves, ni les promesses ni les serments : tout cela est insuffisant et inefficace ; je dirai même plus, même pas les lignes que Dieu, dans sa sage providence, a placées aux confins de toute monarchie et qui disent à chaque monarque : *non plus ultra* ; et bien, Louis XIV a juré de ne pas se contenter de la répartition faite par le suprême monarque universel : car si jamais il conquérait le monde, il se mettrait à fabriquer une seconde tour de Babel afin d'escalader le ciel. L'ambition ne connaît pas de bornes, mais les désillusions finiront par lui en donner.

Plusieurs siècles d'hostilités avaient engendré la haine entre les deux couronnes. Cependant, ainsi que l'ont souligné récemment plusieurs historiens, derrière les reproches de tant de polygraphes espagnols, on décelle de longue date de l'admiration envers une France compacte et unifiée ; valorisation qui fut renforcée par les triomphes diplomatiques du Roi Soleil. La France était l'astre ascendant, la nouvelle grande puissance qui semblait s'apprêter à prendre la relève de la monarchie catholique. En 1663, Vito Vitale, ambassadeur gênois près la cour de Madrid, observait déjà que « le prince le plus estimé ici et le plus craint est celui de France ». Le virage de l'ostracisme à l'admiration pro-française devait se produire lentement, au fil du conflit même entre les deux monarchies. Au cours des dernières années du règne de Charles II, de multiples témoignages rendent compte de l'avancée française dans l'opinion publique espagnole. Ainsi, en 1694, les démonstrations de mécontentement populaire dirigées contre le gouvernement s'accompagnent de pamphlets francophiles. L'un d'eux, placardé sur les portes mêmes du palais royal, disait : « Vive le roi de France, que meure le gouvernement de l'Espagne et que le roi aille se faire voir ailleurs ». En août 1698, la comtesse de Berlips rendait compte à l'Électeur palatin de l'ascendant français sur la cour de Madrid : « les gens ne détestent plus les Français comme à l'époque car les innombrables personnes qui vivent des pensions du trésor, pensent pouvoir les conserver plus sûrement si ce sont eux qui l'emportent ». Le rapprochement franco-espagnol est confirmé cette même année par l'ambassadeur vénitien Pietro Venier : « La France, après la conclusion de la paix [Ryswick] est entrée en amitié avec les Espagnols ». Vers la fin de l'année 1698, l'attitude de la Castille et de Madrid était majoritairement favorable à la succession française, car on pensait que seul le bras solide de Louis XIV pouvait faire éviter le démembrement de la monarchie.

Antoni Simón Tarrés, « El reinado de Carlos II : la política exterior », *Manual de Historia de España*, 3. *Siglos XVI y XVII*, Madrid, Historia 16, 1991, pp. 742-743. (Traduit par l'auteur)

L'accroissement de la population au XVIIIe siècle

Le tableau ci-dessous met en lumière le renversement fondamental de tendance qui s'est opéré : alors qu'au XVIe siècle c'était le centre de la Péninsule (Vieille-Castille, Nouvelle-Castille et Extrémadure) qui avait connu le taux d'accroissement le plus fort, au XVIIIe siècle c'est la périphérie qui connaît le plus grand dynamisme.

RÉGIONS	Habitants (en milliers)			Taux d'accroissement	
	1591	1768	1787	1591 à 1768	1591 à 1787
Andalousie	1 067	1 661	1 847	0,25	0,28
Asturies	133	403	348	0,63	0,49
Vieille-Castille	1 145	1 131	1 142	0,01	0
Nouvelle Castille	1 254	978	1 232	- 0,14	- 0,01
Extrémadure	451	273	417	- 0,28	- 0,04
Galice	504	1 088	1 346	0,44	0,5
Léon	633	600	628	- 0,03	0
Murcie	115	317	338	0,57	0,55
Pays Basque et Navarre	296	425	535	0,2	0,3
Couronne de Castille	5 598	6 876	7 833	0,12	0,17
Aragon	310	530	623	0,3	0,36
Catalogne	364	878	899	0,5	0,46
Pays valencien	360	739	783	0,41	0,4
Couronne d'Aragon	1 034	2 147	2 305	0,41	0,41
Espagne continentale	6 632	9 023	10 138	0,17	0,22

D'après Nadal (J). *La poblacion española*, Barcelone, Ariel, 1984, p. 74

L'éducation populaire des artisans

Une autre maxime générale revêt une grande importance, à savoir : qu'il faut bannir les idées communes qui ont maintenu les métiers et ceux qui les exercent à un degré de considération inférieur à celui qui leur correspond. C'est sur les oisifs et sur les mendiants que doit rejaillir la honte et l'infamie [1], ou sur ces artisans qui, par manque d'application ou en raison de leurs vices, ne se rendent pas dignes de la considération générale.

---

1. Dans notre théâtre ont été introduites des maximes fort préjudiciables, et impertinentes, conduisant à la louange de l'oisiveté. La pauvreté volontaire est un déshonneur et même un délit. Néanmoins, Lope de Vega, sans faire une telle distinction, intitule une de ses œuvres *Pauvreté n'est pas infamie*. De là que le peuple ignorant croie que tout pauvre est honorable. Et ce même peuple entend que l'exercice des arts mécaniques entraîne le déshonneur. Que l'homme sensé considère par conséquent si le peuple n'agit pas suivant les principes communément reçus en préférant le repos oisif à la fatigue d'un métier pénible, difficile à apprendre et qui de plus, croit-il, le déshonore, et en demeurant dans l'état de tranquille pauvreté qui, pense-t-il, ne lui procure aucune infamie (note de Campomanes).

Le gouvernement public se doit de procurer aux artisans tous les avantages qu'ils ont acquis ailleurs et ceux que notre constitution pourra leur offrir, sans distinction de nationalité. Car le hasard qui a fait naître certains hors d'Espagne ne saurait les priver des privilèges qu'ils méritent et que les lois leur concèdent. Ils apportent à notre patrie leur ingéniosité et leur savoir-faire ; ils en accroissent la population et on doit à bien de ces hommes des compétences fort utiles et nécessaires dont nous serions, sans eux, encore privés aujourd'hui [...].

Le véritable étranger dans sa patrie, c'est l'oisif, et c'est aussi un lourd fardeau, d'autant plus insupportable que le nombre des inactifs croît. Tout ce qu'on peut reprocher aux étrangers, c'est la différence d'idiome. Mais puisqu'ils ne sont pas reçus chez nous pour être des orateurs, un tel grief semble ridicule.

Toutes les nations cultivées se doivent de traiter avec amour et hospitalité l'étranger qui, tout en observant les lois de celles-ci, contribue par son travail à en augmenter la richesse. C'est ce qu'on fait en Espagne et ce qu'à mainte reprise a ordonné Charles III, conformément aux anciennes lois du royaume.

La police des artisans, ainsi que le perfectionnement des lois municipales les concernant, tel est l'objet du présent discours, sans oublier les autres principes de l'éducation qui leur conviennent, y compris l'hygiène et la propreté, si négligées auprès des enfants par leurs parents et leurs maîtres. Ce n'est pas, certes, matière négligeable, alors que cette catégorie de citoyens représente le tiers de la nation espagnole.

Rodriguez, (P.), comte de Campomanes, *Discurso sobre la educación popular de los artesanos y su fomento* (1775), Madrid, Instituto de Estudíos Fiscales, 1975, pp. 147-148, trad. par nous.

■ La guerre d'Indépendance

C'est le « style » de cette insurrection qui nous intéresse, car il évoque de plus récentes visions : premier exemple de ces orages de passion collective qui, plusieurs fois, aux XIXe et XXe siècles, secoueront le peuple espagnol, alternant avec des périodes de dépression et d'indifférence, et par là surprenant toujours les gouvernements [...]. Complot, ou phénomène d'unanimisme ? Peu importe. Le mouvement est profond. Il entraîne (c'est significatif) toutes les provinces. Et il est sensible dans toutes les classes, bien que cet élan y soit inégal. « Les honnêtes gens ne me sont pas plus fidèles que la canaille » dira Joseph. L'Espagne a donc affirmé sa cohésion, sa valeur de groupe.

Et pourtant, le mouvement n'est pas seulement anti-étranger. Il prolonge aussi l'émeute d'Aranjuez, exprime un mécontentement *intérieur*, et l'espoir dans l'exilé Ferdinand, prince de légende. Seulement, tous les Espagnols ne mettent pas les mêmes images derrière ces rancunes et ces espoirs. Pour les uns c'est l'œuvre du XVIIIe siècle qu'il faut reprendre, la France qu'il faut imiter en lui résistant. Pour les autres, c'est l'absolutisme patriarcal que Ferdinand représente, la garantie de la tradition, des « fueros », de l'anti-individualisme économique médiéval, l'intime union du religieux et du politique. En un mot, Espagne « libérale » — Espagne « carliste », « Espagne rouge » — « Espagne noire », existent déjà, conjuguées contre l'ennemi, et cependant en contradiction profonde.

Le combattant moyen lutte contre le Français « athée ». Une fois de plus l'agitateur religieux triomphe. Le « guerrillero » se couvre d'images pieuses. Et c'est la Vierge du Pilar qui « ne veut pas être française ». Ce souffle religieux-national, toutefois, n'est pas un conformisme passif. Les insurgés des premiers jours ont pris un plaisir visible à massacrer les autorités ; le défilé des vainqueurs de Bailén ne rassure pas la bonne société madrilène ; la rue accuse celle-ci de passivité. Joseph a comparé le mouvement espagnol à l'an II français. On sent que cette combativité populaire au service de la religion et de la tradition peut se retourner contre elles. Ce retournement sera l'histoire du siècle suivant.

Vilar, (P.), *Histoire de l'Espagne*,
Paris, PUF, Que sais-je ? n° 275, 11e éd., 1980, pp. 47-49.

Repères chronologiques

Politique	Religion, société, vie culturelle et artistique	Guerres et relations au monde
1469 Mariage d'Isabelle de Castille et de Ferdinand d'Aragon		
1474 A la mort d'Henri IV de Castille, Isabelle et Ferdinand sont proclamés rois dans un contexte de guerre civile	1475 Réorganisation durable du système monétaire	
	1478 Bulle fondant le Saint-Office de l'Inquisition espagnole	
1479 Ferdinand, roi d'Aragon		1479 Fin de la guerre avec le Portugal
	1492 Expulsion des juifs d'Espagne	1492 Fin de la Reconquête. Découverte de l'Amérique
		1493 Signature du traité de Barcelone avec la France : le Roussillon et la Cerdagne deviennent espagnols
	1499 Le cardinal de Cisneros fonde l'université d'Alcalá. Parution de la première version de *La Célestine*	
	1502 Décret de conversion des Mudéjars de la couronne de Castille	1502 Colonisation des Antilles
1504 Mort d'Isabelle la Catholique		1505 Annexion du royaume de Naples qui restera espagnol jusqu'au XVIIIe siècle
1507 Ferdinand le Catholique devient régent de Castille	1510 Crise du secteur textile	
		1512 Annexion de la Navarre
	1514 Début de la publication de la *Bible polyglotte d'Alcalá*	
1516 Mort de Ferdinand le Catholique		
1517 Charles de Gand devient roi d'Espagne		1519 Début de la conquête du Mexique
1520 Mouvement insurrectionnel des « comunidades de Castille ». Charles empereur		
1521 Les *comuneros* sont écrasés à Villalar	1521 Grave peste générale	
	1525 Décret de conversion des Mudéjars de la couronne d'Aragon	1525 Victoire impériale de Pavie
1527 Naissance du prince héritier Philippe		1527 Les troupes impériales mettent à sac la Ville éternelle. Les Turcs aux portes de Vienne
		1529 Paix de Cambray, dite « paix des Dames »
		1532 Conquête du Pérou
		1535 Expédition triomphale contre Tunis
	1540 Fondation de la Compagnie de Jésus	
		1541 Charles V échoue devant Alger
		1544 Traité de Crépy avec la France
	1545 Début du Concile de Trente	

Politique	Religion, société, vie culturelle et artistique	Guerres et relations au monde
	1552 Bartolomé de Las Casas	1547 Victoire de Mülhberg sur les princes protestants
1556 Charles Quint abdique à Bruxelles		1555 Paix d'Augsbourg
1558 Mort de Charles Quint	1557 Première banqueroute de l'État. Vitoria rédige ses leçons sur le droit des gens : *De indis et iure belli* 1559 Premier *Index* inquisitorial des livres interdits	1557 Philippe II vainqueur à Saint-Quentin. 1558 Victoire de Gravelines 1559 Traité de Cateau-Cambrésis avec la France
	1563 Début de construction de l'Escorial	
1568 Soulèvement des morisques du royaume de Grenade : guerre des Alpujarras	1575 Deuxième banqueroute de l'État 1576 Anvers est mise à sac. Effondrement de l'axe économique Medina del Campo - Anvers	1567 Début de la sanglante répression menée par le duc d'Albe en Flandres 1571 Victoire navale des puissances catholiques contre le pouvoir ottoman à Lépante 1580 Annexion du Portugal
	1586 Troisième banqueroute de l'État	1588 Désastre de l'Invincible Armada
1598 Mort de Philippe II. Son successeur, Philippe III, prend pour favori le duc de Lerma : début du système du « valido ».	1598 Début d'une série de pestes catastrophiques 1599 Première partie du *Guzmán de Alfarache* de Mateo Alemán. 1604 Importante dévaluation 1605 Première partie de l'*Ingénieux hidalgo don Quichotte de la Manche* de Cervantes 1607 Quatrième banqueroute de l'État	1598 Paix de Vervins avec la France 1600 Défaite des Dunes 1604 La paix est signée avec l'Angleterre
1609 Expulsion des morisques 1621 Philippe IV monte sur le trône et prend pour favori le duc d'Olivarès	1623 Velázquez entre à la cour	1609 Trêve des Douze Ans avec la Hollande 1618 Début de la guerre de Trente Ans 1621 Reprise des hostilités avec la Hollande
	1627 Cinquième banqueroute de l'État. Grave crise économique. 1628 Importante dévaluation 1630-1636 Effondrement du commerce américain. Série de dévaluations.	1626 Prise de Bréda
1640 La Catalogne et le Portugal se soulèvent	1635 *La Vie est un songe* de Pedro Calderón de la Barca. *Les Lances* de Velázquez.	1634 Victoire de Nördlingen contre la Suède 1635 Engagement de la France contre les Habsbourg

Politique	Religion, société, vie culturelle et artistique	Guerres et relations au monde
1643 Philippe IV retire sa faveur à Olivarès		1643 Défaite de Rocroi
	1647 Sixième banqueroute de l'État précédée de plusieurs dévaluations. Début d'une série de mauvaises récoltes, de famines et de pestes qui durent jusqu'en 1651	1647 Désastre militaire à Lens
		1648 Traité de Westphalie
	1651 Début de la publication du *Criticón* de Baltasar Cracián	
	1652 Septième banqueroute de l'État, suivie de plusieurs dévaluations.	
	1656 *Les Ménines* de Velázquez	
		1659 Traité franco-espagnol des Pyrénées
1660 Reprise des arrivages de métaux précieux d'Amérique	1662 Huitième banqueroute de l'État	
1665 Mort de Philippe IV. Marianne d'Autriche devient régente.		
1668 Le Portugal obtient son indépendance		
1675 Charles II, roi d'Espagne		
		1678 Traité de Nimègue. Perte de la Franche-Comté
	1680 Importante réforme monétaire	
		1698 Traité de Ryswick
1700 Mort de Charles II, sans héritier direct. Il désigne Philippe d'Anjou à la tête des royaumes d'Espagne		1701 Guerre de Succession d'Espagne
1707-1716 Décrets de « Nueva Planta » : suppression des *fueros* des différentes communautés de la couronne d'Aragon, réorganisation des Conseils		1713-1714 Traité d'Utrecht et de Rastatt
	1714 Les douanes intérieures sont supprimées. Création de la *Real Academia Española*	1739 Guerre avec l'Angleterre
1743 Ensenada aux affaires	1749 Catastrophe de la Ensenada	
	1756 Première *Sociedad Económica de Amigos del País*	
1759 Début du règne de Charles III		
1766 Mutinerie d'Esquilache	1767 Projet de colonisation de la Sierra Morena. Expulsion des jésuites	
	1771 Premier projet de réforme agraire (Campomanes)	1774 Guerre avec le Maroc
	1778 Fin du monopole commercial avec l'Amérique	

Politique	Religion, société, vie culturelle et artistique	Guerres et relations au monde
		1783 Paix avec l'Angleterre
	1787 Recensement de Floridablanca	
1788 Mort de Charles III. Charles IV lui succède		
	1789 Goya, peintre du roi	
1792 Godoy au pouvoir		
		1796 Guerre avec l'Angleterre
1798 Chute de Godoy		
		1802 Traité d'Amiens entre l'Espagne, la France et la Hollande d'une part et l'Angleterre de l'autre. 1804 Guerre avec l'Angleterre 1805 Bataille de Trafalgar 1807 Traité de Fontainebleau sur la partition franco-espagnole du Portugal
1808 Abdication de Charles IV à Bayonne. Soulèvement de Madrid (2 mai) cotnre Murat et ses troupes. Début de la guerre d'Indépendance 1808-1814 Guerre d'Indépendance 1810 Cortès de Cadix 1812 « Constitution de 1812 » 1814 Retour de Ferdinand VII		

Glossaire

abadengo : territoires placés sous juridiction ecclésiastique.

albarazado : adjectif de couleur : noir avec des taches blanches, ou noir mêlé de blanc (ou de rouge ?). Au Mexique, métis de *Chino** et de *jenízaro**.

albino : albinos. Au Mexique, métis de *morisco** et de *blanco* (Blanc).

alcabala : impôt de la couronne de Castille, correspondant, en théorie, à 10 % du montant de toutes les transactions, mais ne dépassant pas dans la pratique 8 %.

alcalde : officier de justice municipal, dans la couronne de Castille. Ils étaient en général au nombre de deux par agglomération, un pour les nobles et un pour les roturiers.

aldea : municipalité dépendante de la juridiction d'une *villa**.

alfolí : magasin de stockage du sel placé sous contrôle de l'État.

almojarifazgo : impôt sur les douanes maritimes (taxe perçue sur tous les produits transitant par les ports, tant à l'exportation qu'à l'importation).

alumbrado : illuminé, adepte de l'illuminisme, mouvement spirituel hétérodoxe surtout important entre les années 1510 et les années 1540, bien qu'il réapparaisse, avec des nuances, à des époques postérieures.

americano : Blanc né aux Indes.

arancel : tarif douanier.

arbitristes : auteurs politiques qui proposaient aux pouvoirs des projets de réformes (*arbitrios*) essentiellement économiques et sociales. On fait en général débuter le phénomène en 1558, avec le *Mémorial* adressé à Philippe II par Luis Ortiz. L'âge d'or des arbitristes correspond aux règnes de Philippe III et de Philippe IV (1598-1665) durant lesquels on publia au moins 165 traités de réforme. Les auteurs les plus intéressants furent Martín González de Cellorigo, Pedro de Valencia, Sancho de Moncada, Pedro Fernández de Navarrete, Miguel Caxa de Leruela et Francisco Martínez de Mata.

arrendamiento : affermage d'une propriété, d'une parcelle, d'un droit municipal, d'un impôt, etc.

arrobe : unité de mesure. Pour le poids, elle vaut 25 *libras* et correspond à 11,5 kg en moyenne. Pour les liquides, elle équivaut à 16,13 l dans le cas du vin et vaut 8 *azumbres* ; elle correspond à 12,5 l pour l'huile.

asiento : contrat de prêt passé entre la couronne et un financier ou une « compagnie » financière.

Audiencias : cours supérieures de justice aux larges compétences. Elles étaient au nombre de huit, Amérique exclue : Grenade, Valladolid, Séville, La Corogne (Galice), Canaries, Barcelone, Valence, Saragosse, Iles Baléares.

Ayuntamiento : aujourd'hui, la mairie ; à l'Époque moderne, assemblée, et plus particulièrement, le Conseil municipal.

baldíos (tierras baldías) : terres sans propriétaire, appartenant théoriquement à la couronne, utilisées par les conseils municipaux ruraux comme des terrains communaux.

bandolero : brigand, bandit des grands chemins.

billon : monnaie de cuivre avec un faible alliage d'argent, ou même de cuivre pur.

caballero : dans son sens le plus étroit, le chevalier des Ordres militaires ; dans son sens le plus général, membre de la moyenne noblesse, situé dans la hiérarchie nobiliaire entre les simples *hidalgos* et les *títulos**.
calderilla : signifia d'abord les petites pièces de cuivre mêlé d'argent frappées avant 1599, puis les petites pièces de cuivre à la valeur altérée par des frappes successives.
cambujo : « Masque ou voile pour couvrir le visage » (César Oudin). Au Mexique, métis à la peau très sombre.
casa cuna : hospice des enfants trouvés.
castas : aux Indes de Castille, différentes catégories de métis résultant des brassages ethniques successifs.
catastro : cadastre. Dans la Castille du XVIIIe siècle, inventaire de la richesse nationale entrepris en 1749 par le marquis de la Ensenada en vue de la réforme fiscale connue sous le nom de « *Unica Contribución* ».
censo : deux sens sont à distinguer. Le *censo* est soit un recensement de la population, soit une rente qui à son tour peut prendre deux formes : le *censo perpetuo*, bail perpétuel à rente fixe en argent, et le *censo al quitar* (ou *redimible*) qui est un cens rachetable versé par le débiteur à la personne qui lui a avancé un capital (le taux maximal fixé par la loi pour ce dernier type de prêts était au XVIe siècle de 7,14 %).
Chancillería : en Castille, cour suprême de justice. Il y en avait deux, l'une à Valladolid (1486) pour les territoires situés au nord du Tage, l'autre à Grenade (1505, créée d'abord à Ciudad Real en 1494) pour la moitié sud du royaume. Entre autres compétences, les *Chancillerías* tranchaient dans les procès d'*hidalguía*.
chapetón : en Nouvelle-Espagne, nom donné par les créoles aux Blancs récemment arrivés d'Europe, en général pauvres.
chino : chinois. Au Mexique, métis d'*indio* et de *zambo**.
cimarrón : sauvage, insoumis. S'applique aux animaux. En Amérique, le terme désignait l'esclave qui s'était enfui et vivait dans les montagnes.
ciudad : ville, cité importante.
comunes : terrains communaux.
Comunidades : révolte des principales villes des deux Castilles (mai 1520-avril 1521) dirigée contre la politique du jeune Charles Quint.
concejo : *ayuntamiento**.
conseller : membre de la Diputació en Catalogne.
conquistador : « nom donné aux aventuriers espagnols qui allèrent conquérir l'Amérique » (*Petit Robert*). L'époque des conquistadors se termine vers 1565.
converso : néophyte, personne récemment convertie et baptisée. En fait, à l'Époque moderne, ce terme s'appliqua surtout aux juifs convertis et à leurs descendants.
corregidor : représentant du pouvoir royal, premier magistrat de chaque circonscription (*corregimiento*) et à ce titre président du conseil municipal des chefs-lieux. A la fin du XVIe siècle, il y avait 68 *corregimientos* dans la couronne de Castille.
cortado : esclave ayant racheté sa liberté.
Cortès : assemblées représentatives de la couronne de Castille qui votaient l'impôt du *servicio* (en principe tous les trois ans) et à partir de sa création en 1590, celui des *millones*.
Corts : assemblées représentatives de la couronne d'Aragon réunissant des représentants des trois ordres, à la structure différente de celles de Castille. Il y en avait une pour chaque royaume péninsulaire (Aragon, Valence, principauté de Catalogne), mais pas pour les Iles Baléares.
cruzada : voir « ***Grâces*** ».
cuatequil : au Mexique, service de travail obligatoire des Indiens conçu selon le modèle de l'époque précolombienne. Il concernait 4 % des adultes masculins durant 3 à 4 semaines annuelles.
curaca : nom donné aux caciques indiens dans les territoires de l'ancien empire inca.
Députations : dans la couronne d'Aragon, assemblées de gouvernement permanentes composées de représentants des trois ordres. Elles s'appelaient *Diputación* en Aragon, *Generalitat* en Catalogne et à Valence.
despoblados : villages désertés par leurs habitants.
Diputació : voir **députations**.
doméstico : (adj.) domestique. Qualificatif appliqué en Amérique espagnole aux esclaves noirs attachés au service de la maison.
don : traitement de respect précédant le prénom, anciennement titre honorifique porté par la seule noblesse.

donativo : en principe dons gratuits et volontaires consentis à la couronne par les différents membres de la nation (y compris l'Église). Les *donativos* devinrent obligatoires sous Philippe IV.

ducat : monnaie d'or valant 375 maravedís, frappée entre 1497 et 1537. Après cette date on frappe des écus d'or (*escudos*) valant 350 maravedís et le ducat devient une monnaie de compte.

egipciano : un des noms donnés aux Gitans dans l'Espagne moderne.

encomiendas : en Espagne, commanderies des Ordres militaires dont la rente est attribuée à certains de ses membres. Aux Indes, contingent d'Indiens placés sous la juridiction d'un colon Blanc à qui ils sont « recommandés » en vue de l'évangélisation et qui comporte des servitudes (tribut, travail...).

estancos : monopoles royaux, affermés par la couronne, sur le sel, la traite des Noirs, les cartes à jouer, etc.

excusado : voir **Grâces**.

fama : renommée, honneur-réputation.

fanègue : mesure des grains valant 12 *celemines* ou *almudes*. La fanègue d'Avila, officielle pour tout le royaume de Castille depuis 1435, équivalait à 55,5 l.

fueros : privilèges juridiques et politiques dont jouissaient les royaumes de la couronne d'Aragon et la Navarre.

gachupín : Espagnol dans un pays latino-américain. Sens despectif.

Generalitat : dans la principauté de Catalogne et dans le royaume de Valence, la députation*.

golilla : col porté par les hommes et particulièrement par les gens de robe. Au XVIIIe siècle, le terme désigne les *letrados* issus des Colegios Mayores, partisans des réformes.

Grâces (*Gracias*) : les trois impôts extraordinaires sur les rentes ecclésiastiques consentis périodiquement par le pape au roi d'Espagne. Il s'agit de la bulle de la *Cruzada* (vente d'indulgences particulières), du *subsidio* (le dixième des revenus ecclésiastiques) et de l'*excusado* (le montant de la dîme acquitté par le plus gros producteur de chaque paroisse).

Grande : dignité attachée à certains titres de noblesse, créée par Charles Quint. Les grands d'Espagne avaient le privilège de rester couverts en présence du souverain.

haciendas : grands domaines.

hidalgo : premier degré de la noblesse et le plus ancien. Au Siècle d'Or, les *hidalgos* constituent la petite noblesse.

horro : de l'arabe « horr », de condition libre. Esclave libéré.

huerta : système de cultures irriguées.

Index inquisitorial : catalogue des livres interdits, ou simplement expurgés, rédigé par les experts du Saint-Office sous la responsabilité du Grand inquisiteur. Les *index* du Siècle d'Or furent ceux des inquisiteurs Valdés (1559), Quiroga (1583-1584), Sandoval y Rojas (1612), Zapata (1632) et Sotomayor (1640).

indulgence : du latin *indulgere*, faire grâce, rémission de la peine *temporelle* due aux péchés pardonnés quant à la coulpe (ce qui, dans le péché, fait le crime) et à la peine éternelle. Cette rémission, accordée par l'Église catholique hors le sacrement de pénitence, peut être totale (indulgence plénière) ou partielle (indulgence partielle).

inhabilitation : exclusion des charges et offices publics ainsi que des bénéfices ecclésiastiques, pour les condamnés par le Saint-Office, leurs enfants et leurs petits-enfants. L'inhabilitation comportait aussi des interdictions somptuaires : porter des bijoux, des vêtements de soie, des insignes honorifiques, des armes, monter à cheval.

intendencia : division territoriale créée en 1749 et confiée à un intendant de province (*intendente*), fonctionnaire aux très larges compétences chargé d'établir un lien entre l'administration centrale et l'administration locale.

jenízaro : enfant de parents de nations différentes. Mêlé, mélangé. Au Mexique, métis de *chino* et de *cambujo**.

jornalero : journalier, ouvrier agricole payé à la journée.

junta : junte, assemblée. Le système des *juntas*, commissions d'experts constituées temporairement pour traiter un problème particulier plus vite que le conseil compétent, fut mis en place par Philippe II et connut un grand développement du temps d'Olivarès. Les *juntas* étaient aussi les assemblées représentatives des provinces basques, des Asturies et de la Galice.

juro : obligation sur les revenus de l'État.

labrador : laboureur, paysan possédant en principe un attelage et un araire.

letrado : diplômé d'une Université. Le terme désigne habituellement les membres de la fonction publique telle qu'elle fut mise en place par les Rois Catholiques.

licencia de saca : licence d'exportation de métaux précieux délivrée par la couronne.

loro : esclave, ou affranchi, à la peau sombre.

mácula : la tache dans le lignage, l'impureté de sang infamante.

mainmorte : biens de mainmorte, inaliénables et soustraits aux droits de mutation, appartenant à des personnes morales (à l'Église en particulier).

majorat : patrimoine familial inaliénable transmis au fils aîné ou, à défaut, aux bénéficiaires prévus par l'acte de fondation.

mancha : tache, impureté (voir ***mácula***).

maravedí : monnaie d'or au Moyen Âge devenue monnaie de compte à l'Époque moderne.

marranes : terme (despectif) désignant les juifs péninsulaires convertis au christianisme, ou leurs descendants, soupçonnés de judaïser secrètement.

media annata : impôt créé par Philippe IV en 1631 consistant à retenir la moitié du montant annuel des salaires ou des pensions correspondant à la première année de jouissance du revenu en question. La noblesse et les bénéficiaires de majorats le payaient également au moment de la succession ou lors de l'acquisition de nouveaux titres.

Meseta : plateau. La *Meseta* désigne l'ensemble des deux plateaux correspondant à la Vieille et à la Nouvelle-Castille.

Mesta : association des éleveurs castillans de troupeaux transhumants placée sous tutelle de l'administration royale et bénéficiant de nombreux privilèges.

mestizo : métis.

millénarisme : forme de plusieurs doctrines ou mouvements eschatologiques fondés sur l'attente d'un royaume de paix et de bonheur placé la plupart du temps sous l'autorité d'un messie et qui durerait mille ans (le millenium). Retour à l'âge d'or originel, le royaume à venir est précédé de périodes de tribulations et d'épreuves annoncées par des signes célestes et terrestres et marquées par l'avènement d'un antimessie, l'Antéchrist.

millones : impôt extraordinaire de 8 millions de ducats payables en 6 ans voté par les Cortès en 1590 et auquel tout le monde, y compris le clergé et la noblesse, devait contribuer. Les millones furent systématiquement reconduits par les successeurs de Philippe II.

mita : au Pérou, service de travail obligatoire des Indiens conçu selon le modèle de l'époque précolombienne. Il concernait, pour la *mita* des mines du Potosí, le septième des adultes masculins, 4 mois tous les 7 ans.

monfíes : hors-la-loi morisques du royaume de Grenade.

morador : qui réside dans une ville mais n'a pas obtenu le titre de citoyen et donc les droits et les privilèges à lui afférents.

morisco : en Espagne, les musulmans convertis au christianisme après 1500 et leurs descendants. Au Mexique, métis de mulâtre et de Blanc.

mudéjare (ou *mudéjar*) : de l'arabe « mudayyan », pratiquant, musulman d'Espagne vivant sous l'autorité d'un seigneur chrétien.

mulato : mulâtre.

Obras Reales : administration de l'œuvre des demeures royales.

oidor : juge des conseils, des Audiencias* et des Chancillerías*.

ordres (société d') : dans les sociétés d'Ancien Régime, statut juridique des personnes en fonction des privilèges. Aux deux ordres privilégiés (en espagnol « *estamentos privilegiados* ») formant « l'en-haut » aristocratique composé de ceux qui prient ou combattent, s'opposait « l'en-bas » roturier où étaient intégrés les hommes libres qui travaillent (le commun, ou tiers état, en espagnol « *estado llano* »). Parmi toutes les différences de droit séparant les privilégiés des autres, l'inégalité fiscale était celle qui symbolisait le plus clairement l'infériorité des roturiers.

partido : circonscription administrative, la plus vaste après la province, ayant à sa tête une ville importante (la « *cabeza de partido* »). À la fin du XVIe siècle, la couronne de Castille comptait 18 provinces et 40 *partidos*.

patronato : droit obtenu du pape par les Rois Catholiques permettant au souverain de présenter les personnes devant occuper les sièges épiscopaux et détenir d'autres dignités ecclésiastiques.

pechero : de « *pecha* », ou « *pecho* », tribut, personne qui n'est pas exemptée d'impôt, roturier.

peón : ouvrier sans qualification.

pícaro : gueux, serviteur de plusieurs maîtres héros des romans autobiographiques dits justement picaresques.

pobladores : colonisateurs.

poderosos : les puissants, l'élite politique et économique locale.

pogrom : massacre organisé d'une communauté juive.

premio : prime, surcroît de valeur que prenaient les monnaies d'or ou d'argent par rapport au billon durant les désordres monétaires du XVIIe siècle.

présides : garnisons entretenues par l'Espagne en Italie et en Afrique du Nord. Pour l'Italie, il s'agit des six places fortes situées sur le littoral toscan (Orbetello, Port'Ercole, Santo Stefano, Talamonte et L'Ausedonia) et dans l'île d'Elbe (Porto Longone) que Philippe II conserva après avoir rendu Sienne à Cosme Ier en 1557, et qu'il rattacha au royaume de Naples. Les présides africains étaient au nombre de cinq : Ceuta, Melilla, Peñón de los Vélez, Mers-el-Kébir et Oran.

procuraduría : charge de député (*procurador*) aux Cortès. Chacune des villes ayant voix aux Cortès envoyait deux députés élus ou tirés au sort à chaque nouvelle convocation. L'un des deux au moins était un *regidor*.

propios : ensemble des biens (terres, droits, rentes, etc.) constituant le domaine communal.

provision : titre qu'accorde le supérieur légitime à un ecclésiastique capable, en vertu duquel il entre en possession d'un bénéfice ou d'un office ecclésiastiques.

puertos secos : barrière douanière séparant les territoires de Castille et les autres royaumes (le Portugal à l'ouest, la Navarre et les royaumes de la couronne d'Aragon au nord-est et à l'est).

qualificateurs : théologiens mis à contribution par le Saint-Office (mais ne faisant pas partie du tribunal) afin de qualifier l'orthodoxie des écrits et des paroles et d'en signaler, le cas échéant, les contenus contraires aux vérités prônées par l'Église de Rome.

quinto : droit de 20 % perçu par la couronne sur le trésor américain.

real : monnaie d'argent valant 34 *maravedís* frappée entre 1497 et 1686.

realengo : territoires placés sous juridiction royale.

recogido : partisan du *recogimiento* ou recueillement, forme de spiritualité diffusée par les franciscains en Espagne à partir de 1480 et qui marquerait très profondément la mystique du Siècle d'Or.

réconcilié : qui a abjuré de ses erreurs et a été ramené dans le sein de l'Église. Peine la plus courante appliquée par l'Inquisition à l'endroit des hérétiques et qui impliquait la confiscation des biens du réconcilié.

réductions : régime auquel furent soumis les Indiens après celui de l'*encomienda*. Les réductions étaient des unités de production qui regroupaient des communautés indiennes dotées de terres propres et d'une administration autonome. Elles furent confiées soit aux pères évangélisateurs, soit à des corrégidors d'Indiens.

regidor : magistrat municipal dont la charge pouvait être perpétuelle.

regimiento : charge de *regidor*, en général achetée.

repartimientos : « distributions » d'Indiens. Au moment de la colonisation du nouveau monde, groupe d'Indiens placé sous l'autorité d'un *encomendero* (voir ***encomienda***).

residencia (juicio de) : inspection conduite par l'administration centrale castillane à l'issue du mandat du *corregidor*.

Roi Prudent : périphrase servant à désigner Philippe II.

segadors : « faucheurs », « moissonneurs ». En Catalogne, ouvriers agricoles temporaires qui louaient leurs services au moment des moissons. Ils jouèrent un grand rôle dans le soulèvement de 1640.

seigneurie : domaine possédé par un seigneur (personne morale ou physique, noble ou non) ainsi que la juridiction et l'ensemble des droits sur les personnes et les biens dont jouit le seigneur sur son fief.

servicio : impôt voté par les Cortès tous les trois ans. Il y avait le servicio ordinaire et l'extraordinaire. Ne le payaient que les *pecheros**.

servicio y montazgo : droits perçus par la couronne sur les troupeaux transhumants. Le *servicio* était un droit de transhumance et le *montazgo* un droit de pâturage.

sisa : forme de recouvrement des *servicios* consistant à augmenter d'un maravedí (ou un peu plus) le prix des denrées de consommation courante, presque toujours le pain, la viande, le vin, l'huile et le vinaigre. Les ecclésiastiques, les nobles et les roturiers exerçant un office comportant l'exemption ne la payaient pas.

subsidio : voir **Grâces**.

tala : aux Indes, les esclaves de *tala* étaient les esclaves employés aux travaux des champs.

tercias reales : une des contributions versées par l'Église à la couronne par concession pontificale renouvelée en 1494. Elle correspondait aux deux neuvièmes du produit de la dîme et était prélevée en même temps que les *alcabalas*.

tercio : corps d'armée mis au point en 1534, composé à l'origine de 3 000 hommes (1 500 lances, 1 000 épées et 500 arquebuses).

título : membre de la haute noblesse titrée.

vales reales : bons du Trésor émis pour la première fois en 1780.

valido : favori du roi qui gouvernait à la place de ce dernier. On disait aussi « privado ».

vecindad : citoyenneté, qualité de *vecino* d'une *villa* ou d'une *ciudad*.

vecino : deux sens sont à distinguer. Dans les recensements de population, le *vecino* équivaut au feu fiscal. Lorsqu'il désigne les individus particuliers, le terme s'applique aux habitants des villes ou des villages possédant de naissance, ou ayant acquis le droit de citoyenneté, par opposition aux étrangers ou aux simples résidents.

vega : vallée fertile et irriguée.

vice-roi : représentant du roi dans les royaumes non castillans (Valence, Catalogne, Naples, etc.) ou dans les deux vice-royautés des Indes (Nouvelle-Espagne et Pérou).

vieux-chrétiens : exempts de toute ascendance juive ou maure.

villa : village, bourg ou ville possédant son autonomie administrative et exerçant un pouvoir seigneurial sur un *término* (finage).

vinculado : assujetti par un lien, inaliénable. Se dit des « *bienes vinculados* », biens inaliénables soumis à perpétuité par leur propriétaire (souvent par testament) à des règles particulières de succession (majorats, par exemple) ou à un certain usage (fondations pieuses, entre autres).

zambo : aux Indes de Castille, métis de Noir et d'Indien.

Bibliographie

■ Ouvrages généraux

AMALRIC (J.P.), PÉREZ (J.), TÉMIME (E.), *Lexique historique de l'Espagne*, Paris, A. Colin, 1976.

ARTOLA (M.), dir., *Enciclopedia de Historia de España*, t. I, *Économía. Sociedad* ; t. II, *Instituciones políticas. Imperio* ; t. III, *Iglesia. Pensamiento. Cultura*, t. IV, *Biografías* ; t. V, *Conceptos*, t. VI, *Cronología. Mapas. Estadísticas* ; t. VII, *Fuentes. Indice*, Madrid, Alianza, 1988-1993.

BENNASSAR (B.), *Un siècle d'Or espagnol*, Paris, R. Laffont, 1982.

BENNASSAR (B.), *Histoire des Espagnols*, t. I, Paris, A. Colin, 1985 (il existe une trad. espagnole).

BENNASSAR (B) et VINCENT (B.), *Le temps de l'Espagne. XVIe-XVIIe siècles*, Paris, Hachette, 1999.

BRAUDEL (F.), *La Méditerranée et le monde méditerranéen à l'époque de Philippe II*, 2 vol., 4e éd., Paris, A. Colin, 1979 (trad. espagnole, *El Mediterráneo y el mundo mediterráneo en la época de Felipe II*, 2 vol., Mexico-Buenos Aires, FCE, 1953).

CHAUNU (P.), *L'Espagne de Charles Quint*, 2 vol., Paris, SEDES, 1973.

CHAUNU (P.), *Conquête et exploitation des nouveaux mondes*, Paris, PUF, 1969.

CÉSPEDES DEL CASTILLO (G.), *América hispánica. 1492-1898*, Barcelone, Labor, 1979 (TUÑON DE LARA (M., dir.), *Historia de España*, t. VI).

DEDIEU (J.P.), *L'Espagne de 1492 à 1808*, Paris, Belin, 1994.

DOMINGUEZ ORTIZ (A.), *El Antiguo Régimen : los Reyes Católicos y los Austrias*, Madrid, Alianza, 1973 (nouvelle éd., 1988).

DOMINGUEZ ORTIZ (A.), dir., Historia de España, t. 5, *El Siglo de Oro* et t. 6, *La crisis del Siglo XVII*, Barcelone, Planeta, 1988.

GARCIA CARCEL (R.), SIMON TARRES (A.), RODRIGUEZ (A.) et CONTRERAS (J.), *Manual de Historia de España*, 3. *Siglos XVI-XVII*, Madrid, Historia 15, 1991.

HERMANN (C.), MARCADÉ (J.), *La Péninsule Ibérique au XVIIe siècle*, Paris, SEDES, 1989.

JOVER ZAMORA (J.M.), REGLA (J.), SECO (C.), URBIETO (A.), *Introducción a la historia de España*, Barcelone, Teide, 8e éd., 1971 (1e éd., 1963).

KAMEN (H.), *Spain in the Later Seventeenth Century, 1665-1700*, Londres, Longman Group Limited, 1980 (trad. espagnole, *La España de Carlos II*, Barcelone, Crítica, 1981).

KAMEN (H.), *Vocabulario básico de la historia moderna. España y América 1450-1750*, Barcelone, Crítica, 1986.

Le Flem (J.P.), Pérez (J.), Pelorson (J.M.), Lopez Piñero (J.M.), Fayard (J.), *La frustración de un imperio (1476-1714), Historia de España* dir. par Tuñon De Lara, t. V, Barcelone, Labor, 1982.

Molinie (A.), *Vocabulaire historique de l'Espagne classique*, Paris, Nathan, 1993.

Pérez (J.), *Histoire de l'Espagne*, Paris, Fayard, 1996.

Pérez (J.), *L'Espagne de Philippe II*, Paris, Fayard, 1999.

Vicens Vives (J.), dir., *Historia social y económica de España y América*, t. II, III et IV, Barcelone, éd. Vicens Vives, 1957 (nouvelle éd., revue, 1971).

Vilar (P.), *Histoire de l'Espagne*, Paris, PUF (Que sais-je ?, n° 275), 1947 (11e éd., 1980).

■ L'économie et la population

Anes (G.), *Las crisis agrarias en la España moderna*, Madrid, Taurus, 1970.

Brumont (F.), *Paysans de Vieille-Castille aux xvie et xviie siècles*, Madrid, Casa de Velázquez, 1993.

Carande (R.), *Carlos V y sus banqueros*, 3 vol.), Madrid, 1943, 1949, 1967 (nouvelle éd., Barcelone, 1990).

Hamilton (E.J.), *American treasure and Price Revolution in Spain (1501-1650)*, Cambridge (Mass.), 1934 (trad. esp. *Tesoro americano y la revolución de los precios en España, 1501-1650*, Barcelone, Ariel, 1975).

Klein (J.), *The Mesta*, Cambridge (Mass.), 1920 (trad. esp.), *La Mesta*, Madrid, Revista de Occidente, 1936, puis Alianza, 1979).

Le Flem (J.P.), « Économie, finances et inflation dans l'Espagne baroque », *La Méditerranée occidentale au xviie siècle*, Association des historiens modernistes des Universités, Bulletin n° 14, Paris, Presses de l'Université de Paris Sorbonne, 1990, pp. 87-109.

Magalhães Godinho (V.), *Os descobrimentos e a economia mundial*, 2e éd. en 4 vol.), Lisbonne, Editorial Presença, 1982-1984.

Menendez Pidal (R.), fond., *Historia de España*, XXIII, *La crisis del siglo xvii*, Madrid, Espasa Calpe, 1989.

Molinié-Bertrand (A.), *Au Siècle d'Or. L'Espagne et ses hommes*, Paris, Économica, 1985.

Montemayor (J.), *Tolède entre fortune et déclin*, Limoges, Presses universitaires de Limoges, 1996.

Nadal (J.), *La población española (Siglos xvi a xx)*, Barcelone, Ariel, 1984.

Nadal (J.), dir., *La evolucion demografica bajo los Austrias*, Alicante, Diputacion, 1991.

Pérez Moreda (V.), *Las crisis de mortalidad en la España interior (siglos xvi-xix)*, Madrid, Siglo XXI, 1980.

Ruiz Martin (F.), « Demografía eclesiástica », *Diccionario de Historia eclesiástica de España*, t. II, Madrid, CSIC, 1972, pp. 682-733.

Salomon (N.), *La campagne de Nouvelle-Castille à la fin du xvie siècle d'après les « Relaciones topográficas »*, Paris, SEVPEN, 1964.

Ulloa (M.), *La hacienda real en castilla en el reinado de Felipe II*, Madrid, FUE, 1977 (2e éd.).

Vilar (P.), *Or et monnaie dans l'histoire*, Paris, Flammarion, 1974.

VIÑAS Y MEY (C.), *El problema de la tierra en la España de los siglos XVI y XVII*, Madrid, CSIC, 1941.

■ La société

ALCALA ZAMORA (J.N.), dir.), *La vida cotidiana en la España de Velázquez*, Madrid, Temas de Hoy, 1989.

ATIENZA HERNANDEZ (I.), « La nobleza en el Antiguo Régimen : clase dominante, grupo dirigente », *Estudios de Historia Social*, 36-37 (1986), pp. 465-495.

CARMONA GARCÍA (J.I.), *El extenso mundo de la pobreza : la otra cara de la Sevilla imperial*, Séville, Ayuntamiento, 1993.

CARRASCO (R.), dir., *Solidarités et sociabilités en Espagne*, Besançon-Paris, Université de Franche-Comté, Les Belles Lettres, 1991.

CORTÉS LOPEZ (J.L.), *La esclavitud negra en la España peninsular del siglo XVI*, Salamanque, Universidad, 1989.

DOMINGUEZ ORTIZ (A.), *La sociedad española en el siglo XVII*, 2 vol.), Madrid, CSIC, 1963 et 1970 (nouvelle éd. revue, Madrid, Istmo, 1973).

DOMINGUEZ ORTIZ (A.), *Sociedad y Estado en el siglo XVIII*, Barcelone, Ariel, 1976.

FONTENAY (M.), « L'esclavage en Méditerranée occidentale au XVIIe siècle », *La Méditerranée occidentale au XVIIe siècle*, Association des historiens modernistes des Universités, Bulletin n° 14, Paris, Presses de l'Université de Paris Sorbonne, 1990, pp. 11-50.

FORTEA PÉREZ (J.I.), éd., *Imágenes de la diversidad. El mundo urbano en la corona de Castilla (s. XVI-XVIII)*, Santander, Universidad de Cantabria, 1997.

GUERRERO MAYLLO (A.), *Familia y vida cotidiana de una élite de poder. Los regidores madrileños en tiempos de Felipe II*, Madrid, Siglo XXI, 1993.

JIMÉNEZ MONTESERÍN (M.), *Sexo y bien común. Notas para la historia de la prostitución en España*, Cuenca, Ayuntamiento, 1994.

KAGAN (R.L.), *Students and Society in Early Modern Spain*, The Johns Hopkins University Press, 1974 (trad. esp.), *Universidad y sociedad en la España moderna*, Madrid, Tecnos, 1981).

Le Bandit et son image au Siècle d'Or, ouv. coll.), Madrid-Paris, Universidad Autónoma-Casa de Velázquez, Publications de la Sorbonne, 1990.

MARAVAL (J.A.), *Poder, honor y élites en el siglo XVII*, Madrid, Siglo XXI, 1979.

MOLINIÉ-BERTRAND (A.), « Le clergé dans le royaume de Castille à la fin du XVIe siècle », Revue d'histoire économique et sociale, 1973, n° 1, pp. 5-53.

MOLINIÉ-BERTRAND (A.), « Les hidalgos dans le royaume de Castille à la fin du XVIe siècle », *RHES*, 1974, n° 1, pp. 51-82.

PELORSON (J.M.), *Les « letrados », juristes castillans sous Philippe III*, Poitiers, 1980.

VÁZQUEZ GARCÍA (F.) et MORENO MENJÍBAR (A.), *Poder y prostitución en Sevilla*, 2 tomes, Séville, Universidad, 1995-1996.

■ La politique et les pouvoirs

AYMES (J.R.), *La guerre d'indépendance espagnole (1808-1814)*, Paris, Bordas, 1973.

BELY (L.), BÉRENGER (J.), CORVISIER (*Guerre et Paix dans l'Europe du XVIIe siècle*, Paris, SEDES, 1991, t. I.

DUFOUR (G.), *La guerra de la Independencia*, Madrid, Historia 16, 1989.

ELLIOTT (J.H.), *The Revolt of the Catalans. A Study in the Decline of Spain (1598-1640)*, Cambridge, Cambridge University Press, 1963 (trad. espagnole, *La rebelión de los Catalanes*, Madrid, Siglo XXI, 1977).

ELLIOTT (J.H.), *The Count-Duke of Olivares*, Londres-New Haven, Yale university, 1986 (trad. espagnole, *El conde Duque de Olivares*, Barcelone, Crítica, 1990).
FAYARD (J.), *Les membres du Conseil de Castille à l'époque moderne, 1621-1746*, Paris-Genève, Droz, 1979 (trad. esp.), *Los miembros del Consejo de Castilla (1621-1746)*, Madrid, Siglo XXI, 1982.
GONZALEZ ALONSO (B.), *El corregidor castellano*, Madrid, 1970.
GONZALEZ ANTON (L.), *Las Cortes en la España del Antiguo Régimen*, Madrid, Siglo XXI, 1989.
Le premier âge de l'État en Espagne (1450-1700), Paris, CNRS, 1989.
GARCÍA SIMÓN (A.), *El ocaso del emperador*, Madrid, Nerea, 1995.
HERAS SANTOS (J.L. de las), *La justicia penal de los Austrias en la corona de Castilla*, Salamanque, Universidad, 1994.
MARTÍNEZ MILLÁN (J.) et CARLOS MORALES (J. de), dir., *Felipe II (1527-1598). La configuración de la monarquía hispana*, Salamanque, Junta de Castilla y León, 1998.
MARTÍNEZ RUIZ (E.) et PAZZIS PI CORRALES (M. de), coord., *Instituciones de la Espanna moderna*, tome 1 : *Las jurisdicciones*, Madrid, Actas Ed., 1996 ; tome 2 : *Dogmatismo e intolerancia*, Madrid, Actas Ed., 1997.
MESTRE (A.), *Despotismo e lustración en España*, Barcelone, Ariel, 1976.
PARKER (G.), *La guerre de Trente Ans*, trad. de l'anglais, Paris, Aubier, 1987.
QUATREFAGES (R.), *Los tercios*, Madrid, FUE, 1983.
TAPIÉ (V.L.), *La guerre de Trente Ans*, Paris, SEDES, 1989.
TOMAS Y VALIENTE (F.), *Los validos en la monarquía española del siglo XVII*, Madrid, Siglo XXI, 1982.

■ Les aspects religieux

BENNASSAR (L. et B.), *Les chrétiens d'Allah*, Paris, Perrin, 1989.
CARDAILLAC (L.), dir., *Les morisques et l'Inquisition*, Paris, Publisud, 1990.
CARO BAROJA (J.), *Los judíos en la España moderna y contemporánea*, 3 vol., Madrid, Arion, 1963 (nouvelle éd., Madrid, Istmo, 1978).
CARRASCO (R.), « Preludio al "siglo de los portugueses" », *Hispania*, XLVII (1987), pp. 503-559.
CASTRO (A.), *La realidad histórica de España*, Mexico, Porrúa, 1954 (reprend *España en su historia. Cristianos, moros y judíos*, Buenos Aires, Losada, 1948).
DEDIEU (J.P.), *L'administration de la foi. L'Inquisition de Tolède, XVIe-XVIIIe siècle*, Madrid, Casa de Velázquez, 1989.
DOMINGUEZ ORTIZ (A.), *Los judeoconversos en España y América*, Madrid, Istmo, 1978 (1e éd., 1955).
DOMINGUEZ ORTIZ (A.), VINCENT (B.), *Historia de los moriscos*, Madrid, Revista de Occidente, 1978 (nouvelle éd., Madrid, Alianza, 1985).
GARCIA CARCEL (R.), *Orígenes de la Inquisición española*, Barcelone, Península, 1976.
GARCIA CARCEL (R.), *Herejía y sociedad en el siglo XVI*, Barcelone, Península, 1980.
HALICZER (S.), *Inquisición y sociedad en el reino de Valencia (1478-1834)*, Valencia, Generalitat, 1993.
HALPERIN DONGHI (T.), *Un conflicto nacional. Moriscos y cristianos viejos en Valencia*, Valence, Diputació Provincial, 1980 (1e éd., Buenos Aires, *Cuadernos de Historia*, 1955 et 1957).
MARTINEZ GIL (F.), *Muerte y sociedad en la España de los Austrias*, Madrid, Siglo XXI, 1993.
MILHOU (A.), *Colón y su mentalidad mesiánica en el ambiente franciscanista español*, Valladolid, Casa-museo de Colón-Universidad, 1983.

Perez Villanueva (J.) et Escandell bonet (B.), dir. *Historia de la Inquisicion en España y América*, 2 vol., Madrid, B.A.C., 1984-1993.
Sainz Rodriguez (P.), *Introducción a la historia de la mística en España*, Madrid, Espasa Calpe, 1984 (1e éd., 1927).
Sicroff (A.A.), *Les controverses des statuts de « pureté de sang » en Espagne du xve au xviie siècle*, Paris, Didier, 1960 (trad. espagnole, *Los estatutos de limpieza de sangre*, Madrid, Taurus, 1985).

■ Les arts, les lettres, la pensée

Abellan (J.L.), *Historia crítica del pensamiento español*, t. 2, *La Edad de Oro (Siglo xvi)*, Madrid, Espasa Calpe, 1979 ; t. 3, *Del Barroco a la Ilustración*, Madrid, Espasa Calpe, 1981.
Bataillon (M.), *Érasme et l'Espagne*, Paris, Droz, 1937 (2e éd. espagnole revue, Erasmo y España, Madrid-Mexico-Buenos Aires, 1966).
Bayon (D.), *L'architecture en Castille au xvie siècle*, Paris, Klincksieck, 1967.
Brown (J.), *La Edad de Oro de la pintura en España*, Madrid, Nerea, 1990.
Canavaggio (J.), *Cervantès*, Paris, Mazarine, 1986.
Canavaggio (J.), dir., *Histoire de la littérature espagnole*, 2 vol. Paris, Fayard, 1994.
Castro (A.), *El pensamiento de Cervantes*, Barcelone, Noguer, nouvelle éd., 1980.
Checa (F.), *Felipe II mecenas de las artes*, Madrid, Nerea, 1992.
Diez Borque (J.M.), dir., *Historia del teatro en España*, t. 1. *Edad Media, siglo xvi, siglo xvii*, Madrid, Taurus, 1983.
Domergue (L.), *La censure des livres en Espagne à la fin de l'Ancien Régime*, Madrid, casa de Velázquez, 1996.
Gallego (J.), *Visión y símbolos en la pintura española del Siglo de Oro*, trad. du français, Madrid, Aguilar, 1972.
García de la Concha (V.), coord., *La cultura del Renacimiento (1480-1580)*, Historia de España « Menéndez Pidal », t. XXI, Madrid, Espasa Calpe, 1999.
Garcia Carcel (R.), *Las culturas del Siglo de Oro*, Madrid, Biblioteca Historia 16, 1989.
Gassier (P.), *Goya, témoin de son temps*, Paris, Bibliothèque des Arts, 1983.
Gudiol (J.), *Goya*, Paris, 1970.
Guinard (P.), *Les peintres espagnols*, Paris, Livre de poche artistique, 1967.
Maravall (J.A.), *La philosophie politique espagnole au xviie siècle*, Paris, Vrin, 1955.
Marias (F.), *El largo siglo xvi. Los usos artísticos del Renacimiento español*, Madrid, Taurus, 1989.
Molho (M.), *Introduction à la pensée picaresque. Romans picaresques espagnols*, Paris, Gallimard, Bibliothèque de La Pléiade, 1968.
Pedraza (F.B.) et Rodriguez (M.), *Manual de literatura española*, t. II, *Renacimiento* ; t. III, *Barroco : introducción, prosa y poesía* ; t. IV, *Barroco : teatro*, t. V, *Siglo xviii*, Tafalla, Cénlit, 1980-1981.
Redondo (A.), « Luther et l'Espagne », *Mélanges de la Casa de Vélazquez*, (1965), pp. 109-165.
Sarrailh (J.), *L'Espagne éclairée de la seconde moitié du xviiie siècle*, Paris, 1954 (trad. espagnole, *La España ilustrada de la segunda mitad del siglo xviii*, Mexico, FCE, 1957).
Velázquez, Catalogue de l'exposition du Musée du Prado (janvier-mars 1990), Madrid, Ministerio de Cultura, 1990.
Yarza Luaces (J.), *Los Reyes Catolicos. Paisaje artistico de una monarquia*, Madrid, Nerea, 1993.

Table

Table des documents

Achevé d'imprimer sur les presses de JOUVE - N° 312842S
Dépôt légal : 26520 - 09/02 - Collection n° 80. - Édition n° 07 14/4673/1